세계사를 바꾼
6가지 음료

세계사를 바꾼 6가지 음료

A History of World in 6 Glasses

톰 스탠디지 지음 | **김정수** 옮김

캐피털북스

나의 부모님께

이 책에 쏟아진 찬사

역사가들은 전쟁, 정치 그리고 적어도 돈에 그들의 관심의 대부분을 집중한다. 그러나 역사는 돈으로 살 수 있는 상품의 프리즘을 통해서 조망해 볼 수도 있다. 톰 스탠디지는 《세계사를 바꾼 6가지 음료》를 통해 맥주, 와인, 증류주, 커피, 차 그리고 콜라는 각기 다른 방식으로 역사의 과정을 형성하는 데 도움을 주었다고 주장한다.

– 매튜 리즈, 〈월스트리트 저널〉

톰 스탠디지는 18세기에 체스를 두는 자동인형에 대한 새미있는 책으로서 호평을 받았던 《The Turk, 더 투르크》 다음으로, 책의 제목이나 내용에 있어서 완전히 새로운 영역인, 세계를 바꾼 6가지 음료에 대한 책으로 독자들을 완전히 사로잡았다.

– 스테판 메우즈, 〈보스톤 글로브〉

톰 스탠디지의 《세계사를 바꾼 6가지 음료》에는 기억할 만한 내용들이 풍부하다.

– 제프리 탄넨바움, 블룸버그닷컴

맥주, 와인, 증류주, 차, 커피 그리고 코카-콜라라는 6가지 음료를 통해 재조명한 인류 역사에 대한 재치 있고 알찬 이야기 … 이러한 작업을 해 낸 저자를 위해 건배하자. 그의 작품은 우리의 입술로 가져가는 음료 안에 담긴 역사를 생각하게 만든다.

– 〈클리블랜드 플레인 딜러〉

이 책은 방대한 분량에도 불구하고 산만하거나 복잡하지 않으면서 매우 쉽고 기분 좋은 독서로 이끈다. 나는 이 책을 위해 행복한 마음으로 건배하리라.

– 일링 첸-조셉슨, 〈뉴스데이〉

특별한 관점으로 바라본 인간사에 대한 체계적인 연대기라 할 수 있는 유쾌한 책 … 매력 있는 글 … 이 글은 음료를 통해 역사의 파노라마를 유익하게 바라볼 수 있게 해준다. 축배를 들자!

– 필립 코퍼, 〈워싱턴타임스〉

톰 스탠디지는 석기 시대부터 오늘날에 이르기까지 시대별로 특징적인 음료가 존재했다는 대담한 가설을 바탕으로 독자들을 세계사 속의 아주 특별한 여행으로 안내한다. 〈이코노미스트〉의 테크놀로지 부문 편집자이기도한 저자는 아주 미세한 것들과 전체 그림을 하나로 연결시키는 능력과 거대한 개념을 몇 개의 문장으로 요약하는 재주를 가지고 있다.

– 〈퍼블리셔스 위클리〉

기술, 어원, 화학 그리고 숱고래의 즐거움들과 함께하는 역사. 원샷!

– 〈커커스 리뷰〉

차례

서른 생명의 액체 12

제1부 메소포타미아와 이집트의 맥주

1 석기 시대의 맥주

선사 시대의 유산 19

맥주의 발견 21

맥주는 신의 선물 28

맥주와 농경, 근대화를 향한 씨앗 30

2 문명화된 맥주

도시 혁명 35

문명화된 인류의 음료 37

기록의 기원 41

액체가 주는 부와 건강 46

문명회의 새벽에 등장한 맥주 50

제2부 그리스와 로마의 와인

3 와인의 기쁨

세기적인 축제 55

"산악지대의 뛰어난 '맥주'" 59

서양 사상의 요람 63

와인에 물을 타는 그리스인의 관습 69

와인의 철학 76

문화의 암포라 80

4 제국의 포도나무

로마 대 그리스 82

모든 포도나무는 로마로 통한다 84

모든 사람을 위한 음료 88

약으로서의 와인 95

왜 그리스도인은 와인을 마시고 무슬림은 마시지 않는가? 98

음료의 왕 103

제3부 식민지 시대의 증류주

5 증류주와 공해公海

아랍으로부터의 선물 107

기적의 치료제 111

증류주, 설탕 그리고 노예 115

최초의 글로벌 음료 120

6 미국을 건국한 음료

미국인이 좋아하는 음료 126

럼주에서 혁명까지 130

위스키 반란 135

식민지를 지배한 증류주 141

제4부 커피와 이성의 시대

7 위대한 각성제

컵을 통한 계몽 147

이슬람의 와인 151

커피의 승리 155

커피의 제국 160

8 커피하우스 인터넷

커피가 움직이는 네트워크 165

혁신과 투기 172

컵에서부터 발발한 프랑스 혁명 180

이성의 음료 186

제5부 차와 대영제국

9 차의 제국

세계를 정복한 음료 189

차 문화의 기원 191

차, 유럽에 도착하다 198

차에 대한 영국인의 유별난 열정 201

10 차의 힘

차와 산업 211

티-포트가 만들어낸 정책 216

아편전쟁과 차 220

광동에서 아삼까지 226

제6부 코카-콜라와 아메리카의 부상

11 소다에서 콜라로

산업의 힘 237

솟아오르는 소다수 239

코카-콜라의 탄생 신화 247

모두를 위한 카페인 255

미국적 에센스의 절정 260

12 병 속에 든 글로벌화

미국의 세기 264

냉전과 콜라 전쟁 269

중동에서의 코카-콜라 274

병에 의한 글로벌화 277

에필로그 원점으로의 회귀 280

감사의 글 288

부록 290

노트 298

참고문헌 304

도판 출처 312

찾아보기 313

서 론

생명의 액체

인류의 역사란 존재하지 않는다. 오직 인간 생활의
다양한 측면에 관한 수많은 역사들만 존재할 뿐이다.
─칼 포퍼, 과학철학자 (1902~1994년)

갈증은 굶주림보다 더 고통스럽다. 먹을 것이 없어도 수주일을 버틸 수 있지만 신선한 음료가 없다면 며칠도 버티기 힘들 것이다. 음료는 숨 쉬는 일 다음으로 중요하다. 수만 년 전 작은 무리를 지어 수렵·채집 생활을 했던 초창기 인류는 신선한 물을 충분히 확보하기 위하여 강, 샘물 그리고 호수 가까이에 모여 살아야만 했다. 당시는 물을 저장하거나 운송할 수 있는 기술이 없었기 때문이다. 이처럼 물에 대한 접근성은 인류의 진보를 제약했고 또한 방향성에 영향을 미쳤다. 이후 마시는 문제는 인류 역사의 형성에 지속적으로 영향을 미쳤다.

인류 역사에서 물의 우위성을 위협하는 다른 음료가 등장한 것은 지금부터 1만 년 전 정도밖에 되지 않는다. 이러한 음료들은 자연적으로 생성되어 등장한 것이 아니라 인간이 공을 들여 만들어낸 것이다. 새로운 음료들은 오염되어 질병의 원인이었던 물의 대안으로 더욱 안전한 음료로서뿐만 아니라 다양한 역할을 수행했다. 그들 중 많은 것들이 통화의 수단으로, 종교적 의식에서, 정치적 상징물로, 또는 철학과 예술의 영감을 위한 원천으로 사용되었다. 일부는 엘리트 그룹의 권력과 지위를 과시하기 위해, 그리고 다른 것들은 지배받는 계층을 굴종시키고 유화시키기 위해 사용되었다. 인류에게 음료는 출생을 축하하고, 죽음을 애도하고, 사회적인 연대를 구축하거나 강화하고, 상업적 거래와 계약을 확인하고, 감정을 날카롭게 하거나 마음을 무디게 하고, 그리고 생명을 구하기 위한 약이나 죽이기 위한 독으로 사용되어 왔다.

석기 시대의 촌락에서부터 고대 그리스의 식당이나 계몽주의 시대 유럽의 커피하우스에 이르기까지 역사의 물결이 밀려오고 밀려가면서 서로 다른 음료들이 각각 다른 시대, 지역, 문화에 대응하면서 인기를 주도했다. 각각의 음료는 특별한 시대적 필요성이나 역사적 트렌드에 부응했을 때 많은 인기를 누렸다. 일부의 경우에는 전혀 예상치 않았던 방법으로 역사의 과정에 영향을 미치기도 했다. 고고학자들이 도구의 재료에 근거해서 역사를 석기 시대, 청동기 시대, 철기 시대 등으로 구분하는 것처럼 각 시대에서 중심적인 역할을 담당했던 음료에 근거해서 세계사를 구분할 수도 있다. 특히 6가지의 음료, 즉 맥주, 와인, 증류주, 커피, 차 그리고 콜라를 가지고 세계사의 흐름을 구분할 수 있다. 3개는 알코올을, 다른 3개는 카페인을 함유하고 있지만, 그것들 모두가 가진 공통점은 고대에서 현재에 이르기까지 이들 음료들은 역사적 전환점에서 각 시대의 특징을 반영하고 있다는 것이다.

인류가 근대화를 향해 내딛은 첫 걸음은 농경의 시작이었다. 약 1만 년 전 근동 지역에서 최초로 곡물이 재배되었고, 그때 원시적 형태의 맥주가 함께 등장했다. 최초의 문명은 그로부터 5000년이 지난 후 메소포타미아와 이집트에서 등장했고, 동시에 등장했던 2개의 문명은 대규모의 조직적인 농사법을 통해 생산해 낸 잉여물 때문에 가능했다. 이러한 농법의 확립은 일부 사람들을 노동의 필요성에서 해방시키면서 사제, 행정 관료, 서기 그리고 기능공의 출현을 가능하게 했다. 이처럼 곡물이 경제의 기초가 되면서 맥주는 세계 최초 도시의 거주민들과 최초로 기록된 문서를 남겼던 사람들에게 영양소가 되었다. 또한 그들에게 지급된 임금이나 배급도 맥주와 빵이었다.

기원전 첫 번째 1000년 동안, 고대 그리스의 도시국가에서 발전되고 번창했던 문화는 아직도 현대 서양 사상의 기반이 되고 있는 철학, 정치학, 과학 그리고 문학에 초석을 제공했다. 와인은 이러한 지중해 문명에 있어서 생명의 피였고, 그리스 사상을 멀리 그리고 빠르게 전파했던 광범위한 해상 무역의 기반이었다. 공식적인 주연酒宴인 심포지엄symposium에서 사람들은 물로 희석한 와인을 하나의 잔에 담아 돌려가며 마시면서 정치, 시, 철학을 논했다. 로마 시대에도 와인을 마시는 관습은 계속되었고, 로마인의 엄격한 계급사회의 구조는 세밀하게 구분된 와인의 서열 등급과 스타일에 반영되었다. 세계에서 가장 중요한 2대 종교는 와인에 대해 서로 상반된 견해를 가지고 있다. 기독교의 성찬식에서 와인은 중심적인 역할을 담당했지만, 로마제국의 붕괴와 이슬람의 발흥으로 와인은 자신이 탄생한 바로 그 지역에서 금지되었다.

로마의 붕괴 이후 천 년이 지난 후 그리스와 로마 지식에 대한 재발견이 발단이 되어 서양 사상이 다시 부흥하게 되었고, 그중의 상당 부분이 아랍 세계의 학자들에 의해 보호되고 확대되었다. 동시에, 유럽의 탐험가들은 아랍의 동방 무역 독점 체제를 깨트리기 위해 서쪽으로는 아메리카로, 동쪽으로는 인도와 중국으로 가는 바닷길을 개척했다. 이로써 세계적 차원에서 바닷길이 열렸고 유럽의 국가들은 다른 국가들과 지구를 분할하고 영토를 확대하기 위해 경쟁했다. 이 대항해 시대에 새로운 종류의 음료가 등장했는데, 고대 세계에서 연금술 중 하나로 알려진 증류 방법에 아랍의 학자들에 의해 더욱 발전된 기술이 더해지면서 탄생한 음료였다. 증류된 음료는 콤팩트하고 오랫동안 보존할 수 있어서 해상 운송에 이상적인 알코올이었다. 브랜디, 럼 그리고 위스키 같은 음료는 노예를 사기 위한 통화로 사용되었다. 특히 북아메리카 식민지에서 인기가 높았던 증류주에 대한 과세는 정치적 논쟁으로 발전하면서 미국의 건국에 결정적인 영향을 미쳤다.

지리적인 영토의 확장이 계속되었고, 이와 함께 지식의 확대도 이루어졌다. 서양의 사상가들은 그리스인으로부터 유산으로 받은 오래된 믿음을 넘어 새로운 과학적·정치적·경제적 이론을 창안했다. 이러한 이성의 시대에 주도적인 음료는 커피였다. 커피는 중동으로부터 유럽으로 수입되어 상류층이 즐기는 신비로운 음료였다. 그 후 커피를 제공하기 위해 생겨난 커피하우스는 알코올음료를 팔았던 선술집과는 성격이 아주 달랐고, 상업적·정치적·지적인 정보를 교류하는 중심지가 되었다. 커피는 생각을 명료하게 각성시켜 주었기 때문에 과학자, 비즈니스맨, 철학자들에게 이상적인 음료였다. 커피하우스에서 이루어진 많은 논의는 여러 과학 단체·언론사·금융회사의 탄생을 이끌었고, 특히 프랑스에서는 혁명적 사상이 자라날 수 있는 비옥한 토양을 제공해주었다.

유럽의 일부 국가에서, 특히 영국에서 커피는 중국으로부터 수입된 차에 의해서 도전을 받았다. 유럽에서 차의 인기가 높아지면서 수익성이 좋은 동방 항로가 개척되었고, 거대한 규모의 제국주의와 산업화의 기반이 구축되면서 영국은 세계 최초로 글로벌 강대국이 되었다. 차는 영국의 국민적 음료가 되었고, 차의 공급을 유지하려는 욕망은 영국의 외교 정책에 지대한 영향을 미쳤을 뿐만 아니라 미국의 독립, 중국 고대 문명의 쇠퇴, 그리고 인도에서의 대규모 차 생산 체제의 구축에도 영향을 미쳤다.

인공적으로 탄산을 가미한 음료는 18세기 후반에 유럽에서 출현했지만 청량음료soft drink는 그 후 100년이 지난 후 코카-콜라가 발명되면서 처음으로 등장했다. 코카-콜라는 미국 애틀랜타의 제약사가 의학적 목적으로 고안한 것이었지만, 미국이 슈퍼 강대국이 되는 데 상당한 역할을 했던 강렬한 소비자 중심 자본주의consumer capitalism의 상징이 되면서 미국의 국민적 음료가 되었다. 20세기에 미군이 전 세계에서 전쟁을 수행할 때 병사들과 함께 여행했던 코카-콜라는 세계에서 가장 널리 알려진 음료가 되었고, 현재는 단일의 글로벌 시장을 형성하면서 많은 찬반 논쟁을 불러일으키는 아이콘이 되었다.

음료는 일반적으로 알려진 것보다 역사의 흐름과 매우 밀접한 관계를 가지고 있었고, 역사의 과정에 커다란 영향을 미쳤다. 누가 무엇을 왜 마셨는지, 어디서 구했는지, 이러한 일련의 상황을 이해하기 위해서는 농업·철학·종교·의학·기술·상업 등 이질적이고 서로 관련이 없어 보이는 분야에 대한 통섭적인 고찰이 필요하다. 이 책에서 조명하는 6가지 음료의 역사는 이질적인 문명들 간의 복잡한 상호 작용과 세계 문화의 상호 관련성을 잘 보여준다. 그들은 지나간 시대의 모습을 전해주는 살아있는 증거물로서, 그리고 근대 세계를 형성한 힘에 대한 액체적 증언fluid testaments으로서 오늘날 우리의 가정 안에서 발견할 수 있다. 이제 그들의 기원과 역사를 알아보자. 그러면 여러분이 좋아하는 음료를 다시는 이전과 같은 감정으로 대하지 못할 것이다.

제1부

✌

메소포타미아와 이집트의 맥주

A
History
of
World
in
6
Glasses

Beer
from Mesopotamia and Egypt

1

석기 시대의 맥주

발효와 문명은 서로 분리할 수 없다.

— 존 치아디, 미국 시인 (1916~1986년)

선사 시대의 유산

약 5만 년 전에 아프리카에서 나온 인간은 유목민 형태로 약 30명 정
도의 작은 무리를 이루면서 이동했고, 동굴이나 헛간 또는 짐승 가죽
으로 만든 천막 안에서 거주했다. 그들은 사냥을 하고 물고기나 조개
류를 채집하고 먹을 수 있는 초목을 채취하면서 계절에 따라 먹을 것
을 구하기 위해 한 야영지에서 다른 야영지로 이동했다. 그들이 사용
했던 도구는 주로 활과 화살, 낚시 바늘 그리고 창 같은 것이었다. 그러
다가 약 1만 2000년 전에 놀랄만한 변화가 발생했다. 근동 지역에 살
던 사람들은 구석기 시대의 수렵 · 채집hunter-gatherer이라는 오래된 생
활양식을 버리고, 대신 마을에 정착하면서 농경을 시작한 것이다. 그
리고 이 마을들은 점점 커져 후일 세계 최초의 고대 도시의 탄생으로

이어졌다. 그들은 또한 도기, 바퀴가 달린 운반 수단, 문자 등 많은 새로운 기술도 창안했다.

약 15민 년 전 아프리카에서 "해부학적으로 볼 때 현생" 인류 즉 '호모 사피엔스 사피엔스Homo sapience sapience'가 출현한 이래 물은 인류에게 기본적인 음료가 되어 왔다. 물은 인간에게 있어 생명의 근간으로서 신체의 3분의 2를 구성하고 있으며, 물이 없다면 지구상에 어떠한 생명체도 존재할 수 없다. 그러나 수렵·채집의 생활 방식에서 정착에 가까운 생활 방식으로 전환이 일어나면서 인류는 물을 대신할 새로운 음료를 마시기 시작했다. 이 음료는 인류가 최초로 공들여 재배했던 보리, 밀, 곡물로 빚어낸 것이다. 이 음료는 사회적·종교적·경제적 삶에서 중심적 역할을 했고, 또한 인류 역사에서 최초의 문명화를 상징하는 음료였다. 인류가 근대화를 향해 나아감에 있어 최초로 첫걸음을 내딛게 해준 이 음료는 바로 맥주였다.

최초의 맥주가 언제 양조되었는지는 정확히 알려져 있지 않다. 기원전 1만 년 전에 맥주가 존재하지 않았다는 것은 거의 확실하지만, 기원전 4000년경에는 근동 지역에 널리 퍼져 있었다는 사실은 지금의 이라크에 해당하는 지역인 메소포타미아의 그림문자를 통해서 알 수 있다. 그림에는 커다란 항아리에 갈대로 된 빨대를 꽂아 맥주를 마시는 두 사람이 그려져 있다. (고대 맥주는 표면에 곡물의 입자나 다른 찌꺼기들이 떠 있었기 때문에 부유물을 피해 맥주를 마시기 위해서는 빨대가 필요했다.)

현존하는 인류 최초의 기록물은 기원전 3400년경의 것인데 이들 문서에도 맥주의 기원에 대해 직접적으로 언급한 내용은 없다. 그러나 맥주의 등장은 농경의 도입과 맥주의 원료인 곡물의 재배와 밀접하게 관련되어 있다는 사실은 분명하다. 인류의 생활 방식이 유목 생활에서 정착 생활로 전환되었고, 이어 최초의 도시들이 등장하고 사회의 복잡

메소포타미아의 테페 가우라에서 발견된 기원전 4000년경의 것으로 보이는 봉인에 그려져 있는 그림문자. 두 사람이 커다란 항아리에서 빨대를 통해 맥주를 마시고 있는 모습을 보여준다.

화가 급속하게 진행되었던 인류 역사의 격변기에 맥주가 등장한 것이다. 맥주는 선사 시대의 유산이며 그 기원은 문명의 기원과 밀접하게 얽혀 있다.

맥주의 발견

맥주는 발명된 것이 아니라 발견된 것이다. 기원전 1만 년경에 마지막 빙하기가 끝난 후 비옥한 초승달Fertile Crescent로 알려진 지역에서 야생 곡물의 군생이 광범위하게 퍼져 있을 때 맥주가 발견된 것은 필연이었다. 비옥한 초승달이란 지금의 이집트에서 지중해 연안을 따라 올라가 터키의 남동 끝까지, 그리고 옆으로 이라크와 이란의 국경 지대로 이어지는 지역을 일컫는다. 그 형상이 초승달처럼 생겼다고 해서 붙어진 이름이다. 빙하기가 끝났을 때 그 지역의 고지대는 야생 양, 염소, 소, 돼지에게 이상적인 환경이 되었고, 일부 지역에서는 야생 밀과 보리가 무성하게 자라고 있었다. 이것은 초승달 지역이 수렵·채집을 하며 이동했던 인류에게 이례적으로 풍부한 수확을 제공했다는 것을

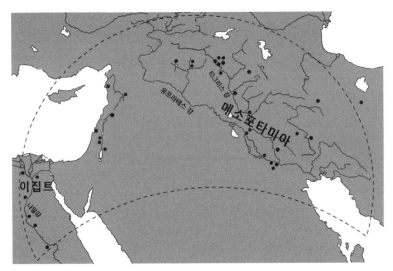

인류가 처음으로 농경을 시작하고 대규모 거주지를 형성했던 근동 지역인 초승달 지역. 지도에서 검은 점들은 도시국가가 형성되었던 지역들이다.

의미한다. 그들은 이 지역에서 동물을 사냥하고 먹을 수 있는 초목을 채집했을 뿐만 아니라 그곳에서 군생하고 있던 대량의 야생 곡물을 수확할 수 있었다.

그러한 곡물들은 특별하지는 않더라도 식재食材, foodstuffs로서는 신뢰할 만한 것이었다. 곡물은 날것으로 먹기에는 적절하지 않았지만 잘게 부수거나 으깨어 물에 타면 가능했다. 처음에는 그렇게 곡물과 물을 섞어 스프soup 형태로 먹었을 것으로 보인다. 반죽해서 만든 그릇이나 역청으로 칠한 그릇에 생선, 견과류, 산딸기 같은 것들을 물과 같이 넣고 섞었을 것이다. 그런 다음에 불로 가열된 돌들을 갈퀴 같은 막대기를 사용하여 그 안에 집어넣었을 것이다. 곡물에는 작은 전분 알갱이들이 함유되어 있는데, 뜨거워진 물속에서 알갱이들은 수분을 흡수한 후 파열된다. 이에 따라 전분이 흘러나오면서 스프는 상당할 정도로 걸쭉하게 되었다.

사람들은 곡물에는 이 외에도 독특한 특성이 있다는 사실을 곧 알게되었다. 다른 식재들과는 다르게 곡물은 건조한 상태로 안전하게 보관만 된다면 몇 달 또는 심지어 몇 년까지도 보존할 수 있었다. 스프를 만들기 위해 다른 식재를 구할 수 없는 경우에는 보관하고 있는 곡물만을 사용하여 걸쭉한 포리지(porridge, 오트밀에 우유나 물을 부어 걸쭉하게 죽처럼 끓인 음식. 특히 아침식사로 먹음–역주)나 맑은 죽을 만들 수 있었다. 이러한 발견은 곡물을 채집하고, 가공하고, 저장하는 도구와 기술의 발전으로 이어졌다. 물론 여기에는 많은 노력이 필요했지만, 미래에 식량이 부족한 사태에 대비할 수 있는 방법을 마련할 수 있었다. 초승달 지역의 전역에서 추수를 위해 낫처럼 단단한 돌을 갈아 만든 석도石刀, flint-bladed sickles, 운반을 위한 바구니, 건조를 위한 돌 난로, 저장을 위해 땅속에 판 구덩이, 가공을 위한 맷돌 등 기원전 1만 년경의 고고학적 증거들이 발견되었다.

수렵·채집 시대에도 완전한 유목생활보다는 임시 또는 계절에 따라 여러 곳의 거주지 사이를 옮겨 다니는 반半 정주형定住型 방식으로 살았지만 곡물을 저장할 수 있게 되면서 사람들은 한 장소에 거주하려는 경향이 강해졌다. 1960년대에 행해진 실험이 그 이유를 잘 보여준다. 어느 고고학자가 석도를 사용하여 터키의 일부 지역에서 지금도 자라고 있는 야생 곡물을 채집하면서 선사 시대 수확의 효율성을 조사했다. 그는 한 시간 동안에 2파운드(약 900그램) 이상을 수확했고, 이는 한 가족이 하루에 8시간, 3주 동안 작업을 계속한다면 1인당 하루에 1파운드(약 450그램)씩 1년 동안 먹기에 충분한 식량을 수확할 수 있다는 계산이 나왔다. 그러나 이러한 수확은 야생 곡물의 군생지 근처에 가족 전원이 머물면서 수확할 수 있는 최적기를 놓치지 않을 때만 가능했다. 그리고 상당한 양의 곡물을 수확한 뒤에는 그대로 방치하고 떠나기를 원치 않았을 것이다.

그러한 결과 최초의 영구 거주지가 기원전 1만 년경에 지중해의 동부 해안 지역에 생겨났다. 거주지는 나무로 기둥을 만들어 지붕을 지탱했고 바닥은 1야드(0.914 미터) 정도 파낸, 단순하고 둥근 형태의 오두막집과 비슷했다. 보통 오두막집에는 화로가 있었고 바닥에는 돌을 깔았고 직경은 4~5야드(약 3.6~4.6 미터) 크기였다. 마을은 일반적으로 50채 정도의 오두막집으로 이루어졌고, 200~300명 정도의 사람들이 공동체를 이루었다. 마을 사람들은 가젤, 사슴, 야생돼지 같은 야생 동물을 계속해서 사냥했지만, 당시 발굴된 뼈들을 보면 그들이 주로 도토리, 렌즈콩, 병아리콩, 곡물과 같은 식물 중심의 식사를 한 것으로 추정된다. 그렇지만 당시의 사람들이 경작을 했다기보다는 야생 곡물을 채집했을 것이다.

곡물은 처음에는 그렇게 중요한 식재로 여겨지지 않았지만 2가지 놀라운 특성이 발견되면서 그 중요성이 더욱 커졌다. 하나는 곡물을 물에 담그면 발아가 시작되고 단맛을 낸다는 성질이다. 완벽하게 물을 차단하여 방수가 되는 저장 구덩이를 만드는 것은 어려웠기 때문에 인간이 곡물 저장을 처음으로 시작하자마자 이러한 특성을 바로 발견했을 것으로 보인다. 달콤한 맛이 생기는 원인은 지금은 분명하다. 습기에 찬 곡물은 디아스타제diastase라는 효소를 만들어내고, 그 효소가 전분을 맥아당麥芽糖, maltose sugar 또는 맥아麥芽, malt로 변환시키기 때문이다. (이러한 과정은 어느 곡물에서도 발생하지만 특히 보리의 경우 훨씬 많은 디아스타제를 배출하고, 따라서 가장 많은 맥아당을 만들어낸다.) 당분糖分을 섭취할 수 있는 다른 식재가 거의 없었던 당시에 "맥아화麥芽化, malted"한 곡물이 내는 단맛은 매우 중요했고, 자연스럽게 곡물을 물에 담갔다가 건조시키는 맥아 공법의 기술이 발전하게 되었다.

두 번째의 발견은 더욱 중요했다. 수일간 방치되어 있던 곡물의 옅은 죽에서, 특히 맥아화한 곡물이 들어있었던 경우에는 불가사의한 변화가 발생했다. 죽에서 가벼운 거품이 발생했고 그것을 마시면 기분 좋게 취했다. 즉 공기 중에 있는 천연 효모의 활동에 의해 죽에 함유되어 있던 당분이 발효되어 죽이 알코올로 변한 것이다. 결론적으로 곡물의 죽이 맥주로 변한 것이다.

그렇다고 반드시 맥주가 인간의 입술을 적신 최초의 알코올이라는 말은 아니다. 맥주가 발견된 당시에도 사람들이 과일이나 꿀을 저장하려고 했을 때, 과즙 또는 꿀이 물과 섞인 상태에서 우연히 발효가 이루어져 (이는 와인이나 벌꿀 술을 만들기 위한 과정) 소량이지만 알코올이 자연적으로 생겨났을 것으로 보인다. 그러나 과일은 제철이 지나면 쉽게 부패하고 야생 꿀은 매우 제한적인 양만 채집할 수 있었다. 그리고 기원전 5000년경에 최초로 등장하는 도기 없이는 와인이나 벌꿀 술은 오랜 기간 저장할 수 없었다. 반면, 맥주의 원료가 되는 곡물은 풍부했으며 쉽게 저장할 수 있었다. 따라서 맥주는 언제든지 필요한 만큼의 양을 확실하게 양조할 수 있었다. 도기가 등장하기 오래전부터 맥주는 역청을 칠한 바구니, 가죽으로 만든 가방, 짐승의 위장, 속이 텅 빈 나무, 커다란 조개 또는 돌로 만든 그릇을 사용하여 양조되었다. 아마존 유역에서는 19세기까지도 요리의 도구로 조개를 사용했고, 핀란드의 전통 맥주인 사티sahti는 지금도 속이 텅 빈 나무를 사용하여 양조되고 있다.

맥주라는 중요한 발견이 있은 후 사람들은 시행착오를 반복하면서 맥주의 품질을 높이기 위해 노력했다. 예를 들면, 옅은 죽 형태의 곡물에 맥아가 많고 발효 기간이 길수록 알코올이 강한 맥주가 되었다. 맥아가 많다는 것은 당질이 많다는 것이며, 발효 기간이 길다는 것은 더욱 많은 당질이 알코올로 변환된다는 것을 의미했다. 또한 죽이 끓을 정도로 열을 높이면 맥주의 도수가 강해진다. 맥아 과정에서 보리 안에 있는 전분의 약 15퍼센트만이 당질로 변환되지만, 맥아화된 보리를 물을 넣고 끓이면 고온에서 활성화되는 다른 전분 당화 효소들이 더욱 많은 전분을 당질로 변환시키고, 이처럼 많은 당질은 발효 과정을 통해 알코올로 변환된다.

고대의 양조자들은 같은 용기를 반복해서 사용하면 더욱 양질의 맥주가 만들어진다는 사실을 깨닫게 되었다. 이집트와 메소포타미아의 후대 역사 기록에 따르면 양조자는 항상 자신의 "맥아즙을 위한 통mash tubs"을 가지고 다녔다고 한다. 메소포타미아의 어느 신화에는 "좋은 맥주를 만들어주는 용기들"이 등장하기도 한다. 동일한 맥아즙 통을 반복해서 사용하면 쉽게 발효되었는데, 이는 통에 금이 난 부분이나 갈라진 틈 사이에 효모 배양물이 남아 있었기 때문이다. 따라서 더이상 불확실한 자연의 효모균에 의존하지 않아도 되었다. 또한 딸기류, 꿀, 향신류, 허브 그리고 다른 향료들을 옅은 죽에 첨가함으로써 다양한 맥주의 맛을 낼 수 있었다. 그 후 수천 년이 흐르면서 사람들은 여러 상황에 어울리게 다양한 도수와 풍미를 내는 맥주를 만드는 방법을 발견했다.

후대의 이집트 기록은 최소한 17개 종류의 맥주에 대해서 기술하고 있는데, 그들 중에는 시적인 용어를 사용하여 현대인에게는 마치 광고의 슬로건 같이 들리는 이름의 맥주들도 있었다. 예를 들면, "미美와 선善," "천국," "기쁨을 주는 자," "식사의 반주," "풍요," "발효음료"와 같은 이름이 있었다. 종교적 의식에서 사용된 맥주 역시 특별한 명칭이 사용되었다. 이와 유사하게 기원전 3000~2000년대의 메소포타미아 초기 기록에도 생맥주fresh beer, 흑맥주dark beer, 생흑맥주fresh-dark beer, 강한 맥주strong beer, 적갈색 맥주red-brown beer, 라이트 맥주light beer, 압착 맥주pressed beer 등 20개 이상의 맥주가 등장한다. 적갈색 맥주는 맥아의 양을 많이 넣어 만든 흑맥주이고, 압착 맥주는 곡물을 적게 넣어 알코올이 약한 연한 맥주였다.

메소포타미아의 양조자들은 바피르bappir라고 하는 맥주를 만드는 빵beer-bread의 첨가량을 조절함으로써 맥주의 맛과 색깔을 조절했다. 바피르는 발아한 보리를 작은 덩어리로 만들어 2번 구워 만드는데, 어두운 갈색에 이스트를 넣지 않은 단단한 빵으로 몇 년간 보전할 수 있었다. 양조자는 맥주를 만들 때 바피르를 꺼내어 잘게 부수어서 사용했다. 기록에 따르면 바피르는 마을의 저장 창고에 보관되었고 식량이 부족했을 때에만 바피르를 먹었다고 한다. 따라서 바피르는 식재료라기보다는 맥주의 원재료를 저장하기 위한 편리한 방법으로 중요한 의미를 가졌다고 볼 수 있다.

맥주를 양조하는 데 빵을 사용하는 메소포타미아의 방법은 고고학자들 사이에 많은 논쟁을 야기했다. 일부 학자는 빵은 맥주를 만드는 과정에서 등장한 파생물에 불과하다고 주장한 반면, 다른 학자들은 빵이 먼저 등장했고, 따라서 그 후에 맥주 양조의 한 요소로서 빵이 사용된 것이라고 주장했다. 그러나 빵과 맥주가 모두 곡물의 죽에서 파생되었다고 보는 것이 타당할 것이다. 걸쭉한 죽은 햇볕 아래에서나 뜨거운 돌 위에서 구워지면 편편하고 둥근 모양의 빵이 되었고, 맑은 죽은 발효가 되도록 내버려두면 맥주가 되었다. 둘 다 같은 동전의 양면이었다. 빵은 딱딱한 맥주였고, 맥주는 액체화된 빵이었다.

맥주는 신의 선물

기원전 9000년에서 4000년 사이의 신석기 시대는 문자가 발명되기 전이었기 때문에 초승달 지역에서 맥주가 가진 사회적·종교적 중요성을 증명할 기록물은 존재하지 않는다. 그러나 최초로 문자를 가졌던 문명인이었던 메소포타미아의 수메르인과 고대 이집트인이 어떻게 맥주를 사용했는지에 대한 후대의 기록물을 통해 많은 것을 추측해 볼 수 있다. 사실 맥주와 연계되어 있는 문화적 전통들은 오랫동안 지속되었고 그중 일부는 오늘날까지 남아 있기도 하다.

처음부터 맥주는 사회적인 음료로서 중요한 기능을 했던 것으로 보인다. 기원전 3000~2000년 사이에 수메르인이 그린 그림은 두 사람이 빨대를 통해 하나의 항아리에 담긴 맥주를 마시는 모습을 보여주고 있는데, 이는 당시에 맥주를 마시는 일반적인 모습이었던 것으로 추측된다. 그러나 수메르 시대에는 곡물이나 찌꺼기 또는 맥주의 다른 불순물을 거르는 것이 가능했고, 또한 도기가 출현하면서 사람들은 각자의 컵을 사용해서 맥주를 마실 수 있게 되었다. 그런데도 사람들이 빨대를 사용하여 맥주를 마시는 그림이 매우 넓게 퍼져 있었던 것은 빨대가 더 이상 필요 없게 되었지만 그것은 하나의 의식으로 지속되었다는 사실을 시사해준다.

그 이유는 어쩌면 음료야말로 음식과는 다르게 진정으로 공유할 수 있었기 때문이 아니었을까. 여러 사람이 같은 항아리에서 맥주를 마실 때 그들은 같은 액체를 소비하는 것이다. 이와는 대조적으로, 고기의 경우는 잘랐을 때 특정 부위가 다른 부분과 차이가 생기는 것이 일반적이라 할 수 있다. 따라서 음료를 다른 사람들과 같이 마신다는 것은 호의와 우정을 표현하는 세계 공통의 상징적인 행동을 의미한다.

음료를 함께 나눈다는 것은 독이 들어 있지 않고 마셔도 아무 문제가 없다는 것을 보여줌으로써 제공하는 사람을 믿을 수 있다는 사실을 알리기 위한 의도가 담겨져 있다. 개인적인 컵을 사용하기 이전의 시대에 원시적인 용기에서 양조되었던 초창기의 맥주는 같은 용기에서 함께 마셔야만 했을 것이다. 오늘날 맥주를 마실 때 손님에게 빨대를 제공하고 커다란 맥주 통에서 빨대를 이용하여 같이 맥주를 마시는 관습은 더 이상 존재하지 않지만, 차나 커피의 경우에는 같은 포트pot를 이용하여 와인이나 증류주는 같은 병에 담긴 것을 각자의 글라스에 따라 마시기도 한다. 그리고 사회적인 모임에서 술을 마실 때 잔을 부딪치며 건배하는 것은 동일한 용기에 들어 있던 동일한 음료를 같이 마심으로써 서로의 단합과 단결을 보여주는 상징적인 행위다. 이런 것들은 고대에서부터 비롯된 전통들이다.

고대에는 음료, 특히 알코올음료에는 초자연적인 성질이 있다고 생각했다. 신석기 시대의 사람들에게 맥주를 마시면 취하게 되고 의식 상태에 변화가 생기는 현상은 불가사의하게 보였다. 동시에 보통의 죽이 맥주로 변화되는 신비로운 발효 과정 역시 불가사의하게 보였다. 그들이 내린 명백한 결론은 맥주는 신이 인간에게 내린 선물이라는 것이다. 따라서 많은 문명이 어떻게 신이 맥주를 창조했으며, 어떻게 인간에게 맥주 만드는 방법을 가르쳐주었는지에 대한 신화를 가지고 있는 것은 당연했다. 예를 들어, 이집트인은 맥주는 농업의 신이며 사후 세계의 왕인 오시리스Osiris에 의해 우연히 발견된 것이라고 믿었다. 어느 날 그는 발아한 곡물에 물을 섞어놓고는 잊어버린 채 햇볕에 내버려 두었다. 나중에 돌아왔을 때 곡물이 발효되었고, 그것을 마시고 기분이 너무 즐거워진 오시리스는 그 지식을 인간에게 전해 주었다는 것이다. (이 이야기는 석기 시대에 맥주가 발견되었던 경위와 거의 일치하는 것으로 보인다.) 맥주를 마시는 다른 문명권에도 유사한 이야기들이 존재한다.

맥주가 신이 내려준 선물이기 때문에 신에게 맥주를 봉헌하는 것 또한 논리적인 행위라 할 수 있다. 수메르인과 이집트인이 종교적 의식, 농업의 풍작 기원 의식, 그리고 장례식에서 맥주를 사용했다는 것은 분명하다. 따라서 맥주가 종교적 의미로 사용된 것은 훨씬 이전으로 거슬러 올라갈 수 있을 것으로 보인다. 사실, 맥주의 종교적 중요성은 아메리카, 아프리카 또는 유라시아 어디든 간에 맥주를 마셨던 모든 문화권에서 공통적으로 보인다. 잉카는 치차Chicha라고 하는 맥주를 황금 잔에 담아 아침에 떠오르는 태양을 향해 봉헌했고, 땅의 신들에게 바친다는 의미로 땅바닥에 붓거나 처음 입에 머금은 것을 땅을 향해 내뿜었다. 아즈텍문명도 풍요의 여신인 마야우엘Mayahuel에게 펄크pulque라고 불리던 맥주를 봉헌했다. 중국에서는 수수와 쌀로 만든 맥주를 장례나 다른 의식에서 사용했다. 잔을 높이 들고 다른 사람의 건강, 행복한 결혼 또는 사후 세계로의 안전한 여행을 기원하기 위해, 또는 프로젝트의 성공적인 완성을 축하하는 것은 알코올음료에는 초자연적 능력을 불러일으키는 힘이 있다는 고대 사상의 현대적 잔영이다.

맥주와 농경, 근대화를 향한 씨앗

일부 인류학자는 맥주가 인류 역사의 전환점 중 하나였던 농경의 도입에 중심적 역할을 담당했을 것이라고 주장한다. 농경을 통해 잉여 농산물의 생산이 가능했고, 이는 인류가 문명화로 가는 길을 열어주었다. 잉여 농산물은 식량 생산을 위한 노동의 필요성에서 해방된 사람들이 특별한 활동이나 공예에 종사할 수 있도록 해주었고, 이는 인류가 근대화로 나아갈 수 있는 길을 만들어주었다. 이러한 현상은 사람들이 야생 곡물의 소비나 저장을 위해 단순히 채집하기보다는 보리와 밀을 정성들여 재배하기 시작했을 때였던, 기원전 9000년경에 초승달 지역에서 처음으로 등장했다.

물론, 수렵·채집에서 농경으로의 전환은 농경을 통해 재배한 곡물이 인류에게 점점 더 중요한 식량으로 자리를 잡아갔던 것처럼 수천 년에 걸쳐 점진적으로 이루어졌다. 그러나 그것은 인류의 장구한 역사적 관점에서 본다면 눈 깜짝할 순간에 일어난 사건이었다. 인류는 약 700만 년 전에 유인원으로부터 진화한 이래 수렵·채집을 계속해 왔는데, 그러다가 갑자기 농경을 시작하게 된 것이다.

정확하게 왜 농경으로 전환되었으며, 언제 전환되었는지 아직도 격렬하게 논쟁을 하고 있으며, 이에 관한 수십 개의 이론이 존재한다. 예를 들어, 기후의 변화나 어떤 종들이 사멸됐든지 또는 사냥의 대상이 되어 멸절됐든지 등의 이유로 초승달 지역에 거주하던 수렵·채집인들의 식량이 감소했기 때문이라는 주장도 있다. 또 다른 가능성은 정주형에 더욱 가까운 (그러나 여전히 수렵·채집은 계속되었지만) 생활 방식이 인간의 번식력을 증가시키면서 인구가 증가했기 때문에 식량을 확보하기 위한 새로운 공급원이 필요했다는 것이다. 또는 맥주가 발견된 이후 맥주의 소비가 사회적으로나 종교적으로 중요해졌고, 야생의 곡물에 의존하기보다는 정교한 농경을 통해 곡물을 확보해야 할 필요성이 더욱 커졌기 때문이라고 보는 견해도 있다. 이러한 견해에 따르면 농경은 부분적이긴 하지만 맥주의 공급을 유지하기 위해 도입된 것이라 한다.

농경의 도입이 전적으로 맥주 때문이라는 주장은 그럴듯해 보이긴 하지만, 맥주의 소비는 수렵·채집에서 농경으로, 그리고 작은 거주지에 기반을 둔 정주형 생활 방식으로의 전환에 영향을 끼쳤던 많은 요인 중의 하나라고 보는 것이 아마 타당할 것이다. 한 번 이러한 전환이 시작되자 관성효과ratchet effect가 발생했다 특정 지역사회에서 농경이 식량 생산의 중심이 되어갈수록 (안정적 생활로 인해-역주) 인구는 더욱 증가했고, 이제는 수렵·채집에 의존했던 과거의 유목적인 생활 방식으로 되돌아가는 것은 더욱 어려운 일이 되었다.

맥주의 소비는 농경으로의 전환을 더욱 미묘한 방법으로 지원했다. 맥주는 장기간 보전이 어려웠고, 그리고 완전한 발효를 위해서는 1주일이 소요되기 때문에 최고의 맥주를 마시기 위해서는 발효가 되는 중에 가능한 한 빨리 마셔야 했다. 그러한 맥주는 현대의 기준으로 볼 때 알코올 도수는 낮지만 효모가 풍부하게 살아있었기 때문에 단백질과 비타민 함유량이 상당히 많았을 것이다. 수렵에서 농경으로 전환하면서 육류의 소비가 줄어들었고, 결과적으로 육류 안에 들어 있던 비타민 섭취가 부족했던 당시의 인류에게 맥주의 높은 비타민 B 함유량은 비타민 결핍을 보충해주는 중요한 역할을 했을 것이다.

더 나아가 맥주는 끓인 물을 사용해서 만들기 때문에, 맥주는 아무리 작은 촌락이라 하더라도 인간의 배설물 등으로 오염되는 물보다 안전한 음료였다. 오염된 물과 질병과의 관계성은 근대에 와서야 알려지게 되었지만, 사람들은 안전하지 않은 물을 경계했고, 가능한 한 인간의 거주지에서 멀리 떨어진 곳의 깨끗하고 흐르는 물을 마시려고 노력했다. (수렵·채집인들의 경우 작은 단위로 무리를 지어 이동하며 살았고, 이동하면서 배설물을 남겨놓은 채로 떠났기 때문에 오염된 물을 걱정할 필요가 없었다.) 다른 말로, 맥주는 액체 형태로 된 안전한 영양소로서 인류가 농경을 도입하면서 불가피하게 떨어진 음식의 질을 보충하는데 도움이 되었고, 따라서 맥주를 마시는 농경인은 그렇지 않은 사람들에 비해 영양적으로 우수했다.

기원전 7000년에서 5000년 사이에 재배하는 식물이나 사육하는 동물(처음에는 양과 염소로 시작)의 수가 증가했고, 새롭게 등장한 관개 기술 덕분에 덥고 건조한 메소포타미아의 낮은 지대나 이집트의 나일 계곡에서도 경작이 가능해지면서 농경은 초승달 지역 전역으로 퍼졌다. 그 시기의 농경 마을의 전형적인 모습은 흙과 갈대로 엉겨 지은 오두막집들로 이루어졌고, 아마 일부 커다란 집들은 햇볕에 말린 진흙 벽돌을 사용했을 것이다. 마을 밖에는 곡물과 대추 그리고 다른 농작물을 재배하는 경작지들이 있었고, 근처에서 여러 마리의 양과 소를 묶어놓거나 울타리를 치고 키웠을 것이다. 야생 조류나 어류, 그리고 수렵이 가능했다면 마을의 식량 조달에 도움이 되었을 것이다. 그것은 불과 수천 년 전까지 지속되었던 수렵·채집과는 아주 다른 생활 방식이었다. 그리고 이와 함께 더욱 복잡한 사회를 향한 전환이 시작되었다. 이 시기의 촌락들은 신성한 물건이나 잉여 식량과 같은 귀중한 물건을 보관하기 위해 저장 창고를 가지고 있었다. 저장 창고는 공동체 소유였을 것인데, 아마 가정 단위로 필요했던 규모보다 훨씬 컸기 때문이다.

저장 창고에 잉여 식량을 보관하는 것은 미래의 식량 부족 사태에 대비하기 위한 것이었지만, 풍년을 기원하기 위해 신들에게 봉헌하는 의식이나 종교 행사를 위해서도 필요했다. 이러한 두 가지 목적이 서로 결합되면서 잉여 식량의 저장은 신에 대한 봉헌으로 보았고, 따라서 저장 장소는 신전이 되었다. 촌락의 모든 사람이 자신들의 부담을 이행하도록 하기 위해 공동의 저장소에 봉헌한 공물의 양을 점토판에 기록했는데, 기원전 8000년경의 것으로 보이는 이러한 유물들이 초승달 지역 전역에서 출토되었다. 공물은 신에게 바쳐진 것이었지만 행정관-사제들이 그 공물을 먹고 살았고, 그들은 건축이나 관개 시설과 같은 마을의 공동 사업을 지휘했다. 이는 결과적으로 회계, 문자를 통한 기록, 그리고 관료제도의 씨앗이 되었다.

수백만 년에 걸친 수렵·채집의 시대가 끝나고 농경의 도입과 함께 인산의 생활의 질은 극적인 변화를 경험했는데, 이 과정에서 맥주가 어떠한 영향을 미쳤는지에 대한 논쟁은 지금까지도 계속되고 있다. 그러나 선사 시대의 인류에게 맥주가 매우 중요했다는 최고의 증거는 최초로 위대한 문명을 건설했던 고대인들에게 맥주가 특별히 중요한 음료였다는 사실이다. 이 고대 음료의 기원이 여전히 미스터리와 추측 속에 남아 있지만, 이집트인과 메소포타미아인 – 젊은이와 노인, 부자와 가난한 사람을 막론하고 – 의 일상생활에 맥주가 깊이 침투해 있었다는 사실에는 의문의 여지가 없다.

2

문명화된 맥주

즐거움, 그것은 맥주이고, 괴로움, 그것은 원정이다.

– 메소포타미아 속담, 기원전 2000년경

완벽하게 만족한 남자의 입은 맥주로 가득 채워져 있다.

– 이집트 속담, 기원전 2200년경

도시 혁명

세계 최초의 도시들은 "하천 사이의 땅"이란 뜻을 가진 메소포타미아라고 하는, 티그리스강과 유프라테스강 사이의 지역에서 탄생했는데, 이곳은 대략 현재의 이라크에 해당한다. 이들 도시의 주민은 대부분이 농부였고, 도시의 성벽 안에 살면서 매일 아침 성 밖에 있는 농토로 일하러 나갔다. 농사일을 하지 않았던 관료나 기능공craftman은 인류 역사에서 전적으로 도시 안에서만 생활했던 최초의 인류였다. 바퀴 달린 운송 수단들은 물건을 싣고 도시의 복잡한 거리를 굴러다녔고, 사람들은 북적거리는 시장에서 물건을 사고팔았다. 종교적인 행사나 공휴일도 일정한 주기로 지켜졌다. 당시의 속담 중에 세상에 대한 피로감을 엿볼 수 있는 염세적인 것도 있었는데, 다음의 사례가 이를 잘 보여준다. "은을 많이 가진 자는 행복할지 모른다. 보리를 많이 가진 자도 행복할지 모른다. 그러나 아무것도 가지지 못한 자는 오로지 잠만 잘 수 있을 뿐이다."

사람들이 작은 마을보다 커다란 도시에서 사는 것을 선택한 정확한 이유는 분명하지 않다. 아마 여러 이유가 중첩된 결과일 것이다. 예를 들면, 사람들은 종교나 무역의 중심지 가까이에 거주하기를 원했을 수도 있다. 특히 메소포타미아의 경우에는 안전이 중요한 동기였을 것으로 보인다. 메소포타미아 지역은 기본적으로 넓게 트인 평야 지역으로 자연적인 국경선이 없었기 때문에, 이곳은 반복된 침략과 공격의 표적이 되었다. 기원전 4300년경부터 여러 부락들이 서로 결속하기 시작하면서 더욱 큰 마을을 형성했고 최종적으로는 도시로 발전했다. 이러한 도시들은 농경과 용수로를 연결하는 시스템의 중심에 있었다. 기원전 3000년경, 당시 가장 커다란 도시였던 우루크(Uruk, 이라크의 남동부, 유프라테스강 부근에 있는 수메르의 도시 유적-역주)의 인구는 5만 명 정도였고, 주변에는 반경 10마일(16km) 범위 안에 농토들이 원을 그리며 넓게 퍼져 있었다. 기원전 2000년에는 메소포타미아 남부 지역의 거의 모든 인구가 우루크, 우르Ur, 라가시Lagash, 에리두Eridu, 니퍼Nippur 같은 약 30~40개의 거대한 도시국가에 모여 살았다. 그 후 이집트가 주도권을 잡았고, 멤피스나 테베 같은 이집트의 중심 도시들은 고대 세계에서 가장 거대한 규모의 도시로 발전했다.

세계 최고最古의 2대 문명 - civilization문명이란 단어는 단순하게 "도시에서의 생활living in cities"을 의미한다 - 인 메소포타미아와 이집트는 여러 측면에서 차이가 있다. 예를 들어, 이집트 문화는 정치적 통일에 의해 거의 3000년 동안 커다란 변화 없이 유지될 수 있었던 반면, 메소포타미아는 끊임없이 정치적·군사적 격변을 경험했다. 그러나 한 가지 중요한 점에 있어서 유사한 것은 양쪽 문명이 모두 풍부한 농작물, 특히 곡물의 잉여로 인해 가능할 수 있었다는 점이다. 이러한 잉여는 관료나 장인 같은 소수의 엘리트 그룹을 식량 자급의 필요성에서 해방시켰고, 나아가 용수로, 신전, 피라미드와 같은 대규모 공동 사역의 자금원이 되었다. 곡물은 교환을 위한 합리적인 수단이었을 뿐만 아니라 이집트와 메소포타미아 지역에서 모든 사람의 식사의 기반이었다. 곡물은 일종의 먹을 수 있는 통화였고, 그리고 고체와 액체인 빵과 맥주 모두의 형태로 소비되었다.

문명화된 인류의 음료

맥주의 역사, 그리고 모든 것에 대한 역사적 기록은 메소포타미아의 남부 지역인 수메르Sumer에서 시작되었다. 그 지역에서 기원전 3000년경에 '쓰는 행위writing'가 최초로 등장했다. 메소포타미아인이 맥주를 마시는 것을 문명화의 상징으로 생각했다는 사실은 세계 최초의 위대한 문학 작품인 〈길가메시 서사시〉의 한 구절에서 분명하게 나타난다. 길가메시는 기원전 2700년경에 수메르를 통치했던 왕으로 그의 일생이 수메르인에 의해서, 그리고 수메르인을 이은 지역적 후계자인 아카디아인과 바빌로니아인에 의해 계속해서 다듬어지면서 정교한 신화로 발전했다. 신화는 길가메시가 그의 친구인 엔키두Enkidu와 함께 했던 모험에 대해 이야기한다. 엔키두는 들판에서 벌거벗은 채로 뛰어다니는 야생 인간이었는데, 그는 어느 젊은 여인에 의해 문명의 길로 인도된다. 그녀는 엔키두를 수메르의 수준 높은 문화 속으로 인도하기 위한 첫 번째 단계로서 먼저 목자들의 마을로 데려간다.

그들은 그 앞에 음식을 놓았네

그들은 그 앞에 맥주를 놓았네

엔키두는 음식으로 빵을 먹을 줄도

맥주를 마실 줄도 몰랐네

그가 배워본 적이 없었으니까

젊은 여인은 엔키두에게 말했네

"음식을 먹어라, 엔키두. 그것이 사람이 사는 방식이야

맥주를 마셔라, 그것이 이 땅의 관습이야"

엔키두는 음식을 실컷 먹었네

그는 맥주를 마셨네, 7잔이나! 그리고 마음이 열렸고

즐거워서 노래를 불렀네

그는 행복해졌고, 얼굴은 상기되었네

그는 더러워진 몸을 물로 씻고,

기름을 몸에 바르고, 그리고 인간이 되었네

엔키두의 원시적 상태는 빵과 맥주를 몰랐던 것으로 묘사되었다. 그러나 한번 빵과 맥주를 먹고 마시고 몸을 씻으면서 그도 인간이 되었고, 그때서야 비로소 길가메시가 통치하던 도시인 우루크로 향할 준비가 된 것이다. 메소포타미아 사람들은 빵과 맥주를 소비하는 것이 야만성에서 벗어나 완전한 인간이 되는 것으로 믿었다. 흥미롭게도 이러한 믿음은 맥주가 선사 시대의 수렵·채집이라는 위험했던 삶의 방식보다는 정주형의 질서 있는 생활과 깊은 관계가 있다는 사실을 보여주는 듯하다.

맥주를 마실 때 술 취할 가능성은 맥주의 소비를 문명화와 등식으로 보는 믿음에 아무런 영향을 미치지 못한 것으로 보인다. 메소포타미아

문학에서 술주정에 대한 내용을 살펴보면 대부분 장난기가 있거나 해학적으로 다루고 있음을 알 수 있다. 엔키두의 이야기에서도 술에 취해 노래를 부르는 행위는 인간이 되기 위한 의식의 일부로서 묘사되고 있다. 이와 유사하게 수메르의 여러 신화에서 신들은 먹고 마시는 것을 즐기고, 가끔은 너무 마셔 취해버려 실수하기 쉬운 인간의 특성을 가진 것으로 묘사된다. 그들의 변덕스러운 행동은 언제 추수에 실패할지, 언제 지평선에 약탈적인 군대가 나타날지 알 수 없었던 수메르인의 불안정하고 예측할 수 없는 삶의 본질을 반영하고 있다. 수메르인의 종교 의식은 신전 안에 있는 신상神像 앞에 놓인 탁자 위에 곡물을 올려놓고, 사제들과 경배자들이 음식과 음료를 마시며 신들의 임재와 죽은 자의 영혼을 부르는 연회를 진행했다.

맥주는 고대 이집트 문화에서도 똑같이 중요했고, 그에 대한 기록 역시 고대로 거슬러 올라간다. 기원전 2650년경에 시작된 제3왕조 시대의 문헌에 맥주에 대한 내용이 기록되어 있고, 그리고 기원전 2350년경 제5왕조의 마지막 때의 피라미드 안에 새겨진 장례 기록인 "피라미드 텍스트"에는 여러 종류의 맥주의 이름이 등장한다. (이집트인은 수메르인에 이어 일상의 거래와 왕의 위업을 기록하기 위해 독자적인 문자를 개발했는데, 그것이 독립적인 개발이었는지 수메르인의 문자에 영감을 받은 것인지는 분명치가 않다.) 이집트 문학에 대해 조사했던 어느 연구에 따르면, 이집트 말로 헥트hekt라고 불렀던 맥주는 어떤 다른 식재보다도 많이 언급되었다고 한다. 메소포타미아에서와 마찬가지로 이집트에서도 맥주는 고대에 신이 만든 음료로 생각했고, 맥주는 기도, 신화, 전설 속에 자주 등장했다.

이집트의 한 신화는 맥주 덕분에 인류가 파멸에서 구원을 받았다고까지 이야기한다. 태양신 라Ra는 인간들이 자신에게 반역 음모를 꾸미고 있다는 것을 알았고, 그들에게 벌을 내리기 위해 여신 하토르Hathor

를 급히 내려 보냈다. 그러나 그녀는 너무 포악해서 라는 자신을 경배할 자가 한 사람도 남지 않을까 두려워했고 인간을 동정하게 되었다. 그는 엄청난 양의 맥주를 준비했고 (약 7천 개의 항아리라는 약간 다른 버전도 있지만) 사람의 피와 비슷하게 붉은색으로 바꾸어 지상에 뿌렸다. 들판은 마치 거대한 거울같이 빛이 났다. 거울에 비쳐진 자신의 모습에 감탄한 하토르는 허리를 굽혀 맥주를 마셨다. 그녀는 곧 취해버렸고 잠이 들어 피의 사명을 잊어버렸다. 인류는 구원받았고 하토르는 맥주와 양조의 여신이 되었다. 이와 유사한 이야기들이 투탕카멘, 세티 1세, 람세스 대왕을 포함한 이집트 왕들의 무덤에 새겨져 있는 것이 발견되었다.

그러나 술 취하는 것에 관대했던 메소포타미아인의 태도와는 대조적으로 이집트의 서기 견습생들이 필경한 연습용 텍스트 - 폐기된 것들을 모아놓은 쓰레기 더미에서 대량으로 출토되었다 - 에는 술 취한 행동에 강하게 반대하는 내용이 들어 있었다. 예를 들면, 어느 구절은 젊은 필경사에게 충고하고 있다. "맥주는 그대에게서 인간성을 없애버릴 것이고, 그대의 영혼을 지옥으로 떨어뜨릴 것이다. 그대는 어느 쪽으로도 말을 듣지 않는 배의 망가진 노 같이 될 것이다." 〈애니의 지혜〉라고 불리는 조언집에서도 유사한 충고를 하고 있다. "맥주를 마시면 안 된다. 이해할 수 없는 말들이 그대의 입에서 발설될 것이다." 그러나 그러한 견습생들의 훈련용 텍스트에 등장하는 내용이 일반적인 이집트인의 가치관을 나타내는 것은 아니었다. 한 사람의 서기가 되기 위해서는 끊임없이 정진해야 했다. "군인, 사제, 그리고 빵 굽는 장인이 되지 마라," "농부가 되지 마라," "마부가 되지 마라"와 같은 제목을 가진 다른 텍스트들도 있었다.

메소포타미아인도 이집트인도 맥주는 고대에 신이 내려준 음료로서 자신들의 존재 기반이 되고, 자신들의 문화적·종교적 동질감의 한 부분을 형성하고, 그리고 사회적으로도 매우 중요한 의미를 가진 것으로 생각했다. "맥주홀beer hall을 만드는 것" 또는 "맥주홀에 앉는 것"은 이집트인이 즐겨 사용했던 표현으로서 "좋은 시간을 가져라" 또는 "진탕 마셔라"라는 의미였다. 반면 수메르에서 "맥주를 퍼붓다"라는 표현은 연회나 축연을 개최하는 것을 의미했고, 왕이 고위 관리의 집을 공식적으로 방문해서 접대를 받는 것을 "왕이 누구의 집에서 맥주를 마셨을 때"라고 기록했다. 맥주는 양쪽의 문화 모두에서 맥주 없이는 제대로 된 식사가 될 수 없는 중요한 식새었다. 맥주는 빈부귀천, 남녀노소를 가리지 않고 모든 사람이 마시는 음료였다. 맥주는 세계 최초의 위대한 2대 문명을 진정으로 특징짓는 음료였다.

기록의 기원

인류 최초로 기록된 사료史料는 수메르인의 급여 목록과 세금 영수증인데, 토기 위에다 맥주를 상징하는 사선 형태를 표시한 그림문자가 곡물, 면포, 가축을 상징하는 그림문자와 함께 표기되어 있었다. 특히 맥주를 나타내는 그림문자는 당시 가장 보편적인 표현 중 하나였다. 이러한 그림들이 급여 목록이나 세금 영수증에 등장한 이유는 기록의 목적 자체가 처음부터 곡물, 맥주, 빵, 다른 재화들을 징집하고 배급한 것을 기록하기 위해 창안된 것이었기 때문이다. 신석기 시대에는 공동의 저장 창고에 납부한 물품을 계산하는 데 토큰token, 증표을 사용했는데, 그러한 관습이 자연스럽게 그림문자 표기로 발전한 것이다. 수메르 사회는 기본적으로 신석기 시대의 사회 구조의 연장선상에 있었지만, 수천 년이 흐르면서 경제적으로나 사회적으로 복잡성이 증가되었고 훨씬 더 큰 규모였다고 할 수 있다. 신석기 시대에 마을의 촌장이 잉여 음식들을 징집했던 것처럼 수메르 도시에서도 사제들이 잉여분의 보리, 밀, 양, 면포를 징집했다. 공식적으로 이들 물품들은 신에게 바치는 공물이었지만 실질적으로는 강제 세금으로 신전의 사제들이 생활을 위해 소비했고, 다른 물품이나 서비스와 교환을 위해 사용되었다. 예를 들어, 사제들은 빵과 맥주를 배급으로 지급하면서 용수로를 관리하거나 공동의 건물을 건축할 수 있었다.

이러한 정교한 시스템은 사제들에게 경제의 상당 부분을 통제할 수 있는 기회를 부여했다. 이러한 체제가 모든 사람에게 동등하게 분배하는, 즉 국가가 인민들에게 필요한 모든 것을 제공하는 고대 사회주의의 한 형태인지, 또는 거의 노예제에 가까운 착취 체제인지는 판단하기가 어렵다. 그러나 이러한 모습은 앞을 예측할 수 없었던 메소포타미아라는 독특한 환경에 기인했던 것으로 보인다. 이 지역은 비가 적게 내렸고 티그리스강과 유프라테스강의 범람은 예상할 수가 없었다. 따라서 농경은 잘 정비된 공동의 용수로 시스템에 의존할 수밖에 없었고, 수메르인은 지역의 신들에게 합당한 공물을 바쳐야 한다고 믿었다. 이러한 두 개의 과제를 모두 사제들이 담당했고, 그리고 부락이 마을로, 다시 도시로 성장할수록 더욱 더 많은 권력이 그들의 손에 집중되었다. 신석기 시대에 단순한 저장 창고에 불과했던 건물은 계단 형태로 높게 쌓아 올린 정교한 신전, 또는 지구라트라고 하는 피라미드 형태의 건축물로 발전했다. 많은 경쟁 도시국가들이 등장했고, 이들은 각각 자신들의 신을 섬겼으며 농업 경제를 유지했다. 그리고 그 농업 경제가 생산해 낸 잉여물을 먹고사는 엘리트 사제들에 의해 통치되었다. 벽화에 새겨진 그들의 모습은 수염을 기르고, 긴 킬트kilt를 입고, 머리에 두건을 두르고, 커다란 단지에 담긴 맥주를 빨대로 마시고 있었다.

사제와 종복들은 이러한 모든 일을 처리하기 위해 자신들이 무엇을 받았고 무엇을 배급했는지 기록할 필요가 있었다. 세금 영수증은 점토로 만든 보관통envelope 안에 토큰 형태로 보관되었고, 보관통은 속이 비어 있는 조개 모양의 형태로 점토로 만들었는데 당시 불래bullae라고 불렀다. 보관통 안에는 여러 개의 토큰들이 들어 있어서 서로 부딪히며 소리를 냈다. 서로 다른 여러 개의 토큰이 사용되었는데, 이들은 각각 곡물, 직물 또는 개별 가축의 표준적인 분량을 나타냈다. 공물이 사원에 헌납되었을 때 이에 상응하는 토큰을 점토로 된 보관통 안에 집어넣었고, 세금 징수자와 납세자는 정확한 세금이 납부되었다는 것을 확인하기 위해 각자의 도장을 보관통의 젖은 점토 위에 압인을 했다. 그런 후에 보관통은 신전에 보관되었다.

그러나 곧 보관통 대신에 젖은 점토판을 사용하는 것이 훨씬 쉬운 방법이라는 사실을 깨달았다. 거기에 보리, 가축 그리고 기타의 물품을 나타내는 다양한 모양을 표기할 수 있었다. 그다음에 점토판에 서명 압인을 하고 그러한 기록을 영구히 보관될 수 있도록 햇볕에 말렸다. 보관통이나 토큰은 더 이상 필요하지 않았다. 토큰은 점차 사라지게 되었는데, 토큰의 형태를 모방한 그림문자가 등장했기 때문이다. 이후 토큰은 진흙 위에 긁어서 그린 (토큰의 모습에서 파생되어 나왔거나 또는 표시하고자 했던 목적물을 그린) 그림문자로 인해 완전히 사라졌다. 일부 그림문자는 물리적으로 해당 물품을 직접적으로 표현했고, 반면 숫자와 같이 추상적인 개념들은 점토판에 여러 개의 표시를 조합한 형태로 표현했다.

가장 오래된 기록물은 기원전 3400년경으로 추정되는 우루크의 것으로 평평한 점토판은 손바닥 정도의 크기였다. 보통 세로로 선을 그어 구분했고, 다시 가로로 직선을 그어 각 구획을 정사각형 형태로 구

맥주의 배급 상황을 기록한 기원전 3200년경으로 추정되는
초기 설형문자 점토판

분했다. 각 구획에는 여러 개의 상징이 표기되어 있고, 일부는 점토 위에 토큰을 압인해서 표기했고, 다른 부분은 날카로운 것으로 긁어서 표기했다. 이러한 상징 표시들은 왼쪽에서 오른쪽으로 읽혀지고 위에서 아래로 읽혀지지만, 이 초기 스크립트는 현대의 글과는 전혀 다르기 때문에 전문가만이 해석할 수 있다. 그러나 자세히 보면 맥주를 나타내는 그림문자는 찾아내기 쉬운데 도기 위에 사선을 그려 표기해 놓은 것을 알 수 있다. 그러한 그림문자는 급여 목록에서, 행정 문서에서, 그리고 훈련을 받는 서기들에 의해 필사된 단어의 리스트에 수십 개의 양조 용어들과 함께 등장한다. 많은 점토판은 사람의 이름 바로 옆에 "하루치 맥주와 빵"을 표기하는 내용으로 되어 있는데, 이것은 신전에서 배급하는 표준적인 임금이었다.

오늘날 메소포타미아의 배급 자료를 분석한 자료에 따르면 기본적으로 빵, 맥주, 대추, 양파가 지급되었고, 가끔 육류 또는 생선 그리고 병아리콩, 렌즈콩, 순무, 콩류 같은 채소류가 추가로 지급되어 영양 요소를 갖춘 균형적인 식사가 제공되었음을 알 수 있다. 대추는 비타민

A를, 맥주는 비타민 B를, 양파는 비타민 C를 제공했고, 배급량 전체로 보면 3500~4000칼로리가 제공되었다. 이 수치는 오늘날의 성인 기준 섭취 권고량과 비슷하다. 이것은 국가의 배급이 불규칙적으로 지급된 것이 아니라 당시 많은 사람들에게 중요한 식사의 재원이 되었다는 것을 보여준다.

세금 영수증과 배급 상황을 기록하기 위한 수단으로 시작된 기록 방법은 더욱 신축성 있고, 표현력 있고, 추상적인 표현으로 발전했다. 기원전 3000년경에는 특정한 소리를 표현하는 상징들도 등장했다. 동시에 상형문자pictogram는 이전의 얇은 스크래치 수준에서 깊고 쐐기 모양으로 발전했다. 이는 기록 속도를 빠르게 해주었지만 상징을 표현하는 상형문자의 질을 떨어뜨렸고, 그래서 기록 방법은 더욱 추상적으로 보이기 시작했다. 이러한 결과로 갈대를 사용하여 만든 점토판 위에 쐐기 모양의 문자 즉 "설형문자cuneiform"를 음각으로 새기는 인류 최초의 범용적 기록 양식이 탄생하게 되었다. 이것은 현대 서양 알파벳의 기원이 되었는데, 기원전 2000년에서 1000년 사이에 창안된 우가리트Ugaritic와 페니키아의 문자를 거쳐 오늘날에 이르게 된 것이다.

초기 성형문자와 비교해 볼 때, 맥주를 의미하는 설형문자의 상징에서는 항아리 모습은 거의 볼 수가 없다. 그러나 그 상징은, 예를 들면 교활하고 약삭빠른 농업의 신 엔키Enki의 이야기가 기록된 점토판에

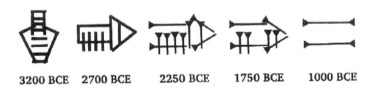

| 3200 BCE | 2700 BCE | 2250 BCE | 1750 BCE | 1000 BCE |

맥주를 표시하는 설형문자의 발전 단계. 맥주를 담은 단지의 모습이 시간이 흐를수록 점점 더 추상적으로 변화는 모습을 볼 수 있다.

등장하기도 한다. 엔키는 아버지인 엔릴Enlil을 위해 연회를 준비하는데, 여기에 양조의 과정에 대한 묘사가 나오긴 하지만 약간 모호하다. 그러니 양조의 단계들은 구분되어 있어서, 이것은 기록된 것들 중 가장 오래된 레시피는 맥주라는 것을 말해준다.

액체가 주는 부와 건강

이집트에서도 메소포타미아와 마찬가지로 곡물이나 다른 물품을 세금으로 신전에 바쳤고, 이후 그것은 공동의 노역에 대한 대가로 재분배되었다. 이것은 양 문명에서 보리와 밀 그리고 그 가공품인 딱딱하고 액체 형체인 빵과 맥주는 안정적인 식재 그 이상이었음을 보여준다. 빵과 맥주는 널리 보급된 편리한 지불 수단이며 통화였다. 설형문자의 기록에 의하면, 메소포타미아에서 수메르의 신전에서 일하는 노동자들 중에서 가장 직급이 낮은 사람들은 배급의 일부로서 하루에 맥주 한 실라sila를 배급받았는데, 지금으로 계산하면 약 1리터 또는 미국의 2파인트(pint, 1파인트는 0.473리터-역주)에 해당하는 분량이다. 젊은 관리자는 2실라를, 고위 관리자와 궁정의 여성은 3실라를, 가장 높은 관리자는 5실라를 각각 받았다. 수메르 유적지에서 크기가 거의 동일하고 테두리가 비스듬한 도기들이 다량으로 출토되었는데, 아마 표준 측정 단위로 사용되었던 것으로 추정된다. 고위급 관리에게 더 많은 맥주를 지급한 것은 그들이 더 많이 마셨기 때문이 아니었다. 그들이 마시고 난 나머지는 심부름꾼이나 서기들에게 하사품으로 주거나 다른 일꾼들에게 보수로 지급했다. 액체는 쉽게 나눌 수 있기 때문에 이상적인 통화였다.

아카드Akkad는 기원전 2350년경부터 수메르의 경쟁 도시국가들을 통합하고 지배했던 제국인데, 아카드 제국을 건설한 사르곤 왕(Sargon, 아카드왕국의 창시자로 56년[기원전 2333~2279년]간 통치했다. 사르곤의 거대한 왕국의 영토는 메소포타미아와 현재의 이란, 시리아, 아나톨리아반도 일부와 아라비아반도 북부를 포함하여 엘람에서 지중해까지 이르렀다고 알려져 있다-역주)이 통치했던 시대의 후기 문헌들은 "신부의 가격bride price" 즉 신랑의 가족이 신부의 가족에게 지급한 결혼 대가의 일부분으로 맥주를 언급하고 있다. 다른 기록들은 여성들과 아이들이 신전에서 수일간 일한 대가로 맥주가 지급되어 있는데, 여성에게는 2실라를, 아이에게는 1실라를 지급한 사실을 보여준다. 이와 유사하게 전쟁 포로 또는 노예였을 것으로 보이는 난민 여성과 아이에게도 맥주가 배급되었는데, 여성에게는 매월 20실라, 아이에게는 10실라가 지급되었다는 기록도 있다.

전령들이 보너스 형식으로 맥주를 받는 것처럼 군인, 경찰, 서기도 특별한 경우에는 추가 보수로 맥주를 더 받았다. 기원전 2035년경의 어느 문서에는 도시국가인 움마에서 공적인 전령들에게 배급된 목록이 나와 있는데, 다양한 종류의 "고급" 맥주, "보통" 맥주, 마늘, 요리용 오일 그리고 향신료가 기재되어 있었다. 당시 수메르 국가의 인구는 30만 명 정도였는데, 그들 모두에게 보리는 매월, 양모는 매년 배급되었고, 또는 이와 동등한 다른 물품들 즉 보리 대신에 빵이나 맥주, 그리고 양모 대신에 직물이나 의복이 제공되었다. 모든 거래는 메소포타미아의 회계원에 의해 점토판에 설형문자로 훼손되지 않도록 체계적으로 기록되었다.

맥주가 지급 수단으로 사용되었다는 가장 거대한 사례는 이집트 가자의 고원지대에서 볼 수 있는 피라미드다. 피라미드를 건설한 노동자들이 먹고 잠을 잤던 마을 근처에서 발견된 기록에 따르면, 노동자들에게 보수로 지급된 것은 맥주였다. 피라미드가 건설되던 기원전 2500

원통 인장에 새겨진 연회의 모습. 의자에 앉아 있는 사람들이 빨대를 이용하여 커다란 항아리에 담긴 맥주를 마시고 있는 모습이 묘사되어 있다.

년경에는 빵 3~4덩어리, 맥주 4리터 정도가 담긴 2개의 항아리가 노동자에 대한 평균 배급이었다. 감독자와 관리는 노동자보다 더 많은 빵과 맥주를 받았다. 일부 고대의 낙서에 따르면, 멘카르 왕의 피라미드인 가자의 제3 피라미드를 건설했던 어느 노동자 그룹은 자신들을 "멘카르의 주정뱅이들Drunkards of Menkaure"이라고 불렀다고 한다. 건설 노동자에 대한 배급을 기록한 문서들은 피라미드가 한때 생각했던 것처럼 수많은 노예들을 동원해 지어진 것이 아니라 도시국가의 사람들에 의해 건설된 것이라는 사실을 보여준다. 피라미드는 범람의 시기에 농토가 물에 잠겨 있을 동안에 농부들에 의해 건설되었다고 하는 설도 있다. 국가는 곡물을 공물로 징수했고 노동의 대가로 재분배했다. 건설 사업은 이집트인의 마음속에 민족의 단결이라는 사명감을 심어주고, 국가의 부와 권력을 과시하고, 납세를 정당화하는 역할을 수행했다.

빵과 맥주를 임금 또는 통화로 사용했다는 것은 양자가 번영이나 행복과 동의어가 되었다는 사실을 의미했다. 고대 이집트에서 빵과 맥주는 그들의 삶에 절대적이었기 때문에 "빵과 맥주"라는 말은 일반적으로 생존을 의미했다. 빵과 맥주를 조합한 상형문자는 음식의 상징이 되었다. 또한 "빵과 맥주"라는 단어는 행운 또는 건강을 기원한다는 의미로서 일상생활에서 인사말로 사용되었다. 어느 이집트의 비문에는 학교에 다니는 아들의 건강한 발육을 위하여 여성들은 매일 항아리 두 개에 담긴 맥주와 3개의 작은 빵 덩어리를 제공할 것을 강하게 권면하는 내용이 새겨져 있다. 메소포타미아인 역시 마찬가지로 "빵과 맥주"를 "음식과 음료"를 표시하는 일반적인 단어로 사용했다. 그리고 연회를 의미하는 수메르 단어는 문자적으로 "맥주와 빵을 위한 장소"를 의미한다.

맥주는 또한 건강과 더욱 직결되어 있었고, 메소포타미아인과 이집트인 모두 맥주를 의약용으로 사용했다. 기원전 2100년경에 만들어진 것으로 추정되는, 니퍼라는 수메르 도시에서 출토된 설형문자 점토판에는 맥주를 사용한 약제법 또는 의약 처방 리스트가 기록되어 있었다. 그것은 알코올을 의약용으로 사용한 현존하는 가장 오래된 기록이다. 이집트에서 맥주는 부드러운 진정제로 인정되었고, 그리고 허브와 향신료 등 여러 의학용 혼합물을 섞는 기본 재료였다. 맥주는 끓는 물로 만들기 때문에 보통 물보다는 오염이 덜 되며, 다른 혼합 요소들이 맥주 안에서 쉽게 용해된다는 장점이 있다. 기원전 1550년경의 이집트의 의학 사료인 "에버스 파피루스The Ebers Papyrus" - 보다 오래된 문헌에 근거를 두고 있긴 하지만 - 는 약초를 이용한 수백 개의 처방전에 관한 내용이 있는데, 그들 중 많은 것이 맥주를 포함하고 있다. 예를 들면, 양파 반쪽과 거품이 있는 맥주를 혼합하면 변비에 효과가 있다고 했고, 올리브를 분말화해서 맥주와 혼합하면 소화불량을 치료한다고 했다. 샤프란(saffron, 크로커스 꽃으로 만드는 샛노란 가루로 음식에 색을 낼 때 쓴다-역주)과 맥주를 섞은 것으로 여성의 배를 마사지하면 출산의 진통을 완화한나고 했다.

이집트인은 또한 사후에도 행복하게 지내기 위해서는 충분한 빵과 맥주가 필요하다고 믿었다. 장례를 위한 표준적인 공물은 빵, 맥주, 황소, 거위, 옷 그리고 정화적인 요소인 천연 탄산소다natron로 구성된다. 이집트의 장례에 대한 내용을 기술한 일부 문헌에서 "고인은 신맛으로 변하지 않는 맥주를 약속받을 수 있다"라고 기록되어 있는데, 이는 영원히 맥주를 마시기를 원하는 인간의 갈망과 맥주를 저장하는 어려움을 모두 상징한다. 이집트의 무덤에서는 맥주 단지 – 내용물은 오래전에 증발했지만 – 와 맥주를 만드는 장비들과 함께 양조하고 빵을 만드는 벽화나 모형들이 발견되었다. 맥주를 만들기 위한 특수한 형태의 체sieves 들이 기원전 1335년경에 죽은 투탕카멘의 무덤 안에서 발견되었다. 보통의 얕은 무덤에 안치되는 일반 시민들의 경우에도 작은 맥주 단지들이 함께 매장되었다.

문명화의 새벽에 등장한 맥주

맥주는 요람에서 무덤까지 메소포타미아인과 이집트인의 모든 삶속에 침투해 있었다. 그들이 맥주를 사랑했다는 것은 필연이라고 볼수 있다. 복잡한 사회의 등장, 문자로 기록해야 할 필요성, 그리고 맥주의 대중화는 잉여 농산물이 없었다면 가능할 수 없는 것들이었다. 비옥한 초승달 지역이 곡물 재배를 위한 최상의 기후 조건을 가졌기에 그곳에서 농경이 시작되었고, 그곳에서 최초의 문명이 탄생했고, 그곳에서 문자에 의한 기록이 시작되었다. 그리고 그곳에서는 맥주가 아주 풍부했다.

　메소포타미아나 이집트의 맥주는 홉hops을 포함하고 있지 않았지만 - 홉은 중세가 되어서야 맥주의 표준적인 요소가 되었다 - 맥주와 관련된 일부 관습들은 수천 년이 지난 오늘날까지도 남아 있다. 맥주가 더 이상 노동의 대가로 사용되지 않고, 사람들이 더 이상 "빵과 맥주"라는 말로 인사하지는 않지만, 맥주는 지금도 세계의 많은 지역에서 여전히 노동자를 위한 중요한 음료로 여겨지고 있다. 맥주를 마시기 전에 건강을 기원하며 건배하는 것은 맥주에 마력과 같은 힘이 있다는 고대인의 믿음의 유산이다. 그리고 친밀하고 편안한 사회적 교류를 위한 맥주의 역할은 변하지 않고 남아 있다. 그것은 함께 공유할 수 있는 음료라는 의미다. 맥주는 문명화의 새벽 이후 석기 시대의 촌락에서, 메소포타미아의 연회장에서, 현대의 선술집이나 바에서 사람들을 함께 어울리게 만들었다.

제2부

그리스와
로마의 와인

A
History
of
World
in
6
Glasses

Greek
and Roman Wine

3

와인의 기쁨

내게 빨리 와인 한잔을 가져와라. 와인으로 내 정신이
윤택해지고 현명해질 수 있도록

— 아리스토파네스, 그리스 희극 시인 (기원전 450~385년경)

세기적인 축제

역사에서 최고로 성대했던 축제 중 하나는 기원전 870년경 아시리아
(Assyria, 고대 아시리아는 중동에서 기원전 25세기 또는 기원전 24세기부터 기원전 605년
까지 존재한, 강성했던 국가다. 히타이트를 물리쳐서 세운 국가로 본다-역주)의 왕 아슈
르나시르팔 2세가 님루드에 새로운 수도의 완성을 기념하기 위해 개
최한 향연이다. 새로운 도시의 중심에 있는 거대한 왕궁은 진흙 벽돌
로 토대를 쌓은 후 그 위에 전통적인 메소포타미아 양식으로 지어졌
다. 7개의 웅장한 홀은 나무와 청동을 사용하여 화려하게 장식된 문들
이 있었고, 천정은 삼나무, 사이프러스, 향나무로 덮여 있었다. 정교하
게 그려진 벽화는 왕이 외국 땅에서 이룩한 군사적 업적을 기리고 있
었다. 왕궁은 운하와 폭포, 그리고 과수원과 정원으로 둘러싸여 있었

다. 과수원과 정원에는 그 지역의 식물은 물론 왕이 멀리 외국 땅에서 벌인 정복 전쟁 중에 수집한 식물들이 무성하게 자라고 있었다. 당시의 설형문자로 새겨진 기록에 따르면 대추야자나무, 삼나무, 사이프러스, 올리브, 자두나무, 무화과나무 그리고 포도나무와 같은 식물들이 "서로 경쟁하듯 저마다의 향기를 풍기고 있었다." 아슈르나시르팔은 북부 메소포타미아의 대부분을 차지했던 자신의 제국 전역에서 사람들을 새로운 수도로 이주시켰다. 이처럼 다양한 지역의 식물들과 사람들로 채워진 수도는 왕의 제국의 축소판이었고, 수도가 완성되자 아슈르나시르팔은 이를 축하하기 위해 성대한 연회를 개최한 것이다.

연회는 10일간 계속되었고 공식 기록에 따르면 6만 9574명이 참석했다고 한다. 제국의 전역에서 모여든 남자와 여자가 4만 7074명, 님루드의 새로운 거주민 1만 6000명, 타국에서 온 고관 5천 명, 그리고 왕궁의 관리가 1500명이었다. 이 연회의 목적은 국민과 외국 사절에게 왕의 권력과 부를 과시하기 위함이었다. 참석자들을 대접하기 위해 살찐 소 1000마리, 송아지 1000마리, 양 1만 마리, 어린 양lamb 1만 5000마리, 새끼 양(spring lamb, 늦겨울이나 이른 봄에 나서 7월 1일 이전에 육용-(肉用)으로 팔리는 어린 양으로 보통 생후 3~5개월 된 양을 말한다-역주) 1000마리, 가젤 500마리, 오리 1000마리, 거위 1000마리, 비둘기 2만 마리, 다른 종류의 작은 새 1만 2000마리, 물고기 1만 마리, 날쥐(작은 설치류의 동물) 1만 마리, 달걀 1만 개가 제공되었다. 야채류는 많지 않았는데, 불과 1000상자 정도가 제공되었다. 이러한 기록에 다소 과장이 있었다 하더라도 그 연회가 엄청난 것이었음은 분명했다. 왕은 손님들에게 "(나는) 여러분에게 경의를 표하기 위해 융숭한 대접을 베풀었고, 여러분이 건강하고 행복하게 여러분의 나라로 돌아가시기를 바랍니다"라고 자랑스럽게 말했다.

아슈르나시르팔 2세가 의자에 앉아 손끝으로 밑이 얕은 와인 잔을 들고 있다. 양쪽에 시종이 2명이 있는데 왕과 왕의 와인으로부터 파리들을 쫓기 위해 부채를 들고 있다.

그러나 이 연회에서 가장 인상적이고 가장 중요한 것은 왕이 선택한 음료였다. 아슈르나시르팔은 메소포타미아의 전통에도 불구하고 메소포타미아인의 일반적인 음료를 이 연회에서 가장 중요한 음료로 대우하지 않았다. 궁전의 석벽에 새겨진 부조에는 그가 빨대를 통해 맥주를 마시고 있는 모습 대신 그의 오른손 손가락 끝 위에 아마 금으로 만든 얕은 그릇을 우아하게 올려놓고 있는, 그래서 그 잔이 그의 얼굴 앞에 와 있는 모습을 묘사하고 있다. 이 그릇에는 와인이 담겨져 있었다.

물론, 맥주가 완전히 사라진 것은 아니었다. 아슈르나시르팔은 연회에서 1만 잔의 맥주를 제공했다. 동시에 그는 동일한 분량의 와인 1만 잔도 제공했다. 그러나 같은 양이었지만 와인은 부를 과시하는 훨씬 더 인상적인 방법이었다. 예전부터 메소포타미아 지역에서는 와인이 매우 귀했는데, 이는 와인 생산지인 산악지대로부터 수도가 있는 북동부까지 가져와야만 했기 때문이다. 와인을 산악지대에서 평지로 운송하는 데 드는 비용은 맥주보다 최소한 10배 이상 비쌌고, 그래서 와인은 메소포타미아의 문화에서는 이국적인 외국의 음료로 여겨졌다. 따라서 와인은 오직 엘리트 집단만이 마실 수가 있었고, 그리고 주로 종교적인 행사에서 사용되었다. 이러한 와인의 희귀성과 높은 가격 때문에 와인은 오직 신들에게 봉헌하는데 적절한 음료로 여겨졌고, 대부분의 사람들은 단 한 번도 와인을 맛볼 수가 없었다.

따라서 7만 명의 손님에게 맥주와 같은 분량으로 와인을 대접할 수 있었던 아슈르나시르팔의 능력은 그가 어느 정도의 부를 가지고 있었는지를 생생하게 보여주는 증거였다. 제국 영토 내의 원격 지역으로부터 와인을 공수해서 제공했다는 사실 또한 그의 막강한 권력의 힘을 분명하게 보여준 것이다. 더욱 인상적인 것은 와인의 일부가 자신의 정원에서 기르는 포도를 직접 양조하여 생산했다는 사실이다. 이들 포도나무는 당시의 관례처럼 다른 나무들과 서로 얽힌 채로 재배되었고, 물은 정교한 관개 시스템을 통해 공급되었다. 아슈르나시르팔은 엄청난 부자였지만 그의 부는 계속해서 나무 위에서 자라고 있었다. 왕은 자국에서 생산된 와인을 신에게 공물로 바치면서 새로운 도시의 헌정을 공식적으로 고했다.

님루드에서 출토된 이후의 연회를 묘사한 그림들은 사람들이 나무로 만든 의자에 앉아서 밑이 얕은 잔으로 와인을 마시고 있는 모습을 보여준다. 옆에는 종자従者들이 서 있는데, 몇몇은 와인 잔을 들고 있고 다른 몇몇은 부채를 들고 있는데, 아마 벌레가 귀중한 음료 속으로 들어가는 것을 방지하기 위한 파리채 역할을 한 것으로 보인다. 가끔 커다란 저장 용기가 등장하는데, 종자들은 이 용기에서 와인을 떠서 주인의 잔에 다시 와인을 채웠다.

아시리아인 사이에서 와인을 마시는 행위는 점점 더 정교하고 공식적인 사회적 의식으로 발전되었다. 기원전 825년경의 오벨리스크에는 아슈르나시르팔의 아들인 샬마네세르 3세가 파라솔 아래에 서 있는 모습이 묘사되어 있다. 그의 오른손은 와인 잔을 들고 있고 왼손은 칼 손잡이 위에 놓여 있는데, 한 탄원자가 그의 발아래 무릎을 꿇고 있다. 이렇게 강렬한 묘사 덕분에 와인과 그와 관련된 용기들은 권력과 번영 그리고 특권의 상징이 되었다.

"산악지대의 뛰어난 '맥주'"

와인은 새로운 유행의 시작이었지만, 그것은 아주 새로운 것이었다. 맥주처럼 와인의 기원도 선사 시대이지만 상세한 내용은 알 수가 없다. 와인의 발명 또는 발견은 너무 고대의 일이어서 단지 신화나 전설을 통한 간접적인 기록만이 남아 있을 뿐이다. 그러나 고고학적 증거는 와인이 신석기 시대인 기원전 9000년에서 4000년 사이에 현대의 아르메니아와 이란 북부에 해당하는 자그로스 산악지대에서 처음으로 생산된 것으로 제시된다. 세 가지 요소들이 복합적으로 작용하면서 이 지역에서 와인 생산이 가능하게 되었다. 첫째로 야생의 유라시안 포도 품종인 비티스 비니페라 실베스트리스Vitis vinifera sylvestris가 자생하고 있었고, 둘째로 곡물 생산이 풍부해서 와인을 만드는 지역사회에 1년 내내 곡물을 식량으로 제공할 수 있었고, 셋째로 기원전 6000년경에 와인을 양조하고, 저장하고, 제공serving할 수 있는 도구인 도기가 발명되었다는 점이다.

와인은 간단히 말해 으깨어진 포도 과즙이 발효된 형태이다. 포도의 껍질에 묻어 있는 자연 효모가 과즙 안에 있는 당질을 알코올로 바꿔준다. 도기 안에 포도나 포도 과즙을 오래 저장하려고 했던 시도가 우연히 와인을 만들어낸 것이다. 자그로스 산맥에 존재했던 신석기 시대의 마을인 하지 피루츠 테페Hajii Firuz Tepe에서 출토된, 기원전 5400년의 것으로 추정되는 도기의 내부에 저항색의 찌꺼기가 남아 있었는데, 그것이 와인의 탄생을 시사하는 가장 오래된 물리적 증거로 생각되고 있다. 이 지역을 와인의 탄생지로 추정하는 근거는 성경에 나오는 노아의 이야기에 반영되어 있다. 그는 홍수가 물러간 후에 방주가 도착한 아라라트산 근처의 언덕에 최초로 포도밭을 일군 것으로 알려져 있다.

이러한 탄생지로부터 와인 만드는 지식은 서쪽으로는 그리스와 아나톨리아(현대의 터키)로 전파되었고, 남쪽으로는 레반트(Levant, 동부 지중해 지역을 말하며, 현대의 시리아, 레바논 그리고 이스라엘 지역에 해당함-역주)를 거쳐 이집트로 전파되었다. 기원전 3150년경, 이집트 초기 왕조의 통치자들 중 한 명인 스콜피온 1세는 당시 중요한 와인 생산지들 중 하나였던 레반트 남부 지역으로부터 비싼 비용을 들여 수입한 와인 700단지와 함께 매장되었다. 파라오들이 한 번 와인에 맛을 들이자 그들은 나일강의 델타 지역에 자체 포도원을 만들었고, 기원전 3000년경까지는 제한적이긴 했지만 국내에서 와인을 생산했다. 그러나 메소포타미아에서처럼 이집트에서도 와인은 엘리트 그룹만이 마실 수 있었는데, 그 이유는 그 지역의 기후가 와인을 대량으로 생산하기에 적합하지 않았기 때문이다. 와인을 생산하는 과정이 고대 이집트 무덤의 벽화에 등장하지만, 오직 와인을 마실 수 있는 부자들만 그런 호화로운 무덤을 사용할 수 있었기 때문에, 그러한 벽화는 당시 이집트 사회의 부의 불평등을 조명해준다. 일반 대중이 마셨던 음료는 맥주였다.

와인은 지중해 동부 연안에서도 인기를 끌고 있었고, 기원전 2500년경에는 포도나무가 크레타 섬과 그리스 본토에서 재배되고 있었다. 포도나무는 예전부터 그 지역에 존재했던 것이 아니라 다른 지역에서 들여온 것이라는 사실은 후대 그리스 신화를 통해 확인되었는데, 신화에 따르면 신들은 넥타(nectar, 벌꿀 술로 추정)를 마셨고, 와인은 그 후에 인간의 음료로서 소개되었다는 것이다. 포도나무는 올리브, 밀, 보리와 함께 재배되었고, 때로는 올리브나 무화과나무와 엉켜서 자라기도 했다. 그러나 기원전 2000년에서 1000년 사이에 미케네와 미노스 문명, 그리스 본토, 크레타 섬에서 와인은 엘리트 그룹을 위한 음료였다. 와인은 노예 노동자나 신전의 저급 관리의 배급 목록에는 올라와 있지 않았다. 와인을 마실 수 있는지 여부가 곧 사회적 신분의 표시였다.

그러므로 아슈르나시르팔과 그의 아들인 샬마네세르의 통치는 전환점이 되었다. 와인은 종교적으로뿐만 아니라 사회적인 음료로서도 인정되었고, 근동 지역과 지중해 동부 연안 지역에서 점점 더 유행하기 시작했다. 와인의 범용성이 이처럼 커진 데에는 2가지 이유가 있었다. 첫째, 바다를 통한 와인 교역량이 증가했을 뿐만 아니라 와인의 생산 자체도 증가하면서 더욱 넓은 지역에서 와인 음용을 가능하게 만들었다. 거대한 국가나 제국이 등장하면서 와인의 범용성이 더욱 커졌는데, 즉 국경의 수가 줄어들수록 지불해야 할 세금이나 통행세가 줄어들었고, 또한 와인의 장거리 운송비용 역시 더 싸졌기 때문이다. 아시리아의 왕들처럼 자신의 제국 내에 와인 생산 지역을 보유했던 행운의 통치자들도 있었다. 둘째, 생산량이 증가하고 가격이 떨어지면서 사회의 넓은 계층에서 와인을 즐길 수 있게 되었다. 와인이 점점 더 보편화되었다는 사실은 아시리아 궁정에 바쳐진 진상품에 대한 기록을 통해 분명히 알 수 있다. 아슈르나시르팔과 샬마네세르 시대에 와인은 금, 은, 말, 소 그리고 다른 귀중한 물품과 함께 이상적인 진상품으로 인정받았다. 그러나 2세기 후에 와인은 진상품 목록에서 사라졌는데, 그 이유는 최소한 아시리아에서는 와인이 매우 많이 보급되어서 더 이상 진

상품으로 사용하기에 충분할 정도로 고가이거나 이국적 분위기가 나지 않았기 때문이다.

기원전 785년경에 만들어진 것으로 추정되는 님루드의 설형문자 점토판은 당시 와인이 아시리아 왕실에 속한 6000명이나 되는 많은 사람들에게 배급되고 있었다는 사실을 보여준다. 하루에 10명을 기준으로 1리터 정도의 와인이 배급되었는데, 1인을 기준으로는 하루에 오늘날의 와인 한 잔 정도를 받은 것으로 보인다. 숙련된 노동자는 좀 더 많은 양을 받았는데 6명 기준으로 1리터를 받았다. 이처럼 양은 각각 달랐지만 최고위급 관리부터 양치기 소년이나 요리 보조사에 이르기까지 왕실에 속한 모든 자에게 와인이 배급되었다.

와인에 대한 인기가 남쪽으로 내려가 와인의 자체 생산이 비현실적이었던 메소포타미아 지역으로까지 퍼져나가면서 와인 거래는 유프라테스강과 티크리스강을 따라 확대되었다. 와인은 무겁고 상하기 쉬웠기 때문에 육로로 운송하기가 어려웠다. 장거리 무역은 나무와 갈대로 만든 뗏목이나 배를 이용하여 수로를 통해 이루어졌다. 그리스의 역사가 헤로도토스는 기원전 430년경에 이 지역을 방문했는데, 강을 따라 바빌론까지 물품을 운송하는 데 사용되었던 배를 언급하면서 "주된 화물은 와인"이라고 기록했다. 헤로도토스의 설명에 따르면 배가 하류에 도착해서 짐을 하역하고 난 후 다시 배를 상류까지 운반해 간다는 것은 어려운 일이기 때문에 배는 거의 가치가 없는 상태가 되어 버린다. 따라서 그들은 배를 해체해서 팔아버렸는데, 그럴 경우 원래 가치의 10분의 1 정도밖에 받지 못했다. 이러한 비용이 와인의 가격을 끌어올리는 원인이 되었다.

이러한 사정 때문에 와인이 메소포타미아 사회에서 크게 유행되었는데도 와인은 생산 지역 이외에서는 널리 음용되지 못했다. 와인의 가격이 일반인은 엄두를 못 낼 정도의 고가였다는 사실은 신바빌로니아 제국이 기원전 539년에 페르시아에 멸망하기 직전 최후의 왕이었던 나보니두스Nabonidus가 했던 자랑을 보면 잘 알 수 있다. 나보니두스는 와인을 "나의 제국 안에는 없는 산악지대의 '뛰어난 맥주'"로 언급하면서, 자신의 통치 기간에 와인이 매우 풍족해져서 18실라(약 18리터 또는 현대 와인 병을 기준으로 하면 약 24병)를 담은 수입용 단지가 은 1세켈shekel이면 가능하게 되었다고 자만을 떨었다. 당시 은 1세켈은 한 달치 최저 급료였다. 따라서 와인을 매일 마실 수 있었던 사람들은 매우 부유한 사람들로 한정되었다. 일반인에게는 대체 음료로 대추야자로 만든 와인date-palm wine이 인기가 있었는데, 이것은 대추 시럽을 발효시켜 만든 알코올음료였다. 대추야자는 메소포타미아 남부 지역에서 널리 재배되고 있었기 때문에 그 "와인"은 맥주보다 약간 더 비싼 정도였다. 기원전 첫 번째 천 년(기원전 1000년부터 기원전 0년 사이) 동안 맥주를 사랑했던 메소포타미아인조차 맥주에 등을 돌리기 시작하면서 가장 문화적이고 문명을 대표했던 맥주는 왕좌에서 밀려났고, 이제 와인의 시대가 시작되었다.

서양 사상의 요람

현대 서양 사상의 기원은 기원전 6~5세기의 고대 그리스의 황금기로 거슬러 올라갈 수 있다. 당시의 그리스 사상가들이 현대 서양의 정치, 철학, 과학 그리고 법률의 초석을 놓았다. 그들은 반대 의견을 가진 사람들과의 논쟁적 토론을 통해 이성적 탐구를 추구하는 새로운 접근법을 시도했다. 그들은 하나의 아이디어를 평가하는 최선의 방법은 상반되는 아이디어와 경합시켜 검증하는 것이라고 판단했다. 그 결과 정치적으로는 서로 다른 정책의 지지자들이 자신의 주장의 정당성을 놓고 다투는 민주주의가 탄생했다. 철학에서는 세계의 본질에 대해 이성적인 논의와 대화를 이끌었고, 과학에서는 자연 현상을 설명하려고 노력했던 서로 다른 이론의 탄생을 촉발했고, 법률에서는 당사자가 대등한 입장에서 자신의 주장을 다투는 법률제도가 탄생했다. (제도화된 경쟁으로서 그리스인이 특히 사랑했던 또 다른 형태는 운동 경기였다.) 이러한 접근 방법은 현대 서양의 생활양식의 근저에 자리 잡고 있으며 정치, 상업, 과학 그리고 법률 등 모든 분야에서 질서 있는 경쟁의 근간을 형성했다.

서양 세계와 동양 세계의 구분이라는 생각 역시 그리스의 산물이다. 고대 그리스는 통일된 국가가 아니라 도시국가들, 정착민들, 그리고 식민지들이 끊임없이 협력과 경쟁의 관계를 반복하는 느슨한 연합체였다. 그러나 기원전 8세기 초에는 그리스어를 말하는 사람들과 외국인이 구별되기 시작했고, 외국인의 언어는 그리스인의 귀에는 이해할 수 없는 말로 와글와글babbling하는 것처럼 들렸기 때문에 그들을 바바로이(babaroi, 미개인, 야만인이라는 의미-역주)라고 불렀다. 이러한 야만족 중에서 가장 강대한 국가는 동쪽의 페르시아였는데, 당시 메소포타미아, 시리아, 이집트 그리고 소아시아(Asia Minor, 현대의 터키 지역)를 포함하는 거대한 제국을 이루고 있었다. 처음에 그리스의 주력 도시국가인 아테네와 스파르타는 페르시아의 공격을 막아내기 위해 연합했지만, 후일에 아테네와 스파르타가 전쟁을 했을 때에는 페르시아는 양국을 차례로 지원했다. 최종적으로 알렉산더 대왕은 그리스를 통일했고, 기원전 4세기에 페르시아를 멸망시켰다. 그리스인은 자신들을 페르시아인과는 정반대의 인간으로 생각했고, 또한 자신들이 아시아 사람과는 근본적으로 다르다고 (그리고 실제로 뛰어난 사람들이라고) 믿었다.

문명적 경쟁을 향한 열정과 야만족에 비해 자신들이 우수하다고 생각했던 그리스인의 생각은 와인에 대한 그들의 사랑에 잘 나타나 있다. 그리스인은 공식적인 주연酒宴을 의미하는 심포지엄symposium에서 와인을 마셨고, 그 모임에서 서로 위트와 시 또는 수사학을 사용하면서 상대방을 제압하기 위한 논쟁적인 토론을 즐겼다. 그리스인은 심포지엄의 공식적이고 지적인 분위기를 즐기면서 자신들이 야만족에 비해 얼마나 문명화된 사람들인지를 재확인했다. 그리스인은 와인을 마시는 데 비해 야만족은 저급하고 세련되지 못한 맥주를 마셨고, 비록 와인을 마시더라도 그리스인이 인정하는 와인의 매너를 모르는 사람은 더욱 야만적이라고 생각했다.

기원전 5세기의 그리스 작가로 고대 세계에서 가장 위대한 역사가들 중 한 명이었던 투키디데스는 "지중해 연안의 사람들은 올리브와 포도를 재배하는 법을 배웠을 때 야만 상태에서 벗어나기 시작했다"라는 말을 했다. 와인의 신인 디오니소스는 맥주를 좋아하는 메소포타미아가 싫어서 그리스로 도망갔다는 전설도 있다. 이보다는 조금 친절하지만 여전히 잘난체하는 그리스인의 전통에 따르면, 디오니소스는 포도를 재배할 수 없는 나라의 사람들을 불쌍히 여겨 맥주를 창조했다고 한다. 그리고 디오니소스는 그리스에서는 엘리트 그룹만이 아니라 모든 사람을 위해서 와인을 만들었다는 것이다. 그리스의 3대 비극 시인으로 알려져 있는 에우리피데스는 〈바카스의 여신도들The Bacchae〉에서 "디오니소스는 부자에게도 가난한 자에게도 모든 고통을 중단시킬 수 있는 음료인 와인의 기쁨을 선사했다"라고 표현했다.

그리스 본토와 섬들의 기후와 토양은 와인 재배에 이상적이었기 때문에 그리스에서 와인은 매우 풍족했다. 포도의 재배는 기원전 7세기부터 펠로폰네소스 반도의 아카디아와 스파르타를 시작으로 해서 위쪽으로는 아테네 주변 지역인 아티카까지 올라가면서 그리스 전역으로 급속히 전파되었다. 그리스인은 역사상 최초로 거대한 상업적 규모로 와인을 생산했고, 포도 재배를 위해 체계적이면서도 과학적인 방법을 도입했다. 이러한 내용을 다룬 첫 번째 그리스 작품은 기원전 8세기에 쓰인 헤시오스의 《노동과 나날Works and Days》인데, 여기에는 언제 어떻게 포도 가지를 치고 수확하고 압착하는지에 대한 조언이 담겨 있다. 그리스의 양조인들은 와인 압착 방법을 개선했고, 포도나무를 다른 나무에 감아 붙이기보다는 격자 구조와 말뚝 위에 가지런히 줄을 세워나가는 방법을 이용하여 포도나무를 심는 방법을 채택했다. 이러한 방법을 통해 제한된 공간에서 더욱 많은 포도나무를 심을 수가 있었고, 결과적으로 포도 생산량이 증가했으며 수확 작업도 쉽게 할 수 있었다.

점차 곡물 경작은 포도와 올리브 재배로 대체되었고, 와인 생산은 보조 역할에서 본격적인 산업으로 전환되었다. 와인은 이제 농부나 딸린 식구들이 소비하기 위한 것이 아니라 상업적 거래를 위한 특별한 상품으로 생산되었다. 농부들이 같은 땅에서 곡물보다 포도를 재배할 때 소득이 20배나 증가했다는 사실은 놀랄만한 일이 아니었다. 와인은 그리스의 주력 수출품이 되었고 해상을 통해 다른 상품들과의 교역이 이루어졌다. 아티카에서는 곡물 생산에서 포도 생산으로의 전환은 너무 극적이어서 식량 조달을 위해 곡물을 수입해야 할 지경에까지 이르렀다. 와인은 부의 상징이었고, 기원전 6세기 아테네에서는 부의 수준을 결정하는 기준이 포도원 소유 여부로 결정되었다. 가장 낮은 그룹이 7에이커(1에이커는 4046제곱미터 또는 1224평-역주) 미만을 보유한 사람들이고, 그 위로 3단계가 있었는데 각각 약 10에이커, 15에이커 그리고 25에이커를 기준으로 구분했다.

와인은 키오스, 타소스, 레스보스 등 그리스 본토에서 멀리 떨어진 섬에서도 생산되었는데, 특히 현대의 터키 서부 해안에 가까이 위치한 키오스와 레스보스에서 생산된 와인은 매우 뛰어난 품질로 평가되었다. 그리스의 주화에 와인과 관련된 도안들이 등장하는데, 이를 통해 당시의 경제에 있어서 와인이 가진 중요성을 엿볼 수 있다. 키오스섬의 주화에는 독특한 와인 단지의 모습들이 묘사되어 있었고, 와인의 신인 디오니소스가 당나귀 위에 비스듬히 타고 있는 모습은 트라키아(Thracian, 지금의 발칸 반도 동남부 지역-역주)의 멘데에서 출토된 주화나 암포라(고대 그리스나 로마 시대에 쓰던 양 손잡이가 달리고 목이 좁은 큰 항아리-역주) 손잡이에 등장하는 흔한 디자인 중 하나였다. 또한 와인 무역은 상업적으로 중요했기 때문에 아테네와 스파르타 사이에 벌어진 펠로폰네소스 전쟁에서 포도원이 서로의 중요한 표적이 되면서 파괴되거나 불태워지는 일들이 발생했다. 기원전 424년 어느 날, 스파르타의 군대가 아테네의 동맹 도시국가인 마케도니아의 와인 생산지인 아칸투스에 도착했다. 그때는 포도 수확철 바로 직전이었다. 포도 농사를 망칠까 봐 두려워했던 아칸투스 사람들에게 스파르타의 장군인 브라시다스는 스파르타와 동맹을 맺으면 포도가 안전할 것이라고 약속했다. 이 말에 마음이 흔들린 아칸투스 사람들은 투표를 했고 동맹을 바꾸기로 결정했다. 그들은 아무런 문제없이 추수를 계속할 수 있었다.

와인은 더욱 대중화되었고 노예들까지 마실 수 있는 단계가 되면서 더 이상 와인을 마실 수 있느냐 아니냐가 아니라 어떤 종류의 와인을 마시느냐가 중요해졌다. 이처럼 와인은 다른 문화권에 비해 그리스 사회에서 더욱 서민적인 음료가 되었지만, 와인은 여전히 사회적으로 계층적 차별을 묘사하는 데 이용되었다. 그리스의 와인 애호가들은 곧 다양한 국내산과 외국산의 미세한 차이를 구분할 수 있었다. 지방마다 와인 스타일이 다르다는 사실이 알려지면서 각 와인 생산 지역은 특별한 취향을 선호하는 소비자들이 자신이 원하는 와인을 선택할 수 있도록 독특한 형태의 암포라에 자신들의 와인을 담아 출고하기 시작했다. 아르게스드라토스는 기원전 4세기에 시실리에 살았던 그리스의 미식가로서 인류 최초의 요리책 중 하나인 《가스트로노미아Gastronomia》의 저자였는데, 그는 레스보스 섬에서 나오는 와인을 좋아했다. 기원전 5~4세기의 그리스 희곡에는 키오스와 타소스의 와인도 특별히 품질이 좋았다는 내용이 나온다.

먼저, 와인의 원산지가 어디인지에 집착을 보였던 그리스인의 주된 관심은 정확한 양조 장소보다는 와인의 생산 연도로 옮겨갔다. 그들은 양조 장소의 차이를 별로 중요하게 생각하지 않았는데, 아마 양조 장소보다는 저장이나 관리를 어떻게 하느냐에 따라 와인의 질이 크게 달라졌기 때문으로 보인다. 오래된 와인은 품질의 상징이었고 오래될수록 더 좋았다. 기원전 8세기에 쓰인 호머의 《오디세이》는 신화적 영웅인 오디세이의 보물창고에 대해 다음과 같이 묘사하고 있다. "여기저기 황금과 청동이 쌓여 있었고, 상자들에는 옷들이, 그리고 좋은 향기가 나는 향유가 가득했다. 그리고 그 방에는 오래되어 달콤한 맛을 풍기는 와인 단지들이 벽을 따라 일렬로 세워져 있었는데, 그 안에는 아무것도 섞지 않은 신성한 음료가 담겨져 있었다."

고대 그리스인에게 있어서 와인을 마신다는 것은 '문명' 또는 '세련'과 동의어였다. 어떤 종류의, 그리고 언제 생산된 와인을 마시느냐가 그 사람의 문화적 세련미를 알려주는 지표였다. 맥주보다는 와인을, 보통 와인보다는 좋은 와인을, 연식이 짧은 와인보다는 오래된 와인을 선호했다. 그러나 어떤 와인을 선택하느냐보다도 중요시되었던 것은 와인을 마실 때의 태도였다. 와인을 마실 때 그 사람의 본성이 드러난다고 생각했기 때문이다. 기원전 6세기 때 그리스의 시인이었던 아실

루스는 다음과 같이 썼다. "청동은 외모를 비추는 거울이지만, 와인은 마음을 비추는 거울이다."

와인에 물을 타는 그리스인의 관습

고대 그리스인이 와인을 마시는 데 있어서 다른 문화권과의 가장 두드러진 차이는 마시기 전에 물로 희석하는 관습이었다. 사적인 파티인 심포지엄에서 물로 희석한 와인을 마시는 것은 사회적으로 최고의 세련됨을 의미했다. 심포지엄은 남성 귀족들의 의례였는데, 특별한 공간으로서 안드론andron이라 불리던 남성 전용 특별실에서 치러졌다. 그 방의 벽에는 심포지엄의 모습을 그린 벽화나 주연에 필요한 용품들로 장식되어 있었다. 이처럼 특별한 공간을 사용하여 심포지엄이 일상생활과는 구분된 것이라는 것을 강조했고, 심포지엄 동안에는 사회의 일반 규칙과는 다른 규칙이 적용되었다. 안드론은 집에서 바닥에 돌을 깔은 유일한 방인 경우가 많았는데, 청소를 쉽게 할 수 있도록 바닥이 중앙을 향해 경사지게 만들었다. 안드론을 중심으로 해서 집을 설계할 정도로 그 방은 그리스인에게 중요했다.

심포지엄에서 남성들이 한쪽 팔 아래에 쿠션을 기댄 채로 특별한 소파에 앉아있는 모습은 기원전 8세기경에 근동 지역으로부터 들어온 유행이었다. 심포지엄에는 일반적으로 12명 정도가 참석했고 30명을 넘는 일은 거의 없었다. 여성의 참석은 허용되지 않았지만 수종을 드는 여성이나 댄서 그리고 악사는 참석이 허용되는 경우가 있었다. 제일 먼저 음식이 제공되는데, 이때에는 음료는 약간 제공되거나 전혀 제공되지 않는다. 그런 다음에 테이블이 깨끗하게 치워지면 와인이 등장한다. 아테네의 전통에 따라 3차례의 헌주가 진행되었는데, 첫 번째는 신들에게, 두 번째는 죽은 영웅들 특히 각자의 선조들에게, 세 번째는 신들의 왕인 제우스에게 봉헌했다. 이러한 의식이 진행되는 동안 젊은 여성이 플루트를 연주하기도 했고 성가가 이어졌다. 꽃이나 포도나무 잎으로 만든 장식들이 참가자들에게 제공되고, 어떤 경우에는 향유를 바르기도 했다. 그런 다음에야 비로소 주연이 시작되었다.

먼저, 와인을 "크라테르krater"라고 불리는 단지 모양의 커다란 용기에 넣고 물을 부어 섞었다. 항상 손잡이가 3개 달린 "하이드리아hydria"라는 용기에 물을 담아 그 물을 와인에 첨가했고, 반대로 물에 와인을 첨가하는 방법은 사용하지 않았다. 첨가하는 물의 양에 따라 참가자들이 얼마나 빨리 취하느냐가 결정되었다. 물과 와인의 일반적인 배합 비율은 2:1, 5:2, 3:1 그리고 4:1이었다. 물과 와인을 동등한 비율로 섞은 것은 "강한 와인strong wine"으로 간주되었다. 출하되기 전에 2분의 1 또는 3분의 1의 양으로 끓여서 농축된 와인은 물을 8배에서 심지어 20배까지 섞어야만 했다. 더운 계절에는 우물 밑에 넣어놓거나 눈으로 감싸서 와인을 차갑게 했다. 그렇지만 그러한 사치를 감당할 수 있는 사람은 소수에 불과했다. 겨울철에 모은 눈은 녹지 않도록 밀짚으로 싸매어 지하 구덩이 안에 넣어 보관했다.

그리스인, 특히 아테네 사람들은 아무리 좋은 와인이라 하더라도 물로 희석하지 않고 마신다는 것은 야만적인 행동으로 간주했다. 그들은 오직 디오니소스만이 물을 섞지 않은 와인을 마실 수 있다고 믿었다. 가끔 특별한 모양의 병으로 직접 와인을 마시는 모습이 묘사되었는데, 그러한 병을 사용한다는 것은 물을 섞지 않았다는 것을 시사했다. 이에 반해 약한 인간은 물을 섞어 도수를 낮춘 와인만을 마실 수가 있다. 그렇지 않으면 극도로 폭력적이 되거나 심지어 미쳐버릴 수 있다고 생각했다. 그것이야말로 스파르타의 왕인 클레오메네스에게 일어났던 일이라고 헤로도토스는 말했는데, 클레오메네스는 흑해 북부 지역의 유목민인 스키타이족이 와인에 물을 섞지 않고 마시는 야만적인 습관을 흉내 냈다는 것이다(클레오네메스가 정신적으로 정상이 아니라 미쳤을 것이라고 헤로도토스는 생각했다-역주). 아테네의 철학자인 플라톤은 스키타이족과 인근 부족인 트라키아족 모두 와인을 마시는 데 있어서 교양이 없거나 문명적이지 않다고 지적했다. "스키타이족과 트라키아족은 남녀 모두 물을 섞지 않은 와인을 옷 위에 부어 마시는데, 그들은 그러한 관습을 행복하고 멋진 것이라고 생각한다." 마케도니아 사람들 역시 물을 섞지 않은 와인을 즐긴다는 점에서 악명이 높다. 마케도니아의 알렉산더 대왕과 부친 필립 2세는 모두 대단한 음주가로 유명했다. 알렉산더는 취한 상태에서 언쟁 끝에 친구인 클리투스를 죽였고, 기원전 323년 그가 원인을 알 수 없는 병으로 죽었을 때 지나친 와인 음용도 원인 중 하나였다는 일부 증언도 있다. 그러나 그러한 주장을 신뢰하기는 어렵다. 고대 문헌에도 와인을 적당히 즐기는 것은 미덕이지만 지나친 탐닉은 타락이라는 견해가 널리 퍼져 있었기 때문이다.

물은 와인을 안전하게 만들지만, 와인 역시 물을 안전한 상태로 바꾸었다. 와인에는 병원균이 없을 뿐만 아니라 발효 과정에서 생성되는 천연 항균물질을 함유하고 있다. 그리스인은 이러한 사실을 몰랐지만 오염된 물을 마시는 위험에 대해서는 잘 알고 있었다. 그래서 그들은 샘물이나 깊은 우물 또는 수조에 저장된 빗물을 선호했다. 와인으로 상처를 처리하는 것이 물로 씻어내는 것보다 감염의 위험이 적다는 사실 때문에 (그 이유는 앞에서 언급한 것처럼 와인에는 병원균이 없고 항균물질이 함유되어 있기 때문이다), 그들은 와인에는 소독이나 정화하는 능력이 있다고 생각했을 것이다.

전혀 와인을 마시지 않는 것은 와인에 물을 섞지 않고 마시는 것과 동일하게 나쁜 것으로 생각했다. 따라서 와인에 물을 섞는 그리스인의 관습은 와인을 그대로 마시는 야만인과 와인을 전혀 마시지 않는 야만인 사이의 중간에 위치했다. 후기 로마 시대의 그리스 작가인 플루타크는 다음과 같이 썼다. "술고래는 저속하고 무례하다. (중략) 한편 전혀 마시지 않는 절대 금주자의 태도에도 찬성하지 않는다. 그들은 주연을 주최하기보다는 아이들 키우는 일에 더 어울린다." 그리스인은 양쪽 모두 디오니소스의 선물을 적절하게 사용할 줄 모른다고 믿었다. 그리스인의 이상은 이 두 사고 사이의 어딘가에 있었다. 이러한 생각을 확실하게 보여주는 것은 심포지아크symposiarch의 역할이다. 심포지아크란 심포지엄의 주재자를 말하는데, 보통 주최자가 맡거나 참석자 중에서 투표나 주사위를 던져 선택된 사람이 맡는다. 심포지아크의 핵심 역할은 그날 참석자들이 술을 마시되 냉정한 상태를 유지하도록 절제시키는 것인데, 이로써 사람들이 이야기의 즐거움에 빠져들고 걱정으로부터 해방될 수 있도록 하되 야만인처럼 폭력적으로 되지 않도록 심포지엄을 주재하는 것이었다.

와인을 마실 때 보통 킬릭스cylix라고 불리는 짧은 손잡이가 2개 달린, 바닥이 얕은 잔을 사용했다. 가끔 칸타로스cantharos라고 부르는 커다랗고 깊게 파인 그릇이나 리톤rhyton이라 부르는 뿔 모양의 사발을 사용하기도 했다. 국자 같이 기다란 손잡이가 달린 오이노코에oinochoe라는 와인 용기도 사용되었는데, 이것은 심포지아크의 지시에 따라 시중드는 사람이 크라테르에 담긴 와인을 와인 잔에 옮길 때 사용되는 중간 용기였다. 크라테르가 비면 곧 다른 크라테르가 준비되었다.

와인을 마시는 그릇들은 정교한 그림으로 장식되었는데, 가끔은 디오니소스의 형상이 그려지기도 했고 장식은 점점 더 정교해졌다. 도기 그릇에는 전형적으로 "black-figure" 즉 흑화식 기법(黑畵式, 고대 그리

기원전 420년경 그리스의 심포지엄 모습. 이 그림은 크라테르에 적화식 기법으로 그려졌는데, 여성이 남성들을 위해 아울로스(그리스 시대의 관악기로 오늘날 플루트와 유사)를 연주하고 있고 남성들은 손에 와인 잔을 들고 코타보스 게임을 즐기고 있다.

스에서 항아리에 장식을 새길 때 사용한 기법)이 사용되었는데, 표현하고자 하는 인물이나 대상물을 바탕색인 검은색으로 처리하고, 불에 굽기 전에 세부적인 부분을 선으로 파서 완성하는 기법이다. 이 기술은 기원전 7세기에 고린도에서 개발된 것으로 아테네로 빠르게 전파되었다. 기원전 6세기부터 이 기술은 "red-figures" 즉 적화식 기법(赤畵式, 그리스에서 발달한 항아리의 장식 수법으로 도상(圖像) 부분을 적갈색 그대로 남겨두고, 배경을 온통 흑색으로 칠하는 기법을 말한다. 도상과 배경의 공간 때문에 입체적인 이미지를 주는 기법이다-역주)에 의해 점차 대체되었는데, 대상물인 인물은 아무 색도 칠해지지 않은 진흙의 자연스러운 색상으로 묘사되고, 검은색의 선으로 세부적인 부분을 새기는 기법이다. 그러나 음료용 그릇을 포함하여 상당히 많은 흑화식 및 적화식 도기가 오늘날까지 전해지고 있는데, 이 사실은 오해를 살 수가 있다. 사실 부자들은 도기보다는 은이나 금으로 만든 와인 그릇을 사용했다. 이처럼 도기 그릇들이 많이 남아 있는 이유는 장례식에 사용되었기 때문이다.

와인을 마시는 방법에 대한 규칙과 의식에 집착하고, 적절한 도구나 가구를 사용하고, 어울리는 복장을 입는 것은 모두가 자신의 세련미를 강조하기 위한 것이었다. 그러나 와인을 마시는 동안에 실제로 어떤 일이 있었을까? 여기에 하나의 답은 없다. 그리스 사회의 거울이라 할 수 있었던 심포지엄은 인간의 삶 자체만큼 다양했다. 가끔은 악사와 댄서를 고용한, 격식을 갖춘 형태의 유흥이기도 했고, 어떤 심포지엄은 참석자들이 위트 있는 노래, 시, 재담을 즉석에서 하면서 서로 경생했을 것이고, 이떤 심포지엄은 철학과 문학을 토론했던 정중한 모임이었을 것이다. 후자의 경우에는 교육적인 목적으로 젊은이의 입장을 허용하기도 했다.

그러나 모든 심포지엄이 그렇게 진지했던 것은 아니다. 코타보스 kotabos라는, 특별히 인기가 있었던 음주 게임이 있었다. 와인 잔에 남아 있는 와인 방울들을 특정한 목표물, 예를 들어 다른 사람이나 원판 모양의 청동 타깃을 향해 던지거나, 또는 물 위에 떠 있는 컵을 향해 와인 잔을 물속으로 가라앉힐 목적으로 와인을 던지며 경쟁하기도 했다. 코타보스 게임의 인기가 너무 높아서 이 게임을 위해 둥근 형태의 특별한 방을 만드는 열성주의자들도 있었다. 전통주의자들은 젊은이들이 조금이라도 사냥이나 전쟁에서 유용한 스포츠인 창던지기보다는 코타보스 실력을 향상하기 위해 집중하는 현상에 우려를 표명했다.

크라테르를 계속해서 비우면서 어떤 심포지엄은 진탕 먹고 마시는 수준으로 타락했고, 다른 심포지엄은 참석자들이 그들의 주연 모임에 대한 충성을 보이기 위해 서로 도전하며 다투면서 폭력적으로 발전하기도 했다. 심포지엄 이후 때로는 코모스komos가 이어지기도 했는데, 이는 주연 모임 참석자들이 자신들의 모임의 힘과 단결력을 과시하기 위해 밤에 소란을 피우면서 길거리를 지나가는 의례적인 행사였다. 코모스는 부드럽게 진행되기도 했지만 참가자들의 성향에 따라 폭력행위나 기물 파손으로 번지는 경우도 있었다.

아테네의 풍자 시인이었던 에우불로스Euboulos는 자신이 쓴 연극의 한 부분에서 다음과 같이 말했다. "나는 분별 있는 사람을 위해 3개의 그라테르를 준비한다. 첫 번째는 건강을 위해 그것을 다 비운다. 두 번째는 사랑과 기쁨을 위해, 세 번째는 숙면을 위해서다. 세 번째까지 다 마시면 현명한 사람은 집으로 돌아간다. 네 번째 크라테르는 더 이상 나의 것이 아니어서 악한 행동이 나오고, 다섯 번째는 고성을 지르게 되고, 여섯 번째는 무례하고 욕설이 나오고, 일곱 번째는 싸우게 되고, 여덟 번째는 기물을 부수게 되고, 아홉 번째는 우울해지게 되고, 열 번째는 광기가 나오고 인사불성이 된다"라고 썼다.

본질적으로 심포지엄은 지적·사회적·성적인 면에서 다양한 형태로 진행될 수 있지만 그 핵심은 쾌락의 추구였다. 그것은 주체할 수 없었던 모든 종류의 열정을 통제하기 위한 수단이었고 분출구였기도 했다. 심포지엄에는 심포지엄을 탄생시켰던 그리스 문화의 최고와 최악의 요소들이 공존했다. 심포지엄에서 마셨던 물과 와인의 혼합물은 그리스 철학자들에게 비옥한 은유적 토양을 제공했다. 그들은 그러한 조합을 개개의 인간에게나 크게는 사회 안에 혼재하는 선과 악의 공존에 비유했다. 심포지엄에는 참석자들이 절제를 벗어나 위험한 상태로 나가는 것을 예방하기 위한 여러 규칙이 존재했고, 따라서 심포지엄은 플라톤을 비롯한 다른 철학자들이 그리스 사회를 바라보는 렌즈 역할을 했다.

와인의 철학

철학이란 지혜를 추구하는 것이다. 진리를 발견하는 데 심포지엄보다 더 나은 장소가 어디에 있는가? 그곳에서는 와인이 진리가 드러나는 것을 가로막는, 그것이 즐거운 것이든 불쾌한 것이든 모두 제거해버리기 때문이다. 기원전 3세기에 살았던 그리스의 철학자인 에라토스테네스는 "와인은 숨겨져 있는 것을 드러낸다"라고 말했다. 심포지엄이 진리를 얻기 위한 적절한 장소라는 생각은 다수의 사람이 와인을 마시며 특정한 주제에 대해 토론하는 모습이 그리스 문학에서 반복해서 등장하며 강조되고 있는 것으로 미루어 알 수 있다. 가장 대표적인 사례가 플라톤의 《향연Symposium》이다. 이 작품에서 플라톤의 멘토로 묘사된 소크라테스를 포함하여 참가자들은 사랑이란 주제에 대해 토론한다. 아침까지 밤새 와인을 마신 후에 소크라테스를 제외한

그리스 철학자 플라톤. 그는 와인이 인간의 본성을 테스트 할 수 있는 좋은 방법이라고 믿었다.

모든 사람이 잠이 들었다. 소크라테스는 와인에 취하지 않았고 일상생활을 위해 자리를 떠난다. 플라톤은 소크라테스를 이상적인 음주자로 묘사한다. 그는 진리를 추구하기 위해 와인을 사용했지만 자신을 완전히 절제했고, 와인으로부터 어떠한 악영향도 받지 않았다. 소크라테스는 또 다른 제자인 크세노폰이 기원전 360년경에 쓴 작품인 《향연》에도 등장한다. 그 역시 아테네의 주연에 대해 묘사했는데, 그곳에서 이루어지는 대화는 플라톤의 진지한 작품에 비해 매우 생동적이고, 위트가 넘치며, 그리고 등장인물은 더 인간적이다. 그 작품의 중요한 주제역시 사랑이며 훌륭한 타지안의 와인이 제공되면서 대화는 더욱 풍성해진다.

그러한 철학적 심포지엄은 실제 현실에서보다도 문학적 상상의 세계에서 주로 등장한다. 그러나 최소한 한 가지 분명한 것은 와인이 일상생활 속에서도 진실을 드러내기 위해 사용되었다는 점이다. 와인을 마시면 사람들의 진실한 본성이 드러날 수 있기 때문이다. 플라톤은 실제 심포지엄에서 쾌락을 추구하는 것에 대해서는 반대했지만, 심포지엄은 인간성을 테스트하는 수단으로 적절할 수 있다고 보았다. 플라톤은 자신의 저서인 《법률》의 등장인물을 통해 심포지엄에서 다른 사람들과 와인을 마시는 것은 상대방의 성품을 가장 쉽고 빠르게 테스트할 수 있는 믿을만한 방법이라고 주장한다. 그는 소크라테스를 마시는 자 안에 두려움을 유발하는 "공포의 몰약fear potion"으로 묘사한다. 이약은 두려움이 아니라 용기를 주는 약인데, 점차 복용량을 늘려가며 두려움을 극복하는 방법을 배움으로써 대담함과 용기를 고양시킬 수있다. 물론 이 약은 상상 속에만 존재하는 것으로 플라톤은 (소크라테스가 크레타 섬의 대화자에게 말하는 형식을 빌어) 이 약과 와인의 유사점을 들면서 와인을 자제력을 키우는 데 가장 이상적인 음료라고 말한다.

와인이 향연의 자리에서 사용하는 것 이상으로 유익한 점은, 조심스럽게만 사용될 수 있다면, 와인을 통해 먼저 사람의 성격을 판단하고, 둘째 사람의 인격을 훈련할 수 있다는 점이다. 이보다 저렴하고 더 무해한 방법이 있겠는가? 다음 중 어느 것이 위험이 더 크겠는가를 생각해 보라. 무수한 불법행위의 원천인 성급하고 난폭한 사람의 본성을 테스트해 보기 위해 자신을 위험에 노출시키면서 그 자와 대치하겠는가, 아니면 디오니소스의 축제에 그를 친구로 초대하겠는가? 또는 바람기가 있는 사람의 성향을 테스트하기 위해 그대의 가장 소중한 아내나 딸, 아들을 그에게 맡기는 위험을 무릅쓰면서까지 그의 본성을 확인해 보기를 원하는가? (중략) 나는 크레타인뿐만 아니라 어떤 다른 사람도 인간의 성격을 파악하는데 그러한 테스트가 공정하고, 그리고 다른 어떤 방법보다 더 안전하고 저렴하고 빠른 방법이라는 사실에 이의를 제기하지 않을 것이라고 나는 믿는다.

이와 유사하게, 플라톤은 와인 음용을 와인 마실 때 생성되는 분노, 사랑, 자만, 무지, 탐욕 그리고 비겁과 같은 감정에 자신을 드러냄으로써 자신을 테스트하는 방법으로도 보았다. 플라톤은 이러한 비이성적 충동을 억제하고 내면의 악마를 굴복시킬 수 있도록 심포지엄을 적절히 운영할 수 있는 규칙까지도 정했다. 그는 "와인이란 위안제로서 영혼에는 겸손을 가르쳐주고, 육체에는 건강과 힘을 주기 위해 인간에게 주어진 것이다"라고 말했다.

심포지엄은 또한 정치 체제에 비유되기도 했다. 현대인의 눈에는 모임에 참석한 모든 사람이 하나의 커다란 그릇에 담긴 와인을 똑같이 돌려가며 마시는 모습은 민주주의라는 이상을 구현하는 것으로 보인다. 이처럼 심포지엄은 진정한 민주주의의 실현이긴 했지만 현대적 개념과는 차이가 있었다. 심포지엄에는 오직 특권 계층의 남성들만 참석할 수 있었기 때문이다. 이러한 차별은 아테네의 민주주의 형태에서도 동일했는데, 당시 인구의 약 5분의 1에 해당하는 자유인에게만 투표할 수 있는 권리가 부여되었기 때문이다. 그리스의 민주주의는 노예제를 기반으로 했다. 고된 노동을 감당했던 노예들이 없었다면 그들은 정치에 참여할 수 있는 여유 있는 충분한 시간을 누릴 수 없었기 때문이다.

플라톤은 민주주의에 회의적이었다. 무엇보다도 그것은 사물의 자연 질서에 반하기 때문이다. 이론적으로 사람이 모두 평등하다면 왜 자식이 부모에게 복종하고, 학생이 선생에게 복종하여야 하는가? 플라톤은 자신의 저서《공화국Republic》에서 평범한 사람들의 손에 너무 강한 권한을 부여하면 필연적으로 무정부 상태로 귀결될 것이고, 결국 질서는 전제정치에 의해서만이 회복될 수 있다고 주장했다. 플라톤은《공화국》에서 소크라테스를 빌어 민주정치를 지지하는 자들을 가리켜 갈증 난 사람에게 "자유라고 하는 이름의 강한 와인"에 중독되도록 권유하는 사악한 인간들이라고 비난했다. 권력은 와인과 같은 것이며, 익숙하지 않은 사람이 탐닉하게 된다면 중독에 빠져 혼란 상태가 될 터인데, 권력도 이와 마찬가지라는 것이다. 플라톤의《공화국》에서 이처럼 심포지엄에 대해 많은 암시가 등장하는데, 거의 대부분이 민주정치에 대해 부정적인 입장을 보여준다. (대신 플라톤은 이상적인 사회는 철학자인 왕이 통치하고, 엘리트 그룹에 의해 운영되는 사회라고 믿었다.)

요약하면, 심포지엄은 인간의 본성을 반영하면서 좋은 면과 나쁜 면 모두를 내포하고 있지만, 플라톤은 적절한 규칙들이 준수된다면 심포지엄의 좋은 면이 나쁜 면을 넘어설 것이라고 결론지었다. 실제로 그가 아테네 교외에 아카데미를 설립하고 그곳에서 40년 이상 철학을 가르치고 자신의 작품의 대부분을 저술했을 때 심포지엄은 그에게 교육방법의 모델을 제공했다. 어느 연대기에 따르면 플라톤은 매일 강의와 토론이 끝나고 나면 제자들과 함께 먹고 마셨는데, 이는 "서로 친목을 도모하고, 무엇보다도 배우고 토론한 내용을 반추하기 위한 것"이었다고 한다. 이 모임의 주목적은 지적인 측면에서의 재충전이었고, 플라톤의 지시에 따라 적당한 양의 와인이 제공되었다. 당시의 기록에 따르면 플라톤과 함께 식사했던 사람들은 다음 날 몸 상태가 아주 상쾌했다고 했다. 그 모임에는 악대나 댄서들은 없었다. 플라톤은 교양이 있는 사람들은 "질서 있는 방법에 따라 순서대로 말하고, 그리고 듣는 것"을 통해 서로가 즐길 수 있어야 한다고 믿었다. 플라톤이 시작했던 이러한 모임은 오늘날까지 학문의 세계에 남아 있는데, 참가자들이 순서대로 발표하고 일정한 규칙에 따라 토론하고 논쟁하는 학문적 세미나 또는 심포지엄의 기본적인 형식이 되었다.

문화의 암포라

조심스럽게 구분된 사회적 계층, 비교할 수 없는 수준의 문화적 세련이라는 명성, 그리고 쾌락주의와 철학적 탐구를 촉진하는 힘을 가진 와인은 그리스 문화를 체현하고 있다. 그리스의 이러한 가치들은 와인이 멀리 그리고 넓은 지역으로 수출되면서 같이 전파되었다. 그리스의 와인 단지 또는 암포라가 넓은 지역에서 출토되고 있다는 사실은 당시 그리스 와인의 인기가 높았다는 것과 그리스의 관습, 가치관이 광범위하게 영향을 미쳤다는 것을 잘 보여주는 고고학적 증거로 볼 수 있다. 기원전 5세기경, 그리스의 와인은 서쪽으로는 프랑스 남부까지, 남쪽으로는 이집트까지, 동쪽으로는 크림반도까지, 그리고 북쪽으로는 다뉴브강 지역까지 수출되고 있었다. 거래 또한 대규모로 이루어지고 있었는데, 프랑스 남부 해안에서 발견된 난파선에서 1만 개의 암포라가 발견되었다. 이것은 25만 리터에 해당되며 오늘날의 와인 병으로 환산하면 33만 3000병에 상당하는 양이었다. 와인만이 전파된 것이 아니라 그리스 무역업자들과 식민지 정착자들은 포도 재배에 관한 지식을 전파했고, 와인 양조법을 남부 이태리의 시칠리아와 남부 프랑스에 소개했다. 그러나 스페인이나 포르투갈에 전해진 포도 재배 기술이 그리스인에 의한 것인지, 페니키아인(현대의 시리아와 레바논 지역에 근거를 둔 해양 문화를 이룩한 사람들)에 의한 것인지는 분명하지 않다.

프랑스 공 빙 시역에서 발선된 기원전 6세기의 것으로 추정되는 켈트족의 고분古墳에서 마차 위에 누워 있는 젊은 귀부인의 미이라가 발견되었다. 마차의 바퀴들은 마차에서 분리되어 옆에 놓여 있었다. 무덤에서 출토된 귀중품들 중에는 정교하게 장식된 커다란 크라테르를 포함하여 그리스에서 수입한 와인을 마시기 위한 완벽한 그릇 세트가 있었다. 유사한 그릇들이 다른 켈트족의 무덤에서도 출토되었다. 엄청난 양의 그리스 와인과 음용 도기들이 이탈리아로도 수출되었다. 그곳의 에트루리아(Etruria, 에트루리아인이 거주하여 나라를 세운 고대 이탈리아의 지명. 지금의 이탈리아의 투스카나주에 해당한다–역주) 사람들은 자신들의 세련미를 과시하기 위해 심포지엄이란 문화를 열성적으로 끌어안았던 사람들이었다.

타 문화권의 사람들은 와인을 마시는 방법을 비롯한 그리스의 관습을 높이 평가하고 적극적으로 수용했다. 그래서 그리스의 와인을 운송하는 배들은 와인을 담은 암포라와 함께 지중해 연안과 그 너머의 지역까지 그리스의 문명도 전파했다. 맥주를 대체한 와인은 가장 문명화되고 세련된 음료가 되었다. 그리고 와인은 고대 그리스의 지적인 성취와 결합되어 있는 덕분에 지금까지도 그 지위를 계속해서 유지하고 있다.

4

제국의 포도나무

목욕, 와인, 섹스는 우리 몸을 망친다. 그러나 목욕, 와인,
섹스가 없다면 무슨 가치가 있는 삶이겠는가?

— 비문대전(碑文大全) 제6권

로마 대 그리스

기원전 2세기 중반에 이르면서 중앙 이탈리아 출신의 로마인은 그리
스를 대체하면서 지중해 연안 지역에서 지배 세력으로 부상했다. 그
러나 로마인의 승리에는 다소 역설적인 면이 있었는데, 당시 로마인
은 유럽의 다른 민족들과 마찬가지로 그리스 문화를 선호하고 모방하
면서 자신들의 세련미를 과시하려 했기 때문이다. 그들은 그리스의 신
들과 신화를 차용했고, 그리스의 알파벳을 변형하여 문자를 만들었으
며, 그리스 건축 양식을 모방했다. 로마법 역시 그리스 법률을 토대로
한 것이다. 로마의 지식인은 그리스 문학을 연구했고 그리스어를 구사
할 수 있었다. 이처럼 그리스 문명의 위대함 때문에 로마가 그리스에
승리한 것이 아니라 그 반대였다고 말하는 로마인들도 있었다. 기원전

212년, 로마가 그리스의 식민지인 시러큐스를 약탈한 후 그리스의 뛰어난 조각상들을 의기양양하게 들여왔을 때, 괴팍한 성격의 로마 정치가였던 대大 카토Cato the Elder는 그리스 문화의 악영향을 우려하면서 "우리가 그들을 이긴 것이 아니라 패자들이 우리를 정복했다"라고 말했다. 그의 지적에는 일리가 있었다.

카토를 비롯한 회의론자들은 그리스인과 로마인을 비교하면서, 그리스인은 나약하고 신용할 수 없고 방종한 본능을 가진 반면 로마인은 현실적이고 명료하다고 평가했다. 그들은 그리스 문화는 한때 존경할 만한 점이 많았지만 타락했다고 주장했다. 그리스인은 자신들의 영광스러운 역사에 도취되었고, 말장난이나 철학적 사유에 지나칠 정도로 빠져버렸다는 것이다. 그러나 이런 모든 비판에도 불구하고 로마인은 그리스의 문화에 커다란 빚을 지고 있다는 사실은 의문의 여지가 없다. 많은 로마인이 그리스 문화의 오염에 대해 우려가 컸지만, 로마의 지배력이 지중해 연안 지역과 그 너머로까지 확대되면서 그리스인의 지적·예술적 유산을 이전보다도 더욱 널리 전파하는 역할을 로마인이 수행했다는 사실은 역설적이다.

와인은 이러한 역설을 해소할 수 있는 한 가지 방법을 제공했다. 와인의 재배와 소비가 그리스와 로마의 가치관을 연결하는 역할을 한 것이다. 로마인은 자신들의 뿌리에 대해 자부심을 가졌는데, 원래 검소한 농부였지만 군인과 행정가로 변신하면서 로마를 건국했다고 생각했다. 로마의 병사는 전쟁에서 승리하면 보상으로 가끔 농지를 분배받았다. 농지를 경작하는 데 최고의 작물은 포도나무였다. 로마의 일부 부유한 농부들은 그리스 양식의 빌라에서 호화로운 연회를 열고 주연을 즐기기도 했지만, 그들은 포도를 재배하면서 자신들의 뿌리인 농부의 자리를 충실하게 지키고 있다고 자신을 설득했다.

카토 자신도 포도의 재배는 검소하고 소박한 로마의 전통적인 가치관과 세련된 그리스 문화를 융화시킬 방법이라는 생각에 동의했다. 포도를 재배하는 것은 징직히고 현실저인 행위였지만 곁과물인 와인은 문명의 상징이었다. 따라서 로마인에게 와인은 그들이 어디에서 왔는지, 그리고 무엇이 되었는지를 모두 체현했다. 로마의 군사력이 근면한 농부들에 의해 지탱되고 있다는 사실은 포도나무의 묘목에서 잘라낸 나무 막대기로 표기하는 로마의 백인대장의 계급장에서 상징적으로 볼 수 있다.

모든 포도나무는 로마로 통한다

기원전 2세기가 시작될 무렵, 그리스 와인은 여전히 지중해의 와인 무역을 지배했고 이탈리아반도로 상당한 물량이 수출되는 유일한 상품이었다. 그러나 와인 생산이 이탈리아반도의 남쪽에서 북쪽으로 전파되면서 로마의 와인 생산량은 급속도로 증가하고 있었다. 반도 남쪽은 "오에노트리아(Oenotria, 와인의 땅)" 또는 "포도나무가 무리지어 있는 땅"이라고 불렸는데, 그 지역은 기원전 6세기 이전부터 그리스인이 이주해 그리스의 식민지가 되었는데 당시에는 로마의 지배하에 있었다. 기원전 146년에는 이탈리아반도가 세계 최고의 와인 생산지가 되었는데, 로마가 북아프리카의 카르타고를 함락하고 그리스의 도시인 고린도를 약탈하면서 지중해의 최강 세력이 되었던 바로 그때였다.

로마인은 다양한 그리스의 문화를 수용하고 또한 각지에 전파한 것처럼 그리스의 최상급 와인과 양조 기술 역시 받아들였다. 포도나무는 그리스의 섬들로부터 가져와 이식했고, 예를 들어 키오스의 와인도 이탈리아에서 생산할 수 있게 되었다. 와인 생산자들은 가장 인기가 높았던 그리스 와인을 모방하여 생산하기 시작했고, 특히 바닷물 향으로 유명했던 코스 섬의 와인도 생산했는데, 코스 섬을 나타내는 코안Coan 은 단순히 생산지 이름을 넘어 하나의 스타일로까지 명성을 얻었다. 그리스의 중요한 와인 생산자들은 와인 무역의 새로운 중심지가 된 이 탈리아로 이동했다. 로마의 정치가이며 박물학자였던 대大 플리니우 스(23~79년, 정식 이름은 Gaius Plinius Secundus Major인데 보통 대 플리니(Pliny the Elder)라고 불린다) 따르면 기원후 70년까지 로마 세계에는 80종류의 중요 한 와인이 있었고, 그중 3분의 2가 이탈리아에서 재배되었다고 한다.

이처럼 와인의 높은 인기 때문에 자영 농업으로는 수요를 따라가지 못했고, 품위 있는 농부라는 이상은 커다란 농장에서 노예를 이용하여 대량으로 포도를 재배하는, 더욱 상업적인 농법으로 대체되었다. 와인 생산은 곡물 생산을 희생시키면서까지 확대되었기 때문에 로마는 아 프리카 식민지로부터 곡물을 수입해야 하는 상황이 되었다. 농지들이 대규모 형태로 확대되면서 소규모 농가들은 토지를 팔고 도시로 이주 했고, 결과적으로 시골의 인구는 감소되었다.

기원전 300년경에 10만 명 정도였던 로마의 인구는 서기 0년에는 백만 명으로 팽창하면서 로마는 세계에서 가장 인구가 많은 대도시가 되었다. 반면, 와인 생산량이 로마 세계의 심장에서 증가했고 소비는 로마 세계의 주변부까지 확대되었다. 로마의 지배가 미치는 곳, 그리 고 그 너머의 사람들까지 로마의 여러 관습과 함께 와인을 마시는 문 화를 받아들였다. 영국의 부유층은 맥주와 벌꿀 술을 밀어놓고 에게해 처럼 아주 먼 곳에서 수입된 와인을 좋아했다. 이탈리아 와인은 멀리 남쪽의 나일 지역이나 북쪽으로는 인도까지 배를 통해 수출되었다. 서 기 1세기경에는 로마의 속령이었던 갈리아(Gaul, 현재의 프랑스, 벨기에, 스위 스 서부, 그리고 라인 강 서쪽의 독일을 포함하는 지방-역주) 남부 지역과 스페인에서의 와인 생산이 점진적으로 증가하여 수요를 따라잡는 상황이 되었다. 그렇지만 이탈리아 와인은 여전히 최고로 평가되고 있었다.

　와인은 지중해의 어느 지역에서 다른 곳으로 화물선을 이용해 운송되었다. 보통 2천에서 3천 개의 진흙으로 만든 암포라 용기를 실을 수 있는 선박이 이용되었는데, 와인 이외에도 노예, 견과류, 유리 제품, 향유 그리고 다른 귀중품들도 선적되어 운송되었다. 일부 와인 양조업자들은 자기가 만든 와인을 자신의 배로 수출하기도 했다. 당시에 난파된 배 안에서 선적된 암포라 단지에 새겨진 이름과 배의 닻에 새겨진 이름이 일치하는 경우들이 발견되기도 했다. 와인을 담은 암포라는 일반적으로 일회용으로 재사용할 수 없는 용기로 여겨졌고, 보통 한번 사용한 후에는 폐기되었다. 생산지와 내용물 그리고 다른 정보들이 압인된 수천 개의 암포라 손잡이들이 로마는 물론 마르세유, 아테네, 알렉산드리아, 다른 지중해 항구 등에서 발견되었다. 이들 정보를 분석하면 당시 교역이 이루어진 루트나 와인 비즈니스에 대한 로마의 정치적 영향력을 엿볼 수 있다. 로마의 거대한 화물 창고였던 호레아 갈바나Horrea Galbana에 높이 150피트(약 45.7미터)나 되는 쓰레기 더미 안에서 출토된 암포라의 손잡이들은 대부분이 기원후 100년에서 200년 사이에 스페인에서 만들어진 것이었다. 바로 그 이전에 이탈리아의 와인 생산량이 알 수 없는 이유로 감소했는데, 아마 전염병에 의한 것으로 추정된다. 기원후 193년 셉티미우스 세베루스(황제 마르쿠스 아우렐리우스 밑에서 재무관·집정관을 역임하고 판노니아 및 알제리 주둔군의 사령관으로 있다가 병사들에 의해 황제로 추대되어 193년 카르눈툼에서 즉위했다-역주, 두산백과 참조)가 황제가 된 이후인 3세기 초에는 북아프리카의 와인이 세력을 확대하기 시작했다. 로마계 스페인의 상인들은 세베루스의 라이벌인 알비우스 클로디우스를 지지했고, 그래서 그는 자신의 고향인 렙키스 마그나

(Lepcis Magna, 현재 리비아의 수도인 트리폴리-역주) 주변의 지역에 투자를 장려했고, 그곳에서 생산되는 와인을 선호했다.

최고의 와인은 대부분 로마에서 소비되었다. 로마에서 남서쪽으로 몇 마일 떨어진 곳에 있는 항구인 오스티아에 와인을 실은 배가 도착하면 부두의 노동자들이 불안정한 건널판 위를 오가면서 무겁고 다루기 힘든 암포라를 능숙하게 하역했다. 배 옆에는 잠수부들이 혹시라도 암포라가 1개라도 물속에 빠지면 건져낼 준비를 하고 서 있었다. 암포라가 작은 배로 옮겨지면 와인은 티베르강을 따라 로마까지 여행을 계속했다. 로마에 도착한 후 와인은 인부들을 통해 도매상의 저장 창고 안의 어둑한 지하 저장소로 이송되었고, 다시 내용물을 차갑게 보관하기 위해 땅을 파내어 묻은 커다란 단지 안으로 옮겨졌다. 와인은 이곳에서 소매업자들에게 판매되고, 더욱 작은 암포라에 담긴 후 손수레에 실려서 도시의 좁은 골목길을 따라 운반되었다. 서기 2세기 초 로마의 풍자 작가인 주베널은 고대 로마의 북적대는 거리의 상황을 다음과 같이 묘사했다.

앞이 막혔네
서둘러야 하는데, 엄청난 군중 속에서
거대한 사람들의 무리가 밀려오네
뒤에서도 많은 사람들이 밀려오고 있네
팔꿈치인가, 막대기인가
기둥인가, 와인 단지인가, 그대 머리를 치네
다리는 좌우 앞뒤에서 튀는 진흙으로 범벅이네
나는 신발들과 병사의 창으로 뭉개지고
내 발에는 그의 신발의 스파이크가 꽂히네

이처럼 혼잡한 거리를 뚫고 도착한 와인은 옆집 가게에서 잔으로 팔렸고, 많은 양을 원하는 경우에는 암포라 단위로 팔렸다. 로마의 가정들은 와인을 구입하기 위해 노예들을 시켜 빈 잔을 잔뜩 보냈고, 또는 정기적으로 배달받기 위해 계약을 맺었다. 와인 판매업자들은 와인을 실은 수레를 끌고 이 집에서 저 집으로 이동했다. 로마 세계에서 멀리 떨어진 속령 각지에서 생산된 와인이 그렇게 로마 시민들의 식탁에 도착했고, 궁극적으로는 그들의 입술로 전달되었다.

모든 사람을 위한 음료

와인의 선택이 삶과 죽음을 가르는 문제가 되는 경우는 극히 드물다. 그러나 로마의 정치인이자 유명한 선동가였던 마르쿠스 안토니우스의 경우에는 와인의 선택 문제가 그의 운명을 결정지었다. 기원전 87년, 그는 끊임없이 이어졌던 로마의 권력 투쟁 과정에서 불리한 편에 서게 되었다. 고령의 장군이었던 가이우스 마리우스가 권력을 장악했고 라이벌인 술라의 지지자들을 무자비하게 숙청하고 있었다. 마르쿠스 안토니우스는 사회적 신분이 아주 낮은 사람의 집에 몸을 숨겼다. 자신을 찾기 위해 그렇게 가난한 사람의 집까지 수색하지는 않을 것으로 생각한 것이다. 그런데 집주인은 부지불식간에 자신의 집에 몸을 숨긴 엄청난 신분의 사람을 위해 그에게 어울리는 와인을 사 오도록 노예에게 지시했다. 노예는 근처의 와인 가게에 갔고, 가게 주인이 내놓은 와인 맛을 본 다음 평소보다 더 좋고 비싼 와인을 요구했다. 가게 주인이 그 이유를 묻자 노예는 자기 집 주인의 손님으로 와 있는 사람의 신분을 말해버렸다. 가게 주인은 곧바로 마리우스에게 밀고했고, 마리우스는 즉시 안토니우스를 죽이기 위해 병사들을 급파했다. 병사들이 급하게 집안으로 뛰어 들어갔지만 안토니우스의 뛰어난 웅변술에 설득되어 그를 죽이지 못하고 있었다. 밖에서 기다리고 있던 지휘관이 무슨 일이 벌어지고 있는지 보기 위해 집안으로 들어왔다. 그는 병사들을 겁쟁이라고 힐난하고 칼을 뽑아 안토니우스의 목을 베어버렸다.

이전의 그리스인과 마찬가지로 로마인 역시 와인을 만민이 즐기는 음료로 생각했다. 카이사르나 노예 모두 똑같이 와인을 마셨다. 그렇지만 로마인은 와인 감평에 있어서 그리스인의 수준을 뛰어넘었다. 마르쿠스 안토니우스의 집주인은 자신이 마시는 낮은 수준의 와인을 안토니우스에게 대접한다는 것은 생각할 수 없는 일이었다. 이처럼 와인은 부를 상징하고 음용자의 사회적 신분을 드러내면서 사회적 차별의 상징이 되었다. 로마 사회에서 가장 부유한 자들과 가장 가난한 자들의 차이는 와인 잔에 담기는 내용물에 의해 분명하게 드러났다. 로마의 부유층에게 있어서 최고급 와인의 이름을 알고, 알아볼 수 있는 능력은 과시적 소비를 드러내는 중요한 방식이었다. 그것은 그들이 최고의 와인을 구매할 수 있을 정도로 충분히 부자이며, 그리고 와인의 종류에 대해 공부할 시간적 여유가 있다는 것을 보여주기 때문이었다.

당시 모두가 인정하는 최고의 와인은 이탈리아 캄파니아(Campania, 이탈리아 남서부에 위치하고 주도(州都)는 나폴리이다. 서쪽으로 티레니아해(海)에 면하며, 동쪽으로는 베수비우스산이 우뚝 솟아 있다. 플리아, 시칠리아와 함께 이탈리아 남부의 3대 포도 생산지 중 하나이다-역주) 지역에서 생산되는 팔레르니안Falernian이었다. 그 이름은 사치스러운 와인의 대명사가 되었고 오늘날까지도 명성을 유지하고 있다. 팔레르니안은 팔레르누스산의 언덕이라는 특정 지역에서 재배되는 포도로 만들어지는데, 팔레르누스는 네아폴리스(Neapolis, 현대 나폴리의 원래 이름-역주) 남쪽에 있는 산의 이름이다. 카우치네 팔레르니안Caucine Falernian은 제일 높은 언덕에서 재배되었다. 최고로 평가되었던 파우스티안 팔레르니안Faustian Falernian은 중간 언덕에서 재배되었는데, 그 지역은 독재자 술라의 아들인 파우스투스의 영지에 속해 있었다. 낮은 언덕에서 재배되었던 와인은 그냥 팔레르니안이라고 알려졌다. 최고의 팔레르니안은 화이트 와인으로 일반적으로 최소한 10년 정도는 되어야 했고, 그리고 이상적으로 색깔이 황금빛으로 변하기 위해서는 그 이상이 필요했다. 생산지가 제한되어 있었고 오랜 기간에 걸쳐 숙성해야 했기 때문에 팔레르니안은 가격이 매우 비쌌고, 당연하게 엘리트 그룹을 위한 와인이 되었다. 심지어 그 기원에 대해 신성한 신화가 전해지기도 한다. 이리저리 방황하던 와인의 신 바카스(Bacchus, 그리스의 디오니소스의 로마식 변환)는 자신이 신인지 모르면서 자신에게 하룻밤 쉼터를 제공했던 어느 고결한 농부에 대한 보답으로 팔레르누스산을 포도나무로 덮어버렸다는 이야기다. 그리고 바커스는 농부의 집에 있는 우유도 모두 와인으로 바꾸어 버렸다고 전해진다.

팔레르니안 중에서 가장 유명한 빈티지는 기원전 121년의 것인데, 그해 오피미우스가 집정관이 되면서 그의 이름을 붙여 오피미안 팔레르니안으로 알려졌다. 이 와인은 기원전 1세기에 율리우스 카이사르가 마셨고, 160년 된 오피미안은 서기 39년 칼리굴라 황제에게 헌상되었다. 서기 1세기의 로마 시인이었던 마르티알은 오피미안 빈티지를 당시에는 마실 수 없었는데도 팔레르니안을 "불멸의 와인"으로 묘사했다. 이외에 당시 로마의 최고급 와인으로는 카에쿠반Caecuban, 수렌티네Surrentine, 세티네Setine 등이 있었는데, 특히 세티네는 산에서 가져온 눈을 섞어 만들었기 때문에 여름에 인기가 있었다. 대 플리니우스를 포함하여 일부 로마의 작가들은 와인을 차갑게 하는 것은 계절을 거스르는 행위로서 부자연스러운 것이라고 비난하면서 그러한 유행

로마시대의 격식을 갖춘 연회에서 사람들이 와인을 마시는 모습

을 당시 타락의 또 다른 사례로 들었다. 한편, 전통주의자들은 오래된 로마의 전통인 검소한 태도로 돌아갈 것을 호소했고, 다른 이들은 음식이나 음료에 대한 과시적인 소비는 가난한 자들의 분노를 촉발할 것이라고 우려했다.

이에 따라 상당히 많은 사치규제법들sumptuary laws이 로마에서 가장 부유한 시민들의 사치스러운 취향을 규제하기 위해 제정되었다. 그렇게 많은 법률들이 제정되었다는 사실은 그 법률들이 거의 준수되지 않았거나 시행되지 않았다는 것을 시사했다. 기원전 161년에 제정된 어느 법률은 한 달에 매일 소비되는 음식비와 연회비의 한도를 구체적으로 적시했다. 이후에 결혼식과 장례식의 경비를 규율하는 법률도 제정되었고, 어떤 고기가 제공될 수 있고 제공될 수 없는지를 규율했으며, 특정 음식에 대해서는 절대로 제공을 금지하기까지 했다. 다른 규정들은 남성은 실크 옷을 입지 못하도록 했고, 금으로 된 잔은 오직 종교적인 의식에서만 사용할 수 있도록 했다. 식사 공간에는 밖으로 나 있는 창문을 반드시 설치해야 했는데, 이는 음식 규정들이 준수되고 있는지 관료들이 확인할 수 있도록 하기 위해서였다. 율리우스 카이사르 시대까지 감찰관들은 가끔 시장을 어슬렁거렸고, 금지된 음식을 압수하기 위해 연회장에 불쑥 나타나기도 했다. 그리고 국가의 관료들이 살펴볼 수 있도록 사전에 메뉴를 제출해야 했다.

가장 부유한 로마인은 최고급 와인을 마신 반면, 가난한 시민은 품질이 떨어진 와인을 마셨고, 그리고 사회 계층이 내려갈수록 와인의 수준도 같이 내려갔다. 로마의 주연인 콘비비움(convivium. 콘비비움이라는 단어는 '함께 살기'라는 뜻의 라틴어 'convivere'에서 유래했는데, 향연이라는 의미를 가지고 있다. 그리스의 심포지엄에 상응하는 로마의 주연을 의미한다-역주)에서 와인이 제공될 때도 사람들의 사회적 신분에 따라 각각 다른 와인이 제공되었다. 이는 사회적 지위에 따라 마시는 와인의 수준이 달랐다는 사실을 분명하게 보여준다. 콘비비움이 그리스의 심포지엄에서 유래했지만 심포지엄과는 여러 부분에서 차이가 있었는데, 이것도 그중 하나에 해당한다. 심포지엄이 적어도 이론적으로는 참석자들은 동등한 지위에서 같은 크라테르의 와인을 마시면서 즐거움과 철학적 깨달음을 추구한 반면, 콘비비움은 일시적으로 알코올이 주는 즐거움을 누리기보다는 사회적 신분을 강조하는 장소였다.

그리스인과 마찬가지로 로마인도 와인을 "문명화된" 방식 즉 와인에 물을 타서 마셨는데, 그 물은 로마의 정교한 관개수로를 통해 도시로 공급되었다. 그러나 로마인은 각자 와인과 물을 섞어 마셨으며, 그리스처럼 공유하는 크라테르를 사용하는 경우는 거의 없었던 것으로 보인다. 좌석의 배치도 심포지엄의 방식보다 평등하지 않았는데, 일부 좌석에는 다른 사람들보다 더 높은 지위의 사람들이 앉았기 때문이다. 콘비비움은 후원자patrons와 예속 평민clients, 피보호자이라는 개념에 기초를 둔 계급사회를 반영했다. 피보호자인 평민은 후원자에게 의존했고, 후원자는 다시 자신의 후원자에게 의존했다. 후원자들은 평민이 부담하는 특별한 의무에 대한 대가로 재정적 지원, 법률 자문, 철학적 영향력과 같은 혜택을 평민에게 제공했다. 예를 들어 후원자는 매일 아침 포럼forum이라고 불리는 공공장소에 그들에게 예속된 평민들이 동행해주길 기대했다. 이는 후원자와 동행하는 평민의 수가 후원자의 권력을 상징했기 때문이다. 그러나 후원자가 평민을 콘비비움에 초대할 경우 평민은 다른 사람보다 열등한 음식이나 와인을 대접받거나 다른 사람들의 농담의 대상이 되기도 했다. 소 플리니우스는 서기 1세기 말에 쓴 글에서 주인과 그의 친구들에게는 최고급 와인이, 다른 손님에게는 2등급 와인이, 그리고 지금은 자유인이지만 이전에 노예였던 사람에게는 3등급 와인이 제공되었던 만찬을 묘사했다.

이러한 저급하고 값싼 와인들에는 보존제로서 쓰이거나 또는 부패한 것을 은폐하기 위해 첨가제들이 가미되었다. 예를 들면, 암포라를 봉하기 위해 사용되었던 역청pitch을 가끔 보존제로서 와인에 첨가했고, 그리스인이 그랬던 것처럼 소량의 소금이나 바닷물을 첨가하기도 했다. 서기 1세기의 로마의 농업에 대해서 썼던 콜룸멜라Columella는 그러한 보존제는 조심스럽게 사용하면 와인 맛에 영향을 미치지 않으면서 사용할 수 있다고 주장했다. 그가 남긴 레시피에 따르면 첨가물을 가미해서 더욱 좋은 맛을 낼 수 있다고 했는데, 화이트 와인에 바닷물과 호로파(fenugreek, 장미목 콩과의 한해살이 풀로 높이 약 50cm까지 자란다. 잎은 복엽(겹잎)으로 3장의 작은 잎으로 이루어져 있다-역주, 두산백과 참조)를 넣어 발효시키면 오늘날의 드라이 셰리(dry sherry, 스페인 남부에서 주로 생산되는 화이트 와인으로 식사하기 전에 마시는 와인으로 알려져 있다_역주)와 매우 유사한, 강하면서 견과 맛이 나는 와인을 만들 수 있다. 와인에 꿀을 섞은 물섬Mulsum은 1세기 초 티베리우스의 통치 기간에 식전에 마시는 와인으로 인기가 있었고, 장미향이 나는 로자툼rosatum도 같이 식전주로 즐겨 마셨다. 그러나 허브, 꿀 그리고 다른 첨가물들이 저급하고 질이 낮은 와인의 부족한 부분을 은폐하기 위해 가장 일반적으로 사용되었다. 일부 로마인은 여행을 할 때 질이 낮은 와인의 맛을 높이기 위해 허브나 다른 향료를 휴대하기도 했다. 현대의 와인 애주가들은 첨가물을 사용했던 그리스인이나 로마인의 방법에 대해서 코웃음을 칠 수 있겠지만, 사실 그러한 방법은 평범한 와인을 더욱 풍미 있게 만들기 위해 오크를 사용하는 현대의 방법과 크게 다르지 않다.

이처럼 첨가물을 섞은 와인보다 더 저급한 와인으로 산화되어 식초가 된 와인에 물을 타서 만든 포스카posca가 있었다. 포스카는 로마 병사들에게 보통의 와인을 제공하기 어려운 경우, 예를 들어 장기간 출정 중인 경우에 일반적으로 제공된 와인이었다. 사실 그것은 로마군이 물을 정화하기 위해 사용한 방법이었다. 로마 병사가 예수 그리스도가 십자가 위에 있었을 때 와인을 스폰지에 적셔 마시도록 했는데, 아마 그 와인은 포스카였을 것이다. 마지막으로 로마의 와인 등급 중 가장 낮은 등급에 해당하는 것이 로라lora였는데, 이는 보통 노예들에게 제공되었고 와인이라고 거의 말하기 어려운 것이었다. 포도 껍질, 씨, 그리고 포도 줄기 등을 물에 적신 후 압착해서 만든 와인으로 맛이 엷고 약하고 씁쓸했다. 로마에는 전설적인 최고급의 팔레르니안에서부터 최저급의 로라까지 사회 각 계층에 어울리는 와인들이 존재했다.

약으로서의 와인

역사상 가장 중요한 와인 테이스팅 중 하나는 서기 170년에 로마 황제의 저장고에서 이루어졌다. 세계의 중심이라 할 수 있는 이곳에 세계 모든 곳에서 생산된 최고급 와인들이 저장되어 있었는데, 비용에는 신경 쓰지 않는 역대 황제들의 시대를 거치면서 수집된 컬렉션이었다. 마르쿠스 아우렐리우스 황제의 개인 주치의로 알려진 갈렌Galen은 가느다란 햇살이 스며드는, 차갑고 눅눅한 지하 저장고 안으로 들어섰다. 그에게 부여된 사명은 세계 최고의 와인을 찾는 것이었다.

갈렌은 페르가몬(지금의 터키에 위치한 베르가마)에서 태어났다. 그 도시는 로마 제국의 동쪽 지역에 위치해 있었고 그리스어를 사용하는 도시였다. 그는 젊었을 때 알렉산드리아에서 의학을 공부했고, 그 후 이집트를 여행했고 그곳에서 인도와 아프리카의 치료법을 배웠다. 히포크라테스의 초기 이념으로 무장한 갈렌은 병은 육체의 4가지 종류의 체액인 혈액, 점액, 담즙yellow bile, 흑담즙black bile의 균형이 무너지면서 생기는 것으로 보았다. 체액이 과잉 생산되면 신체의 특별한 부위에 축적되고, 그것이 특별한 기질과 관련이 있다는 것이다. 예를 들면 비장spleen에 흑담즙이 고이면 우울증, 수면 장애, 그리고 짜증을 유발한다는 것이다. 이러한 체액들은 피를 뽑는 기술 등을 사용해서 균형 있게 되돌릴 수 있다고 보았다. 더운 음식이나 차가운 음식, 물기가 있거나 건조한 음식은 체액의 형성에 각각 다른 영향을 미치는데, 차갑고 물기 있는 음식은 점액을 생성하지만 덥고 건조한 음식은 담즙을 생성한다고 생각했다. 갈렌의 수많은 저술을 통해 진행된 이러한 체계적 발전은 엄청난 영향력이 있었고, 이후 천 년 이상 서양 의학의 기초가 되었다. 이러한 주장이 터무니없다는 사실은 19세기에 와서야 분명해졌다.

와인에 대한 갈렌의 관심은 비록 전적인 것은 아니더라도 그에게 직업적으로 중요했다. 젊은 의사였던 그는 검투사들의 상처가 감염되지 않도록 와인을 이용하여 치료했는데, 이는 당시의 일반적인 치료법이었다. 다른 식재료와 마찬가지로 와인은 체액을 통제하는 데 사용되었다. 갈렌은 황제를 위해 정기적으로 와인이나 와인으로 만든 처방약을 사용했다. 갈렌의 체액 이론으로 볼 때 와인은 뜨겁고 건조한 것으로 여겨졌고, 그래서 그것은 담즙의 생성을 도와주지만 점액은 감소시켰다. 이것은 와인은 열병(뜨겁고 건조한 질병)으로 고통당하는 사람은 피해야 하는 음료이고, 반면 냉병(차갑고 땀이 나는 질병) 환자에게는 치료제였다는 것을 의미했다. 갈렌은 좋은 와인일수록 치료의 효과도 좋다고 믿었다. 그는 자신의 저술에서 "항상 최고급의 와인을 구하도록 애쓰라"고 조언했다. 그는 황제의 치료를 맡은 후 가능한 한 최고 빈티지의 와인을 처방해야 한다고 생각했다. 그는 저장소 관리인과 함께 암포라를 개방하기 위해 팔레르니안 와인 저장소를 직접 방문했다.

그는 "세계 각지에서 생산된 최고의 상품은 모두 세계에서 가장 위대한 자들에게 가게 되어 있다"라고 썼다. 이어 "그중에서 가장 뛰어난 물건은 세계에서 가장 위대한 자에게 바쳐져야 한다. 그래서 나는 나의 의무를 이행하기 위해 팔레르니안 와인이 들어있는 모든 암포라의 빈티지를 조사했고, 20년 이상 된 모든 와인을 시음했다. 나는 쓴맛이 없는 와인을 찾을 때까지 시음을 계속했다. 달콤한 맛을 잃지 않은 고대의 와인은 그중에서도 최고였다"라고 했다. 그러나 아쉽게도 갈렌은 황제의 치료를 위해 가장 적절한 와인으로 그가 처방했던 파우스티안 팔레르니안 와인의 생산 연도를 기록하지 않았다. 갈렌은 아우렐리우스 황제에게 치료 목적 이외에는 그 와인을 절대로 마시지 말라고 강하게 진언했다. 그리고 그 와인은 황제가 병을 예방하기 위해, 특히 독살의 위험을 예방할 목적으로 매일 먹는 만능해독약을 위에서 씻어낼 때에도 사용되었다.

그러한 해독약은 기원전 1세기에 현재의 터키 북부에 해당하는 지역인 폰투스의 왕인 미트라다테스에 의해 개발되었다. 그는 어떤 약이 가장 효과적인지 확인하기 위해 수십 명의 죄수에게 독약을 투여하는 일련의 실험을 했다. 최종적으로 그는 41가지의 해독 요소를 혼합한 것을 매일 복용했다. 그 맛은 역겨웠지만(살무사를 잘게 썰어 넣은 것도 한 가지 원인이었음) 미트라다테스는 더 이상 독살을 걱정하지 않아도 되었다. 그러나 그는 자신의 아들에게 왕위를 찬탈당했고 타워에 갇히게 되었다. 그는 자살을 시도했지만 아이러니하게도 어떠한 독도 그에게 효과가 없었다. 마침내 그는 간수에게 자신을 죽여 달라고 간청해야 했다.

갈렌은 미트라다테스의 방법을 상당한 수준으로 발전시켰다. 그의 처방약은 만능해독약이면서 일반적인 치료제로서 도마뱀 분말, 양귀비 즙, 향신료, 향료, 주니퍼베리(노간주나무의 열매), 생강, 독미나리 씨, 건

포도, 휀넬(fennel. 미나리과의 다년생 초본으로 키 1.5~2m 정도로 6~8월에 노랑색 꽃이 핀다. 역사가 오랜 재배 식물로서 약초인 동시에 향신료로 쓰였다-역주), 아니스 씨, 그리고 삼초를 포함하여 71가지 성분을 포함했다. 아우렐리우스가 그러한 혼합물을 삼킨 후 팔레르니안 와인의 맛을 제대로 즐겼을 것으로 상상하기 어렵지만, 그는 자신의 저명한 주치의의 말을 따랐고, 해독제를 복용한 후 세계에서 최고의 와인으로 그것을 위에서 씻어 내렸다.

왜 그리스도인은 와인을 마시고 무슬림은 마시지 않는가?

마르쿠스 아우렐리우스는 서기 180년에 독살이 아니라 병으로 죽었다. 죽기 전 1주일 동안 그는 해독제와 팔레르니안 와인 이외에는 아무것도 먹지 않았다. 그의 통치 말기는 비교적 평화로우면서 안정과 번영을 구가했었는데, 이 시기를 가리켜 로마 황금기의 끝이었다고 말하기도 한다. 이후 그를 계승했던 황제들은 자연사한 사람이 거의 없을 정도로 단명했고, 사방에서 밀려오는 야만족들의 공격으로부터 제국을 지키기 위해 사력을 다했다. 서기 395년, 병상에서 죽어가던 테오도시우스 1세는 방어를 쉽게 하기 위해 제국을 동서로 양분해 아들들에게 맡겼지만 서로마제국은 곧 허물어졌다. 서기 410년에 게르만 부족인 서고트족이 로마를 약탈했고, 스페인의 대부분과 서부 갈리아 지역을 차지하고 그 위에 왕국을 건설했다. 로마는 455년에 다시 반달족에게 침략을 당했고, 얼마 지나지 않아 서로마제국은 무수한 왕국으로 분열되었다.

수세기 동안 이어져 오는 로마인과 그리스인의 편견에 따르면, 북방민족의 유입으로 와인을 마시는 세련된 문화가 쫓겨나고 맥주를 마시는 야만주의가 자리 잡게 되었다고 한다. 그러나 실제로 유럽의 북부 지역은 포도나무를 재배하기에 적합한 기후가 아니었고, 북방 민족들이 저속한 맥주를 좋아한다는 평판이 있었지만, 그들이 와인에 반감을 가지고 있었던 것은 아니었다. 물론, 로마식 생활 방식의 많은 면이 폐지되었고, 무역은 혼란에 빠졌고, 일부 지역에서는 와인을 마실 수 없게 된 것은 사실이다. 예를 들어, 로마의 지배를 받았던 켈트족은 로마 제국이 붕괴되자 와인에서 다시 맥주로 돌아섰다. 그러나 로마와 기독교, 그리고 로마를 대신해 새로운 지배자로 부상한 게르만족의 전통 사이에서 문화적 융합도 있었다. 한 사례로 지중해 연안 지역에서 광범위하게 지속된 와인 문화를 들 수 있는데, 그리스와 로마가 역사 속으로 사라졌지만 와인 문화만큼은 생활 속에 깊이 뿌리를 내렸기 때문에 살아남을 수 있었던 것이다. 예를 들어, 5세기와 7세기 사이에 제정된 서고트족의 법률은 포도원을 훼손한 자에 대한 처벌을 자세하게 규정하고 있는데, 맥주를 좋아하는 야만족들에게 기대할 수 있는 수준 이상이었다.

와인을 마시는 문화를 지속시킨 또 다른 요소는 기독교와의 밀접한 관련성이다. 서기 0년부터 1000년 동안 기독교가 부상하면서 와인은 매우 상징적인 중요성을 갖게 되었다. 성경에 따르면, 예수 그리스도가 행한 첫 번째 이적은 갈릴리 호수 근처의 혼인 잔치에서 여섯 동아리의 물을 와인으로 변하게 한 것이다. 그리스도는 와인에 대해 여러 비유를 들어 말했고, 가끔 자신을 포도나무에 비유해 제자들에게 "나는 포도나무요, 너희는 가지다"라고 말했다. 그리스도는 최후의 만찬에서 제자들에게 와인을 나눠주었다. 그것은 기독교에서 중요한 의식인 성찬으로 이어졌고, 성찬에서 성도들에게 나눠주는 빵과 와인은 그리스도의 몸과 피를 상징했다. 기독교와 와인의 결합은 여러 측면에서 디오니소스와 (로마의 디오니소스인) 바카스의 추종자들에 의해 확립된 전통이 계승된 결과라고 할 수 있다. 그리스와 로마의 와인의 신들은 그리스도와 동일하게 와인 양조의 기적과 죽음에서의 부활과 연관되어 있나. 그들의 추종자들은 그리스도인과 마찬가지로 와인의 음용을 신과 교류하는 신성한 의식으로 생각한다. 물론 거기에는 많은 차이점이 존재한다. 기독교의 성찬은 디오니소스 추종자들의 의식과는 완전히 다른데, 전자는 극소량의 와인을 마시는 반면, 후자에는 지나칠 정도로 많은 양이 필요하다.

기독교 교회에서 성찬을 할 때에는 와인이 필요했기 때문에 와인의 생산이 로마의 몰락 이후 암흑시대에도 지속될 수 있었던 중요한 이유 중 하나였다고 얘기된다. 그러나 기독교와 와인이 밀접한 관계를 가지고 있기는 하지만 그러한 주장은 과장된 것이다. 성찬에 필요했던 와인은 매우 소량이었으며, 1100년에는 이미 성찬에서 신부만이 성배로부터 와인을 마시고 성도들에게는 빵만 제공하는 경우가 많았기 때문이다. 교회 소유의 토지나 수도원 소유의 포도원에서 생산된 와인의 대부분은 매일 이루어지는 종교 의식에서 사용되었다. 예를 들어 베네딕트 수도사들은 반 파인트(pint, 영국에서는 0.568리터, 일부 다른 나라들과 미국에서는 0.473리터-역주) 정도의 와인을 매일 배급받았다. 종종 교회에서 생산된 와인을 외부에 팔기도 했는데, 이는 매우 중요한 수입원이 되었다.

와인 문화가 기독교 문명권인 유럽에서는 적절하게 보존되었지만, 이전 로마 세계의 다른 지역에서는 이슬람이 부상하면서 와인 문화는 극적으로 변했다. 이슬람의 창시자인 예언자 모하메드는 서기 570년에 태어났다. 그는 40세에 예언자가 되라는 소명을 받았고, 알라에 의해 코란이 자기 앞에 계시되는 동안 여러 환상을 경험했다. 모하메드의 새로운 가르침은 전통적인 아랍 종교를 바탕으로 경제적으로 번영했던 메카에서는 인기를 얻지 못했다. 그는 박해를 피해 메디나로 피신했고, 그곳에서는 추종자를 모을 수 있었다. 서기 632년, 모하메드가 죽었을 때에 이슬람은 아라비아의 대부분 지역에서 지배적인 신앙이 되었다. 1세기 후에 그의 계승자들은 페르시아, 메소포타미아, 팔레스타인, 시리아, 이집트, 북부 아프리카 해안 전역, 그리고 스페인의 대부분을 정복했다. 이슬람교도의 의무에는 빈번한 기도, 자선의 시행, 알코올음료의 금지가 포함되어 있었다.

모하메드가 알코올을 금지한 것은 주연 자리에서 두 명의 제자가 충돌했던 사태에서 비롯되었다는 것이 정설이다. 예언자가 그러한 사고를 어떻게 예방할 수 있는지 알라신에게 거룩한 가르침을 구했을 때 알라신의 답변은 단호했다. "와인과 도박은 (중략) 사탄이 만들어낸 혐오스러운 것이다. 그것들을 피하면 번성할 것이다. 사탄은 와인과 도박을 수단으로 해서 너희들 사이에 반목과 증오를 불러일으킬 것이다. 너희들은 알라의 존재를 기억하고, 기도를 소홀히 하지 말라. 그것들을 삼갈 수 있겠는가?" 이 명령을 위반하는 사람에게는 40대의 태형이라는 처벌이 가해졌다. 그러나 무슬림에게 있어 알코올에 대한 금지는 여러 문화적 요소가 작용한 결과로 보인다. 이슬람의 부상과 함께 권력의 중심이 지중해 연안의 사람들로부터 아라비아사막의 부족에게로 이동했다. 이들 부족은 바퀴 달린 이동 수단 대신 낙타를, 의자와 테이블 대신 쿠션을 사용했고, 최고의 세련미를 상징했던 와인을 금지함으로써 이전의 엘리트들, 즉 그리스인과 로마인보다도 자신들이 우월하다는 것을 표현했다. 그렇게 함으로써 무슬림은 기존 문명에 대한 그들의 거부감을 드러냈다. 라이벌 신앙인 기독교에서 와인이 중요한 의미를 가지고 있었다는 것은 무슬림이 와인을 적대시한 이유 중 하나다. 심지어 와인을 의약적 용도로 사용하는 것조차 금지했다. 그 후 다른 모든 알코올음료가 금지되었고, 이슬람이 팽창하면서 알코올 금지

조치는 더욱 확대되었다.

그렇지만 알코올에 대한 금지가 다른 지역에 비해 엄격하게 지켜지시 않은 곳도 있었다. 아부 누아스(Abu Nouwas, 750~815년, 아바스 왕조의 시인으로 본명은 알하산 이븐 하니이다-역주)와 다른 아랍 시인들의 작품에서 와인을 칭송하는 표현들이 등장했고, 스페인과 포르투갈에서는 와인이 불법이긴 했지만 계속해서 생산되었다.

그리고 모하메드 자신도 가볍게 발효된 대추 와인date wine을 즐겼는데, 일부 스페인계 무슬림들은 이 사실을 들면서 모하메드의 반대는 와인 그 자체를 금지한 것이 아니라 지나친 탐닉을 경고한 것이라고 주장했다. 포도로 만든 와인은 그 도수 때문에 명백히 금지된 것이다. 따라서 포도로 만든 와인인 경우라도 대추 와인의 도수를 넘지 않을 정도로 희석된다면 허용되어야 한다는 것이다. 이러한 환상적인 해석적 노력은 논쟁을 불러일으키긴 했지만 약간의 자유를 제공했다. 실제로 그리스의 심포지엄과 유사한 와인을 즐기는 주연이 무슬림 세계의 일부 지역에서 인기가 있었던 것으로 보인다. 결국 와인에 물을 섞는 혼합은 상당할 정도로 와인의 도수를 낮추었고, 모하메드의 천국에 대한 이상과도 일치하는 것으로 보였다. 그가 제시한 천국은 정원인데, 그곳에서 정의로운 자들은 "순수한 와인을 마실 것이고, 그 와인은 은혜를 입은 자들이 활력을 되찾을 샘인 타스님Tasnim의 물로 희석된 것이었다."

서기 732년, 중앙 프랑스 지역의 투르에서 벌어진 전투에서 아랍의 군대가 찰스 마르텔에게 패하면서 유럽을 향한 이슬람의 진격은 중단되었다. 마르텔은 대략 지금의 프랑스에 해당하는 위치에 존재했던 프랑크 왕국의 왕자들 중 카리스마가 가장 넘쳤던 인물이었다. 이 전투는 유럽에 대한 아랍의 강력한 영향력을 저지했다는 측면에서 세계 역사의 전환점을 이룬 사건 중 하나로 평가된다. 서기 800년에 마르텔의 뒤를 이어 왕좌에 오른 그의 손자 샤를마뉴가 신성로마제국의 황제로 등극하면서 유럽 문화의 통합과 재부흥의 시대가 시작되었다.

음료의 왕

샤를마뉴 대제의 고문이면서 학자였던 알쿠인Alcuin은 기원후 9세기 초 영국을 방문했을 때 친구에게 이렇게 편지를 썼다. "아 슬프구나! 포도주 부대에는 와인이 바닥나고 쓰디쓴 맥주만이 우리의 위를 휘젓고 있구나. 지금 우리에겐 와인이 없으니 우리를 위해 건배해 주고, 즐거운 하루를 보내기를." 알쿠인의 슬픈 탄식은 와인이 북유럽의 다른 곳과 마찬가지로 영국에서 매우 귀했다는 사실을 잘 보여주고 있다. 따라서 와인을 생산할 수 없어 수입해야만 했던 지역에서는 맥주와 벌꿀 술 그리고 곡물에 꿀을 넣어 발효시킨 하이브리드 음료가 주류를 이루었다. 북유럽은 맥주, 남유럽은 와인이라는 구분은 오늘날까지 유지되고 있다. 현대 유럽의 음주 패턴은 4~6세기경에 형성되었는데, 주로 그리스와 로마의 영향력을 크게 받았다고 볼 수 있다.

식사를 하면서 적당한 양의 와인을 곁들이는 것은 남유럽, 주로 이진 로마 제국의 국경 내에 있던 지역에서는 오늘날에도 흔히 볼 수 있는 모습이다. 로마의 지배가 미치지 않았던 북유럽에서는 보통 음식 없이 맥주만 마시는 것이 더욱 일반적이다. 오늘날 세계적인 와인 생산 국가는 프랑스, 이태리, 스페인이다. 그리고 룩셈부르크, 프랑스, 이탈리아 국민들은 주도적인 와인 소비자들이다. 그들은 일 년에 개인 기준으로 평균 55리터 정도의 와인을 마신다. 이와 대조적으로 맥주의 대부분을 소비하는 국가들은 대부분이 로마인이 야만족으로 간주했던 국가인 독일, 오스트리아, 벨기에, 덴마크, 체코, 영국 그리고 아일랜드다.

와인에 대한 그리스인과 로마인의 태도는 고대 근동 지역의 전통을 기초로 해서 만들어진 것이지만, 여러 형태로 변형되고 계수되면서 세계 각지로 퍼져 나갔다. 알코올을 마시는 지역이라면 어디든지 와인은 가장 문명화되고 문화적인 음료로 간주되었다. 대부분의 국가에서 국가 차원의 연회나 정치적 정상 모임에서 맥주가 아니라 와인이 제공되었는데, 이는 와인이 지위, 권력 그리고 부와 지속적인 연관을 가지고 있다는 것을 상징적으로 보여주는 방증이다.

또한 와인은 와인의 맛을 평가하는 능력이나 사회적 신분 간의 차이를 극명하게 드러내는 무대를 제공하기도 한다. 와인의 원산지에 따라 맛의 차이를 구분하는 관습은 그리스인에 의해 시작되었고, 와인의 종류와 와인 음용자의 사회적 신분과 연계시키는 관습은 로마인에 의해 확고하게 정립되었다.

심포지엄과 콘비비움은 오늘날에도 야외에서 진행되는 저녁 만찬 형식으로 계속되고 있다. 여기에서 특정한 주제, 예를 들어 정치, 비즈니스, 출세, 주택가격 등에 대해 격식을 갖춘 토론이 벌어질 때 와인은 윤활유 역할을 한다. 이러한 모임은 음식을 먹는 순서, 나이프나 포크 같은 식기의 배치 등과 관련하여 특별한 규칙을 준수해야 하는, 약간은 형식적인 분위기에서 진행된다. 와인의 선택은 주최자가 책임을 지는데, 어떤 와인을 선택할지는 모임의 중요성, 그리고 주최자와 초대받은 사람들의 사회적인 품격에 따라 결정된다. 만약 고대 로마인이 타임머신을 타고 현대에 와서 그런 광경을 보게 된다면 어떤 모임인지 한눈에 알아볼 수 있을 것이다.

제3부

❧

식민지 시대의 증류주

A
History
of
World
in
6
Glasses

Colonial
distillation

5

증류주와 공해 公海

와인을 증탕 냄비를 사용하여 증류할 수 있다.
증류하면 장미 향수의 색이 된다.

— 아부 유세프 야쿱 이빈 이샤크 알-사바 알-킨디
아랍의 과학자이며 철학자 (서기 801~873년)
《향수와 증류의 화학에 관한 책》에서

아랍으로부터의 선물

서기 10세기 말, 서유럽에서 가장 위대하고 문명화된 도시는 로마나 파리 또는 런던이 아니었다. 그곳은 현재 스페인 남부에 위치한 아랍 안다루시아의 수도 코르도바였다. 코르도바는 공원, 궁전, 포장된 도로, 거리를 밝히는 가로등, 700개의 모스크 사원, 300개의 공중목욕탕, 그리고 대규모의 배수 시설과 하수 처리 시설을 갖추고 있었다. 그중에서도 가장 인상 깊은 것은 서기 970년에 완성된 공공도서관으로 거의 50만 권에 이르는 책을 소장하고 있었다. 이는 유럽의 어느 도서관보다도, 아니 유럽 대부분의 국가들이 소장했던 도서보다도 큰 규모였다. 그런데 그 도서관의 규모는 그 도시에 있었던 70개의 도서관 중 가장 컸을 뿐이다. 10세기 독일의 연대기 학자인 호스위다Hroswitha가 코르도바를 가리켜 "세계의 보석"이라고 묘사했다는 것이 조금도 놀랍지가 않다.

코르도바는 아랍 세계에서 가장 놀라운 학습 센터들 중 하나에 불과했다. 당시 아랍 세계가 지배했던 영토는 북쪽으로는 프랑스의 피레네 산맥에서부터 중앙아시아의 파미르 고원까지, 남쪽으로는 인도의 인더스 계곡까지 뻗쳐 있었다. 그리스인의 지혜가 대부분의 유럽 지역에서 잊혀가던 시대에 코르도바와 다마스커스, 그리고 바그다드의 아랍 학자들은 그리스, 인도, 페르시아가 남긴 전통 위에서 천문학, 수학, 의학, 철학과 같은 분야에서 새로운 지식을 발전시키고 있었다. 그들은 천문 관측기구, 대수학(개개의 숫자 대신에 숫자를 대표하는 일반적인 문자를 사용하여 수의 관계, 성질, 계산 따위를 연구하는 학문—역주, 네이버 참조), 근대적인 숫자의 진법numeral system을 개발했고, 마취약으로 허브를 최초로 사용했고, 그리고 (중국에서 들어온) 자기 나침반, 삼각법 및 항해 지도를 기반으로 해서 새로운 항해 기술을 창안했다. 그들이 이룬 많은 업적 중에 새로운 종류의 음료를 제조할 수 있는 기법을 개량하고 대중화했는데, 그것은 증류주였다.

증류법은 구성 물질을 분리·정제시키기 위해 액체를 기화시킨 후 다시 응축시키는 방법으로 기원은 고대에까지 거슬러 올라간다. 기원전 400년 전의 것으로 보이는 간단한 증류장치가 메소포타미아 북부 지역에서 발견되었는데, 후기 설형문자로 새겨진 비문에 의하면 그것은 향수를 만들기 위해 사용된 것으로 추정된다. 그리스인과 로마인 역시 이러한 기술을 많이 사용했는데, 예를 들어 아리스토텔레스는 소금물을 끓여 생긴 기포는 짜지 않다는 사실을 언급한 적이 있었다. 그러나 와인을 증류하는 관습은 그로부터 한참 후에 아랍 세계에서 최초로 시작되었다. 특히 8세기경 아랍의 학자인 자비르 이븐 하이얀Jabir ibn Hayyan은 화학의 아버지 중 한 사람으로 알려진 인물인데, 그는 세련된 증류 장치를 고안해냈고, 다른 아랍의 화학자들과 함께 그 장치들을 이용하여 와인과 다른 물질들을 증류하는 실험을 했다.

와인을 증류하면 알코올 성분이 더욱 강해지는 것은 알코올의 비등점(섭씨 78도)이 물의 비등점(섭씨 100도)보다 낮기 때문이다. 와인을 천천히 가열하면 액체가 끓기 오래 전에 표면에서 기포가 생기기 시작한다. 알코올의 낮은 비등점 때문에 이러한 기포는 원래의 액체에 비해 알코올 성분이 많아지는 만큼 비례적으로 물을 적게 내포하게 된다. 이렇게 알코올이 풍부한 기포를 빼내어 응축시키면 와인보다 더욱 알코올이 많아진 액체가 만들어진다. 그러나 이 와인은 섭씨 100도 아래에서 어느 정도의 물과 다른 불순물도 함께 증발하기 때문에 순수한 와인과는 거리가 있다. 그러나 알코올의 농도는 증류를 반복할수록 증가되는데, 이러한 과정을 정화과정rectification이라고 한다.

증류에 대한 지식은 아랍 학자들에 의해 보존되고 발전되었던 많은 고대의 지혜 중 하나였고, 그러한 내용들은 아랍어에서 라틴어로 번역되어 궁극적으로 서유럽의 학문의 정신을 다시 점화시키는 데 도움을 주었다. 증류기의 한 유형을 가리키는 "alembic 알렘빅"이라는 단어는 고대의 지식과 아랍의 혁신성을 모두 표현하고 있다. 이 단어는 아랍어의 "al-ambiq 알-암비크"에서 파생되었지만 원래 그리스에서 증류에 사용되었던 특별한 그릇을 지칭하는 그리스어인 "ambix 암빅스"에서 유래된 것이다. 비슷하게 현대어인 "alcohol 알코올"은 증류주의 기원이 아랍 연금술사의 실험실이라는 것을 시사한다. 그 단어는 "al-koh'l"에서 나왔는데, 그 이름은 정화된 안티몬(antimony, 합금을 만드는 데 쓰이는 금속 연소-역주)의 검은 분말을 가리키는 것으로 눈꺼풀에 바르거나 칠하는 화장품으로 사용되었다. 연금술사들은 이 단어를 액체를 포함하여

중세 실험실에서 증류 장치들을 이용해 증류하는 모습. 증류주는 당시 극소수의 사람들에게만 알려진 연금술이라는 모호한 기술에 의해 개발되었다.

고도로 정제된 다른 물질을 가리킬 때 일반적으로 사용했고, 증류된 와인은 후일 영어권에서는 "정제된 와인alcohol of wine"으로 알려졌다.

　연금술사의 실험실이라고 하는 다소 모호한 장소에서 탄생한 증류주는 유럽의 탐험가들이 세계를 돌아다니며 식민지를 건설하고 제국을 건설했던 대항해 시대에 중요한 음료가 되었다. 증류주는 배에 적재하고 이동하기에 완벽한 형태인 컴팩트하고 쉽게 상하지 않는 특징을 가진 알코올이었을 뿐만 아니라 그 외에도 용도가 다양했다. 증류주는 매우 중요한 경제적 재화economic goods가 되면서 증류주에 대한 과세나 통제의 문제는 중요한 정치적 문제가 되었고, 역사의 방향을 결정하기까지 했다. 최초로 와인을 증류했던 아랍의 금욕적인 학자들은 그러한 결과물을 매일 마시는 음료라기보다는 연금술의 재료 또는 의약품으로 간주했다. 증류에 대한 지식이 유럽의 기독교 국가들로 전파되었을 때에야 비로소 많은 사람들이 증류주를 소비하기 시작했다.

기적의 치료제

1386년 어느 겨울밤, 왕실의 의사들이 지금의 스페인 북부에 위치한 작은 왕국인 나바르Navarre의 왕인 찰스 2세의 침실로 소환되었다. 왕은 통치 초기에 매우 잔인하고 포악한 방법으로 반란을 진압했는데, 그때 "악당 찰스Charles Bad"라는 별명을 얻게 되었다. 그가 즐겼던 소일거리는 장인인 프랑스 왕에 대한 음모를 계획하는 것이었다. 어느 날 방탕한 밤을 보낸 후에 찰스는 열과 마비 증상으로 쓰러졌다. 주치의들은 기적적인 치료 능력이 있다고 소문이 나 있는 약을 처방하기로 결정했고, 그리고 거의 마법적인 과정을 통해 증류된 와인을 만들었다.

그 신비한 과정을 실험해 보았던 최초의 유럽인 중 한 사람은 12세기의 이탈리아 연금술사인 마이클 살러누스Michael Salernus인데, 그는 아랍의 문헌을 통해 그것을 알게 됐다. "순수하고 매우 강한 와인에 소금을 조금 섞어 보통의 용기에 넣고 증류하면, 불을 붙이면 그 위에서 붉길이 오르는 액체를 만들 수 있다"고 썼다. 살러누스는 암호화된 코드로 이러한 문장의 여러 핵심 단어를 – '와인'과 '소금'을 포함하여 – 기록했기 때문에 이러한 증류 방법은 당시 선택된 극소수의 사람만 알 수 있었다는 것은 분명했다. 증류된 와인은 불이 붙을 수 있기 때문에 "불타는 물"이라는 의미의 아쿠아 아르덴스aqua ardens로 불렸다.

물론, 불이 붙는다는 것은 증류된 와인을 삼킨 후에 목에서 불쾌한 느낌이 발생했다는 것을 의미했다. 그런데도 아쿠아 아르덴스 소량을 마셨던 사람들은, 처음에 느껴지는 불쾌감 때문에 가끔 허브를 사용하여 그런 느낌을 제거하기도 했지만, 즉시 나타나는 회복감과 행복감에 비할 수 없다는 것을 느꼈다. 와인은 의약품으로서 널리 사용되었고, 따라서 농축되고 정제된 와인이라면 놀라운 치료 효과가 있을 것이라고 믿는 것은 매우 논리적으로 보였다. 13세기 후반, 유럽에서 다수의 종합대학과 의과대학이 설립되었던 시기에 라틴어로 된 많은 의학 문헌에서 증류된 와인은 기적적인 능력을 가진 새로운 의약품인 아쿠아 비태aqua vitae 즉 "생명의 물"로 칭송받고 있었다.

프랑스의 몽펠리에 의과대학의 교수였던 아르날두스 드 빌라노바Arnaldus de Villanova는 증류된 와인이 치료의 효과가 있다고 믿는 확고한 신봉자들 중 한 사람이었다. 그는 1300년경에 와인을 증류하는 방법에 대한 지침서를 작성했는데, "3번 또는 4번 계속된 증류를 통해 정제된 귀중한 방울로 스며든 진정한 생명의 물은 놀라운 와인의 진수를 제공할 것이다"라고 썼다. "우리는 그것을 아쿠아 비태라고 부르는데, 그것은 진정한 불사의 물이기 때문에 그 이름은 매우 적절하다. 그것은 수명을 연장시켜주며, 언짢은 기분을 전환시켜주며, 심장을 다시 뛰게 하며, 젊음을 유지시켜준다."

아쿠아 비태는 초자연적인 것으로 보였는데, 증류된 와인은 자연적인 발효를 통해 생산할 수 있는 어떤 음료보다도 매우 높은 알코올 농도를 가지고 있었기 때문에 어떤 의미에서는 말이 되었다. 가장 강한 효모균으로도 알코올 농도가 약 15퍼센트 이상 되는 음료를 만들어 낼 수 없기 때문에, 그 수치는 발효를 통한 알코올음료 도수의 자연적인 한계가 되었다. 연금술사들은 증류를 통해 수천 년 전 발효의 발견 이후 극복할 수 없었던 이러한 한계를 극복할 수 있었다. 아놀드의 제자였던 레이몬드 룰리는 아쿠아 비태를 가리켜 "인류에게 새롭게 알려진 성분으로 고대에는 감추어져 있었는데, 그 이유는 당시의 인류는 너무 젊었고, 근대인의 쇠약해진 활력을 회복시키기 위한 운명을 지닌 이러한 음료가 필요하지 않았기 때문이다"라고 주장했다. 두 사람 모두 당시의 일반적인 수명을 훨씬 넘긴 70세 이상을 넘게 살았는데, 이 사실은 아쿠아 비태가 수명을 연장시키는 능력을 지녔다는 증거로 여겨질 수도 있을 것이다.

새롭게 발견된 이 놀라운 약물은 음료로 마시거나 또는 감염된 신체의 부위를 씻어내는 용도로 사용될 수 있었다. 아쿠아 비태의 지지자들은 그 약물이 젊음을 유지시켜 주고, 기억력을 향상하고, 뇌와 신경과 관절의 질병을 치료하고, 심장을 소생시키고, 치통을 진정시키고, 실명과 말더듬증과 마비 증상을 치료하고, 심지어 전염병까지도 막아 준다고 믿었다. 결론적으로 그것이 만병통치약으로 여겨졌던 이 약물을 악당 찰스의 의사들이 그들의 환자에게 처방할 것을 결정했던 이유였다. 촛불 아래에서 그들은 마법의 액체와의 접촉을 통해 마비 증상이 치료되기를 희망하면서 아쿠아 비태로 적신 천으로 왕의 몸을 감쌌다. 그러나 그러한 치료는 끔찍한 재앙을 초래했다. 어느 시종이 부주의해서 촛불이 왕을 감싼 천으로 불이 옮겨 붙었고 왕은 즉시 불길에 휩싸였다. 국민들은 그가 불길에 휩싸여 고통스럽게 죽은 것을 신의 심판으로 간주했다고 전해지는데, 그 이유는 왕이 죽기 전에 대폭적인 증세를 명령했기 때문이다.

15세기에 와서는 증류에 대한 지식이 보급되면서 아쿠아 비태는 의약용 음료에서 즐거움을 위한 것으로 변모하기 시작했다. 이러한 변화는 1430년대에 요하네스 구텐베르크에 의해 개발된, 새로운 발명인 인쇄술의 도움이 컸다. (중국에서는 동일한 기술이 몇 세기 전에 등장했지만 최소한 유럽에서는 최초였다.) 증류에 대해 처음으로 인쇄된 책은 오스트리아의 의

사인 마이클 퍼프 폰 슈리크Michael Puff von Schrick가 쓴 것으로 1478년에 아우구스버그에서 출간되었다. 그 책은 아주 인기가 있어서 1500년까지 14편이니 발간되었다. 폰 슈리크가 주장한 바에 따르면, 매일 아침 아쿠아 비태를 반 스푼 마시면 병을 예방할 수 있으며, 그리고 죽어가는 사람 입에 약간의 아쿠아 비태를 먹이면 최후에 한 번 말할 수 있는 힘을 준다고도 했다.

그러나 대부분의 사람은 아쿠아 비태의 매력은 잠재적인 의학적 효과가 아니라 단시간 내에 쉽게 취하게 만드는 힘에 있다고 생각했다. 증류주는 와인이 귀하고 비싼 북부 유럽의 추운 지역에서 특히 인기가 있었다. 맥주를 증류함으로써 지역에서 생산되는 재료를 가지고 강한 알코올음료를 만드는 것이 처음으로 가능해졌다. 아쿠아 비태를 의미하는 게일어(gaelic, 스코틀랜드 켈트어-역주) uisge beatha(발음은 이슈커 바허로 하고, 이슈커는 '물'을, 바허는 '생명'을 뜻한다-역주)는 현대어인 whisky위스키의 어원이다. 이 새로운 음료는 빠르게 아일랜드인의 일상생활의 한 부분이 되었다. 어느 연대기 작가는 아일랜드 족장의 아들인 리처드 맥라네일의 1405년의 죽음에 대해 "생명의 물을 지나치게 많이 마신 후에 죽었는데 그것이 리처드에게는 죽음의 물이 되었다"라고 기록했다.

유럽의 다른 지역에서는 아쿠아 비태가 "번트 와인burnt wine, 불타는 와인"으로 불렸고, 독일어로는 Branntwein브란트바인으로, 영어로는 brandywine브랜디와인 또는 줄여서 brandy브랜디라고 번역되었다. 사람들은 집에서 와인을 증류하기 시작했고 축제일에 그것을 판매하기도 했다. 그러한 관행은 널리 퍼졌고, 또한 여러 가지 문제를 야기했기 때문에 독일의 뉴렘베르그에서는 1496년에 그것을 엄격히 금지했다. 어느 지방의 의사는 "현재 모든 사람이 아쿠아 비태를 관습적으로 마시고 있다. 신사처럼 행동하기를 원한다면 자신이 마실 수 있는 분량을 기억하고 자신의 음주량에 따라 마시는 법을 배울 필요가 있다"라고 기록했다.

증류주, 설탕 그리고 노예

증류주라고 하는 새로운 음료의 등장은 마침 유럽의 탐험가들이 세계의 해양 루트를 처음으로 열었던 시기와 때를 같이 한다. 당시의 해양 루트는 아프리카 남단을 돌아 동방에 도달했고, 그리고 대서양을 건너 서쪽의 신세계New World와 연결고리를 처음으로 구축하고 있었다. 이러한 과정은 포르투갈 탐험가들에 의한 아프리카 서안에 대한 탐험, 아메리카로 가는 길의 첫 번째 징검다리가 되었던 근처의 대서양 연안 섬들의 발견, 그리고 식민지화와 함께 시작되었다. 이러한 탐험은 포르투갈의 왕자인 엔리케에 의해 계획되고 자금이 지원되었다. 그는 항해자 헨리 왕자로도 알려진 인물이다. 그러나 이러한 그의 이름에도 불구하고 그는 일생의 대부분을 포르투갈에서 보냈고, 단지 세 번만 해외에 나갔는데 그것도 북아프리카 지역을 넘지 않았다. 모두 군사적 목적의 해외 진출이었는데, 첫 번째 원정에서 사령관으로서의 명성을 높였고, 두 번째 원정에서는 실패했으며, 그리고 세 번째 원정에서는 다시 회복했다. 그는 사그레스Sagres에 근거지를 두고 포르투갈 해군의 야망 넘치는 탐험 계획을 지휘했다. 헨리 왕자는 탐험에 소요되는 비용을 지원했고, 탐험 결과를 담은 보고서, 관측 자료 및 지도를 수집·분석했다. 그는 선장들에게 증류 기법처럼 서유럽이 아랍으로부터 도입한 발명품인 삼각법과 천측 기구는 물론 자기 나침판 같은 항해에 있어서 선진 기술을 사용할 것을 독려했다. 포르투갈, 스페인 그리고 그 시대의 다른 탐험가들의 중요한 동기는 동인도제도에 도달하기 위한 대안 루트를 찾는 것이었는데, 이는 향신료 교역에 있어서 아랍의 독점 체제를 깨기 위한 것이었다. 아이러니하게도 그들의 최종적 성공은 부분직으로 이랍에 외해 제공된 기술을 사용한 덕분이었다.

마데이라Madeira, 아조레스Azores, 카나리스Canaries 같은 대서양 연안의 섬들은 설탕을 생산하는 데 이상적인 장소였다. 그것도 아랍에서 수입한 또 다른 것이었다. 그러나 사탕수수의 재배에는 대량의 물과 인력이 필요했다. 아랍인은 서쪽으로 세력을 확장했던 시기에 다양한 관개 기술과 배의 프로펠러water screw 장치, 페르시아인이 발명한 지하 수로관, 사탕수수를 가공하기 위한 수력 방앗간을 포함한 노동 절약적인 장치에 대한 지식을 축적해왔다. 그런데도 아랍인들은 설탕을 생산할 때 주로 동부 아프리카 출신의 노예들에게 의존했다. 유럽인은 십자군전쟁이라는 종교전쟁 동안 아랍의 많은 설탕 플랜테이션을 포획했지만, 설탕 재배의 경험은 부족했고 생산을 유지하기 위해 더 많은 노동력이 필요했다. 포르투갈인은 1440년대에 아프리카 서안에 있는 그들의 무역 거점으로부터 검은 노예들을 실어오기 시작했다. 처음에는 노예들을 납치해 왔지만, 곧 포르투갈인은 아프리카의 무역상들과 유럽의 재화와 노예를 교환하는 데 합의했다.

로마 시대 때부터 유럽에서는 노예를 대규모로 사용하는 일은 없었다. 부분적으로는 종교적인 이유 때문이었는데, 즉 기독교인이 다른 기독교인을 노예로 삼는 것을 금지하는 기독교 교리 때문이었다. 그러한 신학적 반대는 새로운 노예무역에 대해서는 수많은 모호한 주장을 늘어놓으면서 못 본 체하거나 회피했다. 유럽인은 처음에는 노예를 매수하여 기독교인으로 개종시킴으로써 이슬람의 잘못된 교리로부터 그들을 구원하는 것이라고 주장했다. 그러나 다시 새로운 주장이 등장했다. 일부 신학자들은 검은 아프리카인은 완전한 인간으로서의 자격을 갖추지 못했기 때문에 기독교인이 될 수 없고, 결국 노예가 될 수밖에 없다고 주장했다. 또 다른 이론에 따르면 그들은 "함(Ham-노아의 둘째 아들로 아프리카인의 조상으로 여겨진다-역주)의 자손"이기 때문에 그들이 노예가 되는 것은 성경에 따른 벌이라고 주장했다. 이러한 교활한 논리는 적어도 처음에는 널리 받아들여지지 않았지만, 아무튼 유럽에서 멀리 떨어진 대서양의 섬들에서는 주목받지 않은 채 노예들의 노동력을 활용할 수 있었다. 마데리아는 1500년경에 노예제를 이용하여 세계에서 가장 큰 설탕 수출지로 변모했고, 당시 여러 개의 제분소와 2000명의 노예를 가지고 있었다.

설탕 생산을 위해 노예를 부리는 것은 1492년 크리스토퍼 콜럼부스에 의해 신대륙이 발견된 이후 극적으로 확대되었다. 그는 동쪽 인도로 가기 위한 서쪽 루트를 찾으려고 했지만, 그 대신 캐리비안의 섬들을 발견하게 되었다. 그곳에는 스페인의 왕실 후원자에게 가지고 갈 금, 향료, 비단은 없었지만, 콜럼부스는 자신이 잘 알고 있었던 비즈니스인 설탕 재배에 있어서는 이상적인 섬이라고 확신했다. 1493년, 그는 신대륙을 향한 두 번째 항해에서 카나리 제도에서 사탕수수를 가지고 왔다. 그 후 설탕 재배가 스페인령인 카리브 제도에서, 그리고 포르투갈령인 지금의 브라질에 해당하는 남아메리카대륙에서 시작되었다. 토착민을 노예로 삼으려는 시도는 실패했는데, 그들이 구세계 즉 유럽에서 옮겨온 질병에 속수무책으로 쓰러졌기 때문이다. 그래서 식민 개척자들은 아프리카로부터 직접 노예를 수입하기 시작했다. 4세기에 걸쳐 약 1100만 명의 노예가 아프리카에서 신대륙으로 이송되었다. 하지만 이 숫자는 실제로 고통당한 노예의 전체 숫자에는 못 미치는데, 그 이유는 아프리카에서 잡힌 노예의 반이 항해 중에 죽었기 때문이다. 17세기에 영국, 프랑스, 네덜란드가 카리브 제도에서 설탕 플랜테이션을 건설하면서 노예무역은 더욱 심해졌고, 증류주는 이러한 악마의 무역에서 중요한 역할을 담당했다.

유럽인에게 노예를 공급했던 아프리카의 노예상인은 섬유, 조개, 청동 그릇, 항아리, 얇은 동판을 대가로 받았지만 사람들이 가장 많이 원했던 것은 단연코 강한 알코올음료였다. 아프리카의 여러 지역에서는 이미 야자 와인, 벌꿀 술 그리고 다양한 종류의 맥주를 마시고 있었는데 모두 고대부터 전해오던 것이었다. 그러나 유럽에서 수입된 알코올은 어느 무역상의 말에 의하면 아프리카의 "모든 곳에서 찾는" 음료였고, 심지어 이슬람 지역에서도 찾았다고 했다. 포르투갈이 주도했던 노예무역의 초기 시절에 아프리카 노예상들은 강한 포르투갈산 와인 맛을 알고 있었다. 1510년에 포르투갈의 여행자였던 발렌팀 페르난도는 세네갈 지역의 올로프스족은 "우리의 와인에서 커다란 즐거움을 느끼는 술고래들"이었다고 기록했다. 와인은 통화를 대신하는 편리한 수단이었지만 유럽의 노예무역상은 브랜디가 훨씬 더 좋다는 것을 바로 알게 되었다. 브랜디라면 비좁은 선내의 좁은 공간에 많은 알코올을 선적할 수 있었고, 강한 알코올 도수 때문에 보존에 유리했고, 와인에 비해 항해 중에 쉽게 상하지 않는다는 이점도 있었기 때문이다. 아프리카인들은 그들이 마시던 곡물로 만든 맥주나 야자 와인보다 더욱 농축되어 도수가 "강한hot" 증류주를 높이 평가했다. 아프리카의 노예상인들 중에서 수입한 알코올을 마신다는 것은 차별화의 상징이 되었다. 노예들과 교환으로 제공하는 많은 재화 중에서 섬유는 가장 중요한 상품이었지만 알코올류, 특히 브랜디는 명성이 가장 높은 상품이었다.

곧 유럽인에게 아프리카의 노예상인과 협상을 시작하기 전에 dasbee다스비 또는 bizy비지라고 부르는 상당량의 알코올을 선물로 증정하는 것은 관례가 되었다. 유럽인과 아프리카인은 포르투갈어에서 파생된 피진어(pidgin language, 피진어는 어떤 언어의, 예를 들어 포르투갈어와 토착 언어들이 결합되어 만들어진 단순한 형태의 혼성어를 말한다. 서로 다른 언어를 쓰는 사람들의 의사소통 필요에 의해서 형성되었다-역주)로 대화했는데, 프랑스 무역 상인에 의해 번역된 대표적인 사례들은 다음과 같다. qua qua쿠아 쿠아는 '섬유'를 의미했고, singo me miombo싱고 미 미옴보는 '나에게 강한 술을 주세요'라는 의미였다. 영국 해군의 외과 의사였고 노예무역의 연대기를 기록한 존 애트킨스에 따르면 아프리카 노예상인들은 "술을 마시지 않는 무리와는 절대로 거래에 응하지 않았다"라고 했다. 네덜란드의 노예상인 윌리엄 보스만은 노예선의 선장들에게 아프리카 현지의 지도자들과 중요한 무역 상인들에게는 매일 브랜디를 선물하라고 조언했다. 그는 아프리카의 아이다족은 충분한 dashee다스비를 선물로 제공받지 못한다면 비즈니스를 전혀 하지 않을 것이라고 경고했고, "여기서 무역을 하고자 하는 사람은 그들의 비위를 맞추어야 한다"라고 썼다.

브랜디는 다른 측면에서도 노예무역이라는 바퀴를 굴리는 윤활유 역할을 했다. 어느 장부 기록에 의하면 유럽의 배와 육지 사이를 오가며 짐을 운반하는 짐꾼들은 고정 비용으로 하루에 한 병의 브랜디를 지급받았고, 실제로 일을 하는 날에는 추가로 2병에서 4병을, 그리고 일요일에 일을 하는 경우에는 추가 보수로 한 병을 더 받았다고 한다. 해안의 수용장에서 배까지 노예들을 운반하는 책임을 맡은 경비원들 역시 브랜디로 급여를 받았다. 증류주, 노예 그리고 설탕의 상호 관련성은 설탕 생산 과정에서 생기는 폐기물로 만들어진 강력한 새로운 음료가 탄생하면서 더욱 강화되었는데, 그 음료는 럼rum이었다.

최초의 글로벌 음료

1647년 9월의 이느 날, 리처드 리곤이라는 영국인은 아킬레스호의 갑판 위에서 카리브해의 바베이도스 섬이 눈에 들어오는 것을 바라보고 있었다. 그는 "이제 이 행복한 섬이 시야에 들어오고 있는데, 가까이 갈수록 그 섬은 우리 눈에 더욱 아름답게 보였다"라고 항해 일지에 기록했다. 그러나 리곤 일행이 상륙했을 때 그러한 겉모습은 거짓이었고 바베이도스 섬에는 전염병이 발병해서 창궐하고 있다는 사실을 알게 되었다. 이 때문에 그들의 일정이 바뀌었는데, 그들은 섬에 단지 며칠만 머무르기로 결정했고 라곤은 3년 동안 그 섬에 남았다. 그는 섬에 머무는 동안 많은 식물, 동물, 사람들의 관습 그리고 설탕 플랜테이션의 운영 상황에 대한 자세한 내용을 정리했다.

1627년, 최초의 영국인 이민자들이 바베이도스 섬에 도착했을 때, 그들은 그 섬이 무인도라는 사실을 알았다. 그들은 그곳에서 담배를 재배하기 시작했다. 담배는 영국에서 매우 인기가 높았고, 새로운 북아메리카의 식민지인 버지니아에서 채산성이 높은 작물이라는 사실이 입증된 바 있었다. 그러나 리곤의 관찰에 따르면 바베이도스에서 생산된 담배는 "세계 어느 것과 비교해도 최악"이었다. 그래서 이민자들은 브라질에서 사탕수수와 설탕을 만드는 장치를 들여왔고 전문 지식도 배워왔다. 리곤이 머무는 동안 설탕은 그 섬에서 가장 중요한 작물로서의 지위를 확고히 했다. 그 산업은 노예의 노동력에 절대적으로 의존했다. 리곤은 흑인 노예에게 나침판의 사용 방법을 설명했을 때, 그 노예가 "기독교인이 되면 그가 원했던 모든 지식을 배울 수 있다고 생각했기 때문에" 자신이 기독교로 개종할 수 있는지 물었다. 그때 리곤은 노예제도를 정당화하기 위해 사용되었던 종교적 논리와 직접 부

딮치게 되었다. 리곤은 이러한 요청을 노예의 주인에게 전달했고, 노예는 개종이 허용되지 않는다는 말을 들었다. "영국법은 (중략) 기독교인을 노예로 만드는 것을 금지"하고 있고, 개종이 허용된 모든 노예가 해방되어야 했기 때문이다. 노예 해방은 수익성 좋은 설탕 비즈니스를 멈추게 할 것이기 때문에 생각조차 할 수 없는 문제였다. 10년 안에 바베이도스는 설탕 무역의 중심지가 되었고, 그곳의 설탕 부호들은 신세계에서 가장 부유한 사람들의 명단에 포함되었다.

바베이도스의 농장주들은 브라질로부터 단순히 사탕수수와 장비만 얻은 것이 아니라, 설탕 제조 과정에서 생기는 부산물을 어떻게 발효시키는지, 강한 알코올음료를 만들기 위해 어떻게 증류시켜야 하는지도 배웠다. 포르투갈인들은 이것을 사탕수수 브랜디cane brandy라고 불렀다. 이것은 사탕수수 과즙을 끓여서 생긴 거품이나 사탕수수 과즙 그 자체를 가지고 만들었다. 그러나 이러한 공정 과정은 바베이도스에서 더욱 많이 개량되어 그때까지는 설탕 생산 과정에서 생기는 가치 없는 찌꺼기에 불과했던 당밀을 가지고 사탕수수 브랜디를 만들었다. 이러한 새로운 방법 덕분에 설탕 생산량에 전혀 영향을 주지 않으면서 사탕수수 브랜디를 더욱 싸게 만들 수 있었다. 바베이도스의 농장주들은 말 그대로 설탕도 얻고 음료까지 얻을 수 있었던 것이다.

리곤은 그 음료가 "킬-데빌kill-devil, 악마 퇴치"로 알려졌다고 했는데, "아주 독하지만 맛은 별로 좋지 않았다. (중략) 그러나 사람들은 그것을 많이 마셨고, 정말 많이 마셨는데, 술에 취해 바닥에 누워 잠자는 사람들도 있었다." 와인과 맥주는 수입하는데 비용이 들었고, 유럽에서 운송해 오는 동안 변질될 우려가 있지만 킬-데빌은 상당한 물량을 섬에서 만들 수 있었다. 리곤은 킬-데빌이 섬 자체에서 "설탕 생산을 하지 않는 농장주들에게" 판매되었는데, "그들은 그 음료를 저렴한 가격으로 살 수 있었기에 지나치게 많이 마셨다"라고 썼다. 또한 "기항하는 배에도 판매되었고, 그래서 외국으로 운송되었고, 그 여정 중에도 소비되었다."

리곤이 떠나자마자 킬-데빌에는 오늘날 알려진 그 이름이 붙여졌다. 1651년에 바베이도스 섬을 방문했던 여행자는 섬사람에게 인기가 있었고 "chief fundling(가장 즐기면서 사랑했던 술)"은 "킬-데빌이라고 불리는 럼블리온Rumbullion인데, 이것은 사탕수수를 증류해서 만든 강하고 지옥 같은 끔찍한 독주"였다고 기록했다. 영국 남부 지방의 속어로 "싸움 또는 폭력적 소란"을 의미하는 럼블리온이 이 음료의 별칭이 된 이유는 사람들이 그 음료를 너무 많이 마시면 그런 일이 자주 발생했기 때문이었다.

럼블리온은 곧 줄여서 럼rum이 되었고 카리브해 지역과 전 세계로 퍼져나갔다. 럼은 새로 도착한 노예들에게 "테스트"의 한 부분으로 지급되었는데, 이는 럼의 시음을 통해 몸이 약한 자들을 배제하고 반항적인 자들을 굴복시키기 위함이었다. 노예들에게는 가혹한 노동을 견디고 힘든 일들을 잊어버리도록 하기 위해 럼이 정기적으로 지급되었고, 그들은 점차 럼에 의존하게 되었다. 또한 럼은 보상 수단으로 사용되기도 했다. 노예들은 쥐를 잡는 등 특별히 불쾌한 일을 수행했을 때 럼을 더 지급받았다. 플랜테이션의 기록에 의하면 노예들은 일반적으로 1년에 2~3갤런의 럼을 지급받았다고 한다. (그러나 일부 경우에는 13갤런이나 되는 많은 양이 지급되기도 했다.) 럼은 본인이 마시거나 다른 재화와 교환할 수 있었다. 그 결과 럼은 중요한 사회적 통제 수단이 되었다. 리곤은 럼이 의약품으로 사용되기도 했다고 기록했다. 노예들이 몸이 안 좋을 때 의사들은 한 모금의 럼을 처방했고, 그것이 당시의 치료 방법이었다.

럼은 수병水兵들에게도 인기가 좋았고, 1655년부터 카리브 제도의 영국 해군의 배에서는 전통적인 맥주 대신 럼이 지급되기 시작했다. 럼은 그로부터 백 년도 지나지 않아 해군이 긴 항해를 할 때 가장 좋아하는 술이 되었다. 그러나 상하기 쉽고 도수가 약한 맥주를 갤런 단위로 지급하던 것에 대신해서 강한 럼주를 반 파인트(pint, 영국에서는 0.568리터, 미국에서는 0.473리터-역주) 지급하면서 배 안에서의 규율 유지나 업무 수행에 문제가 발생했다. 이에 해국 제독 에드워드 버논Edward Vernon 은 럼은 반드시 두 파인트의 물과 섞어서 마시도록 명령했다. 럼을 희석하더라도 마시는 럼의 총량에는 변화가 없었기 때문에 수병들은 배 위에서 형편없는 물을 이전보다도 훨씬 많이 마시게 되었다. 버논은 럼에 물을 섞은 혼합물의 맛을 좋도록 하기 위해 설탕이나 라임주스를 추가했다. 이것은 원시적 형태의 칵테일의 등장을 의미했는데, 이러한 놀라운 버논의 아이디어에서 경의를 표하기 위해 사람들은 그 칵테일에 그의 이름을 붙였다. 버논의 별명은 "낡은 견모 교직물Old Grogram"이 었는데, 그는 견모 교직물인 거친 천에 풀을 먹여 방수로 처리한 외투를 입고 있었기 때문이다. 그가 발명한 새로운 음료는 그로그grog란 이름으로 알려지게 되었다.

럼의 도수는 매우 다양했기 때문에 발생한 문제가 있었는데, 수병들은 그로그를 만들기 위해 럼을 물로 희석할 때 속는 느낌을 가졌다는 것이다. 정확한 액체 비중계가 발명된 19세기 이전에는 알코올음료의 도수를 측정한다는 것은 쉬운 일이 아니었다. 그래서 럼의 배급을 책임지는 해군의 사무장들은 영국 병기 공장에서 개발되었다는 비과학적인 방법으로 물을 혼합하지 않은 럼의 도수를 측정했다. 럼에 소량의 물과 약간의 검은 화약을 섞은 다음 확대경을 사용하여 태양 광선을 집중시켜 혼합물에 열을 가했다. 화약에 불이 붙지 않으면 혼합물의 도수는 매우 낮은 것이고, 그런 경우에는 럼을 더 넣었다. 화약에 불이 붙으려고 한다면 혼합물은 정확한 도수인 48도의 알코올로 간주되었다. (혼합물의 도수가 강한 경우 폭발의 위험이 있었는데, 사무장이 부상으로 일을 할 수 없는 경우에는 수병이 직접 혼합해도 좋다는 것이 전통적이었다.)

영국 해군이 맥주 대신에 그로그를 마셨다는 것은 18세기에 영국이 해상의 지배권을 확립해나가는 과정에서 보이지 않는 역할을 했다. 당시 수병들의 사망의 주된 원인 중 하나는 괴혈병이었다. 지금은 비타민 C의 부족이 원인으로 알려진 소모성 질환이다. 괴혈병을 예방하기 위한 최고의 방법은 18세기에 여러 번 발견되고 또 잊힌 것인데, 레몬과 라임주스를 정기적으로 섭취하는 것이다. 1795년에는 그로그에 레몬이나 라임주스를 넣는 것이 필수적이었는데, 결과적으로 괴혈병의 발병률이 극적으로 낮아지게 되었다. 맥주에는 비타민 C가 함유되어 있지 않았기 때문에 맥주에서 그로그로 대체한 것은 영국 수병들을 전반적으로 더욱 건강하게 만들어주었다. 그 반대는 프랑스 해군이었다. 프랑스는 맥주 대신 와인 4분의 3리터(오늘날의 와인 한 병)를 정기적으로 배급했다. 긴 항해를 하는 경우에는 16분의 3리터의 브랜디로 대체되었다. 와인은 소량의 비타민 C를 포함했지만 브랜디는 그렇지 않았기 때문에, 영국 해군의 저항력이 강화된 것에 비해 프랑스 해군의 괴혈병에 대한 저항력을 감퇴시키는 효과가 초래되었다. 어느 해군 군의관에 따르면, 괴혈병에 대한 영국 왕실 해군의 저항력은 전투력을 2배로 상승시켰고, 이는 1805년 트라팔가 해전에서 영국이 프랑스와 스페인에 승리할 수 있는 직접적인 원인이 되었다고 했다.

그러나 럼이 최초로 발명되었을 때의 시점에서 본다면 이 모든 일은 먼 미래에 일어날 일이었다. 럼이 가졌던 최초의 중요성은 증류주, 노예 그리고 설탕이라는 삼각 구도를 형성하면서 통화 수단으로 사용되었다는 점이다. 럼은 노예를 사는 데 사용되었고, 그 노예를 이용하여 설탕을 생산하고, 설탕 생산의 찌꺼기로 럼을 만들고, 그 럼으로 다시 노예를 매수하고, 이러한 과정이 반복해서 진행되었다. 프랑스의 무역업자인 장 바보트는 1679년에 아프리카의 서쪽 해안을 방문했을 때의 상황을 다음과 같이 기록했다. "커다란 변화가 발생했다. 나는 해외에 나갈 때마다 항상 많은 양의 프랑스산 브랜디를 가지고 갔는데, 최근에는 그 수요가 점점 줄었다. 그 이유는 아프리카 서안에서 상당한 양의 증류주와 럼이 판매되고 있었기 때문이다." 1721년, 어느 영국 무역업자의 보고에 의하면 노예를 무역하는 아프리카 해안에서 럼은 "중요한 교역품"이 되었다고 했다. 심지어 럼으로 금도 살 수 있었다. 또한 럼은 해안의 수용소에서 배까지 노예들을 싣고 운반하는 카누 조정자들과 경비원들에게 배급되던 브랜디의 역할을 넘겨받았다. 브랜디는 설탕과 노예를 대상으로 한 대서양 무역을 촉발하는 역할을 했지만, 럼은 그 무역을 더욱 활성화하고 더욱 커다란 이익을 남겨주었다.

일반적으로 각지에서 생산되고 소비되었던 맥주와는 다르게, 그리고 특별한 지역에서 생산되고 무역의 대상이 되었던 와인과도 다르게, 럼은 전 세계로부터 재료, 사람 그리고 기술이 총합된 결과물이었고, 또한 여러 역사적인 힘이 상호 교차하면서 빚어낸 결과물이었다. 폴리네시아가 기원이었던 설탕은 아랍인에 의해 유럽에 소개되었고, 콜럼버스에 의해 아메리카에 전해졌고, 그리고 아프리카의 노예들에 의해 재배되었다. 설탕의 찌꺼기를 증류해 만든 럼은 신세계에서 유럽의 식민주의자들과 그들의 노예에 의해 소비되었다. 럼은 대항해 시대에 유럽인의 모험과 비즈니스의 산물이었지만, 그들이 오랫동안 의도적으로 시선을 회피했던 노예무역의 잔혹성이 없었다면 존재하지 않았을 음료였다. 럼은 인류 역사에서 최초의 글로벌 시대의 승리와 억압이 체현된 음료였다.

6

미국을 건국한 음료

프랑스령의 섬들에서 나오는 싸구려 당밀로
뉴잉글랜드는 부의 중요한 원천인 럼주를 만든다.
그들은 메리랜드와 캐롤리나스에서 일할 노예를 럼주로
매수하고, 잉글랜드 상인들에게 빚진 돈을 갚는다.

—우드로 윌슨, 미국 대통령 (1856~1924년)

미국인이 좋아하는 음료

북아메리카에 식민지를 건설하려는 영국의 계획은 16세기 말에 시작
되었다. 그러나 그러한 계획은 오류 위에서 세워졌다. 영국은 북아메
리카 대륙에서 영유권을 주장했던 북위 34도에서 38도 사이에 위치한
지역을 처녀 여왕인 엘리자베스 1세의 이름을 따서 버지니아라고 명
명했다. 버지니아는 영국과 같은 위도 상에 위치해 있기 때문에 그곳
의 기후는 유럽의 지중해 지역의 기후와 같을 것으로 생각했다. 따라
서 영국인은 아메리카 식민지가 건설되면 올리브나 과일 같은 지중해
의 산물을 공급받을 수 있으며, 유럽 대륙에 대한 수입 의존도를 낮출
수 있을 것으로 기대했다. 어느 투자설명서는 식민지로부터 "프랑스
와 스페인의 와인, 과실, 소금, (중략) 페르시아와 이탈리아의 실크"를

공급받을 수 있다고 주장했다. 비슷하게, 목재도 풍부하여 스칸디나비아로부터 목재 수입도 필요 없을 것이라고 했다. 식민지의 이민자들과 런던에 있는 후원자들은 또한 귀중한 금속이나 미네랄, 그리고 보석도 발견할 수 있기를 희망했다. 결론적으로 아메리카는 빠르게 돈을 벌 수 있는 풍요로운 땅이 될 것으로 기대됐다. 그러나 현실은 아주 다르게 판명 났다. 기대했던 것보다 고약했던 아메리카의 기후는 지중해의 작물, 그리고 설탕이나 바나나 같은 다른 수입품들이 자랄 수 없었다. 어떠한 귀중한 금속이나 미네랄 그리고 보석도 존재하지 않았으며, 실크를 생산하려는 노력도 실패했다. 1607년에 영국 최초의 영구적인 식민지가 세워지고 수십 년 동안 이민자들은 예상치 못한 많은 어려움에 직면했으며, 그 땅에서 살아남기 위해 투쟁했다. 그들은 질병, 식량 부족, 내분에 직면했고, 그리고 그 땅을 독점하고 있었던 토착 인디언들과 끊임없이 싸움을 벌여야 했다.

그러한 어려움 속에서 알코올의 안정적 공급을 확보하는 것은 매우 중요한 일이었다. 1607년에 버지니아에 최초로 영구적으로 거주할 이민자들을 실어온 세 척의 배 중 두 척이 영국으로 다시 돌아갔을 때, 새로운 식민지인 제임스타운의 주민이었던 토머스 스터들리는 "술집, 맥줏집, 그리고 쉴 만한 공간이 전혀 없었다"라고 불평을 토로했다. 그해 겨울에 도착한 첫 번째 보급선은 선적된 맥주의 대부분을 선원들이 마셔버리기는 했지만 약간의 맥주를 가지고 왔다. 그 후에도 보급선들이 들어왔지만 공급된 물품들은 품질이 열악하거나 운송 도중 상해버린 것도 있었다. 1613년, 어느 스페인의 관찰자는 3백 명의 식민지 거주자들은 마실 물 이외에는 아무것도 없었기에 "그들은 영국인답지 않은 생활을 하고 있었기 때문에 모두 영국으로 돌아가길 원했고, 만약 그것이 가능했다면 아마 그렇게 했을 것"이라고 보고했다. 1620년까지 바뀐 것은 없었다. 인구는 계속 증가해서 3000명에 이르렀지만, 어느 관찰자가 언급한 것처럼 "그들의 가장 큰 불평거리는 마시기 좋은 음료가 없다는 것"이었는데, 다른 말로 물 이외의 어떤 것을 의미했다. 같은 해 맥주의 부족이 영국의 두 번째 식민지의 위치를 결정했는데, 그곳은 필그림Pilgrim, 순례자으로 알려진 청교도 분리주의자들 (Puritan separatists, 16~17세기 잉글랜드 및 뉴잉글랜드에서의 개혁적 프로테스탄트 그리스도 신자의 총칭으로 통상 〈청교도〉라고 번역된다-역주, 네이버 참조)이 세운 곳이었다. 1620년에 메이플라워호가 허드슨강을 목적지로 해서 출발했지만 훨씬 북쪽인 케이프 코드Cape Code에 도착하게 되었다. 악천후 때문에 더 이상 남쪽으로 내려가는 것이 불가능했기에 선장은 승객들을 해안에 내려놓았다. 필그림의 리더였던 윌리엄 브래드포드는 훗날 그 식민지의 총독이 되었는데, 그는 일기에서 "우리는 지금 더 이상 조사나 검토에 할애할 시간이 없었는데, 우리의 양식은 다 떨어졌고 특히 맥주가 부족했다"라고 기록했다. 선원들은 돌아가는 여정에서 마실 맥주가 부족해서 안절부절못했는데, 그것은 항해 중에 마시는 맥주가 괴혈병을 예방해 준다는 당시의 잘못된 믿음 때문이었다. 버지니아의 이주민들과 마찬가지로 필그림들도 마실 것은 물밖에 없었다. 윌리엄 우드라는 이주민은 "세상에서 이보다 더 좋은 물은 없지만, 만약 좋은 맥주가 내 앞에 있다면 나는 물을 선택하지 않을 것이다. 그렇지만 맥주의 질이 떨어진다면 사람들은 물을 선택할 것이다"라고 기록했다. 메사추세츠에 영국의 세 번째 식민지가 세워졌을 때에는 이민자들은 충분한 양의 맥주를 가지고 왔다. 1628년에 청교도 이주민들의 지도자인 존 윈드롭이 아벨라호를 타고 도착했을 때, 그 배에는 "42톤의 맥주" 그러니까 1만 갤런 정도의 맥주가 선적물 중에 포함되어 있었다.

혹독한 기후 때문에 맥주를 만드는데 사용되는 유럽의 농작물을 재

배하기가 매우 어려웠다. 이주민들은 유럽에서 수입되는 맥주에 의
존하기보다는 옥수수, 가문비나무의 끝부분, 잔가지, 단풍나무의 수
액, 호박 그리고 사과 껍질을 이용해 독자적인 맥주를 만들려고 시도
했다. 당시의 노래가 양조업자들의 임기응변을 증언해 주고 있는데,
"오, 우리는 입술을 달콤하게 해줄 술을 만들어요, 호박으로도, 파스닙
(parsnip, 배추 뿌리같이 생긴 채소-역주)으로도, 호두나무 칩으로도." 더 남쪽
에 위치한 스페인이나 포르투갈의 이주민들 역시 고생했던 것처럼 와
인을 만드는 것도 쉬운 일이 아니었다. 이주민들은 유럽의 포도나무를
재배하기 위해 노력했지만 기후와 질병 때문에 실패했고, 그리고 그들
은 북부 유럽 출신이어서 와인 생산의 경험도 부족했다. 대신에 그 지
역의 포도를 가지고 와인을 만들려고 노력했지만 결과는 변변치 못했
다. 결국, 버지니아 이주민들은 상업적인 담배 재배에 집중하고, 와인
및 브랜디와 함께 (맥주를 만들기 위한) 맥아 보리는 유럽에서 수입하기로
결정했다.

그러나 17세기 중반에 럼이 대중화되면서 모든 것이 바뀌었다. 럼은
브랜디보다 저렴했는데, 그것은 값비싼 와인이 아니라 이전까지는 폐
기물이었던 당밀로 만들었고, 대서양을 건너오지 않아도 되었기 때문
이다. 럼은 가격이 저렴했을 뿐만 아니라 알코올 도수도 더 강했다. 럼
은 북아메리카 이주민들이 매우 좋아하는 음료로 빠르게 자리 잡았다.
럼은 혹독한 겨울에 열을 발생시키는 중요한 액체로 기능하면서 힘든
마음을 위로해주었고, 그리고 안성맞춤으로 유럽으로부터의 수입에
대한 의존도를 낮추어 주었다. 가난한 사람들은 럼을 그대로 마셨지
만, 부유한 사람들은 증류주에 설탕, 물, 레몬주스 그리고 향료 등을 혼
합해서 정교하게 장식된 그릇에 담아 펀치 형태로 마셨다. (이 음료는 대
충 만들었던 해군의 음료였던 그로그와 마찬가지로 현대 칵테일의 시초였다.)

이주민들은 계약을 체결할 때, 농장을 매각할 때, 증서에 서명할 때, 물건을 매매할 때 또는 소송에서 화해할 때 럼을 마셨다. 계약에 서명하기 전에 계약을 취소하는 경우에는 맥주 반 배럴 또는 럼 1갤런을 보상으로 지급해야 한다는 관습도 있었다. 그러나 모든 사람이 이렇게 값싸고 강한 새로운 음료의 등장을 환영한 것은 아니었다. 1686년에 보스턴의 장관을 지냈던 인크리즈 마더(Increase Mather, 1639~1723, 메사추세츠 지역의 강력한 청교도 성직자로서 20년간 하버드 대학의 총장을 역임하기도 했다−역주)는 "근년에 럼이라고 하는 종류의 술이 대중적으로 보급된 것은 불행한 일이다. 럼은 가난하고 부도덕한 자들까지도 단돈 1페니나 2펜스만 있으면 술에 취하게 만들었다"라고 개탄했다.

17세기 말경부터 럼주는 뉴잉글랜드의 산업 발전의 기반을 형성했다. 뉴잉글랜드의 상인들은 − 주로 살렘, 뉴포트, 메드포드, 보스턴 지역 사람들 − 원료인 당밀을 수입하여 스스로 증류하기 시작했다. 그렇게 생산된 럼은 서인도제도의 럼처럼 품질이 좋지는 않았지만 가격은 더 저렴했고, 그것은 럼을 마시는 대부분의 사람에게 중요한 문제였다. 그 결과 럼은 뉴잉글랜드에서 생산되는 품목 중에 가장 이윤이 많이 나는 상품이 되었다. 당시의 관찰자의 말에 의하면 "수입한 당밀로 보스턴에서 만든 증류주의 양은 놀라운 정도였고, 가격 역시 1갤런에 2실링이 되지 않았기에 충격적이었다. 그러나 그 럼주는 럼의 품질보다는 양이나 저렴한 가격으로 더욱 유명했다." 럼은 너무 싸서 노동자의 하루 임금으로 일주일 동안 마실 럼을 살 수 있게 되었다.

럼주에서 혁명까지

뉴잉글랜드의 증류업자들은 지역에서 럼을 판매하는 것 외에도 노예무역 상인들에게 럼을 팔 수 있을 것이라고 생각했다. 그때쯤 럼은 이미 아프리카 서안에서 노예를 매수할 때 그들이 선호하는 알코올 통화로서 확고한 지위를 누리고 있었기 때문이다. 뉴포트의 증류업자들은 심지어 노예 거래를 위한 통화로 사용하기 위해 특별히 도수가 높은 럼주까지 만들었다. 같은 분량이라도 더욱 많은 알코올 성분이 함유될 수 있기 때문에 강한 럼주는 금전적 가치가 높았다. 럼주의 교역은 번창했지만, 뉴잉글랜드의 증류업자들이 프랑스령의 섬으로부터 당밀을 수입하면서 영국령의 섬에서 설탕을 생산하는 업자들이나 런던의 후원자들은 좌불안석이 되었다. 프랑스는 국내의 브랜디 산업을 보호하기 위하여 식민지에서 럼을 제조하는 것을 금지했기 때문에, 프랑스의 설탕 생산업자들은 가격이 낮더라도 기쁜 마음으로 뉴잉글랜드의 증류업자들에게 당밀을 팔았다. 마침 영국의 설탕 생산업자들은 유럽의 설탕 시장을 프랑스에 뺏기는 상황에 처해 있었는데, 여기에 뉴잉글랜드의 증류업자들이 프랑스의 당밀을 사용하는 행동은 상처에 모욕까지 얹은 것이 돼 버렸다. 영국의 생산업자들은 정부의 개입을 요청했고, 1733년에 당밀법Molasses Act이라는 새로운 법이 런던에서 제정되었다.

새 법에 따라 외국, 다른 말로는 프랑스의 식민지나 플랜테이션으로부터 북아메리카 식민지로 수입되는 당밀에 대해 갤런당 6펜스의 금지적 관세prohibitive duty가 부과되었다. 이러한 생각은 뉴잉글랜드의 증류업자로 하여금 영국령의 설탕 생산 섬으로부터 당밀을 구입하도록 하기 위한 것이었다. 왜냐하면 거기에는 관세가 부과되지 않았기 때문이다. 그러나 영국령의 섬들에서 생산되는 당밀은 뉴잉글랜드의 럼 산업의 수요를 따라가지 못했고, 그리고 어쨌든 뉴잉글랜드의 증류업자들은 프랑스산 당밀이 우수하다고 생각했다. 새 법이 엄격하게 지켜진다면 증류업자들은 생산량은 줄이고 가격은 올려야 할 터였다. 그렇게 된다면 뉴잉글랜드의 경제적 번영의 중심에 있는 럼주 산업에 갑작스러운 종말이 올 것이 분명했다. 당시 럼주 산업은 총 수출의 80%를 차지하고 있었기 때문이다. 또한 북아메리카의 이주민들에게 인기가 있던 음료를 빼앗는 것이나 다름없었다. 당시 럼은 식민지에 거주하는 성인 남녀 그리고 어린이를 포함하여 거주자 1인당 1년에 거의 4갤런 정도를 마시고 있었다.

증류업자들은 새 법을 거의 완전히 무시했고 프랑스령 섬으로부터 당밀을 계속해서 밀수했다. 그리고 필요한 경우에는 관세를 부과하는 공무원들을 매수했고, 그들은 대부분 밀수를 눈감아 주었다. 관세 공무원들은 영국에서 임명되었고, 그들 대부분은 영국에 거주하면서 급여를 받았다. 따라서 해외에서 진행되는 관세 업무를 수행하기 위해 누군가를 해외에 파견하고 비용을 지불해야 했다. 명령을 받고 북아메리카의 식민지에 도착한 하급 공무원들은 런던에 있는 상사보다는 이민자들에게 더욱 큰 동정심을 느꼈다. 법이 제정된 후 몇 년 동안에는 생산된 럼의 거의 대부분(일부 추정치에 따르면 6분의 5 정도)이 밀수입된 당밀로 생산되고 있었다고 한다. 동시에 보스턴에서 럼을 생산하는 증류 공장은 1738년에 6개에서 1750년에는 63개로 증가했다. 럼은 식민지의 생활 모든 면에 걸쳐 그 지위를 유지하면서 유통되었다. 럼은 선거 과정에서도 중요한 역할을 했다. 1758년, 조지 워싱턴이 버지니아의 식민지 의회의 의원 후보로 출마했을 때, 그의 선거 팀은 럼 28갤런(약 106리터), 럼 펀치 50갤런(약 189리터), 와인 34갤런(약 129리터), 맥주 46갤런(약 174리터), 그리고 사이다 2갤런(약 7.6리터)을 살포했는데, 그 군의 유권자는 모두 391명이었다.

당밀법은 제대로 준수되지 않았지만 그 법의 제정은 식민지의 이주민들을 분개시켰다. 그 법을 제정한 것은 영국 정부의 커다란 실수였다. 밀수를 하는 것이 사회적으로 용납되었고, 일반적으로 영국 법에 대한 존경이 사라졌고, 그리고 중요한 선례가 만들어진 것이다. 즉 향후 이주민들은 수입하거나 수출하는 물품에 대해 비합리적인 관세를 부과하는 법에 대해 저항할 수 있는 자격이 있다고 느낀 것이다. 그 결과 당밀법에 대해 광범위하게 퍼진 저항은 미국이 독립국가로 가는 여정에 있어서 초기의 발판이 되었다.

이어진 발판은 1764년 영국 군대와 아메리카 이민자들이 프랑스를 격퇴하기 위해 함께 싸웠던 프렌치 인디언 전쟁(French and Indian War, 1754년~1763년, 북아메리카 대륙에서 오하이오강 주변의 인디언 영토를 둘러싸고 일어난 영국과 프랑스의 식민지 쟁탈 전쟁이다-역주)이 끝나고 설탕법Sugar Act이 제정되면서 발생했다. (이 전쟁은 프랑스와 영국이 유럽과 북아메리카 그리고 인도에서 싸웠던 거대한 전쟁의 미국 판이었는데, 이러한 전쟁은 논쟁의 여지없이 진정한 최초의 세계대전이었다.) 영국의 승리는 북아메리카 대륙에 대한 영국의 지배권을 보장했지만 영국에 거대한 부채를 남겼다. 영국 정부는 그 전쟁이 주로 아메리카의 이민자들의 이익을 위해 치러진 것이라는 이유를 들면서 식민지가 부채의 상환에 협력해야 한다는 결론을 냈다. 더 나아가, 이민자들 중 다수가 전쟁 중에도 적국인 프랑스와 무역을 계속했기 때문에 영국 정부는 당밀법을 강화하기로 결정했다. 당밀에 대한 갤런당 6펜스의 관세는 반으로 줄였지만, 정부는 관세가 철저하게 징수될 수 있도록 조치를 취했다. 관세 공무원들은 영국에 남아서 다른 사람들을 시켜 관세를 징수하도록 하는 것은 더 이상 허용되지 않았다. 식민지의 총독들에게는 법의 엄격한 집행과 밀수업자의 체포를 요구했고, 영국 해군에게는 아메리카의 영해에서 관세를 징수할 수 있는 권한이 부여되었다.

새로운 법은 단지 무역을 규제하기보다는 수익을 늘리기 위한 명백한 목적을 가지고 있었기 때문에 이 법은 아메리카에서 아주 인기가 없었다. 뉴잉글랜드의 럼주 증류업자들은 영국으로부터의 수입에 대한 보이코트 운동을 조직적으로 벌이면서 새로운 법에 대해 반대했다. 새 법에 의해 그들의 생활이 영향을 받는 사람들뿐만 아니라 많은 미국인들은 자신들의 대표도 없는, 멀리 떨어진 영국 의회의 결정에 따라 세금을 납부해야 한다는 것은 부당하다고 생각했다. "대표 없이 과세 없다no taxation without representation"라는 구호는 인기 있는 슬로건이 됐다. "자유의 아들들"로 알려진 독립의 주창자들은 영국과의 분리를 찬성하는 여론을 조성하기 시작했다. 이들은 증류 공장과 술집에서 빈번히 만났다. 혁명파의 리더들 중 한 사람인 존 애덤스는 자신의 일기에서 1766년에 "자유의 아들들" 미팅에 참석했다고 기록했다. "체이스와 스피커맨의 증류 공장의 경리실에서" 모였고, 참석자들은 럼 펀치를 마셨고, 파이프 담배를 피웠으며, 치즈와 비스킷을 먹었다고 했다.

설탕법에 뒤이어 1765년의 인지법, 1767년의 타운센드법, 그리고 1773년에 차법the Tea Act을 비롯하여 인기 없는 법들이 제정되었다. 그 결과는 1773년의 유명한 보스턴 차 사건으로 이어졌다. 새로운 세법에 반대하는 사람들이 보스턴 항구에 정박 중인 3척의 배에 올라가 선적되어 있던 대량의 차를 바다에 버린 사건이었다. 이처럼 차가 혁명의 발발과 연관되어 있는 음료이기는 하지만, 럼주 또한 1775년에 드디어 독립전쟁이 발발하기까지 수십 년 동안 아주 중요한 역할을 했다. 예를 들면, 전쟁이 일어나기 전날에 폴 리비어Paul Revere가 보스턴에서 렉싱턴까지 존 행콕과 사무엘 애덤스에게 영국 군대의 접근을 경고하기 위해 말을 타고 달려갔던 이야기는 잘 알려져 있다. 그때 그는 메드포드 시민군의 대장인 아이작 홀이 운영하는 주점에 들어가서 럼 토디(rum toddy, 럼에 설탕, 물을 가미한 것으로 뜨겁게 달군 봉을 넣어 가열한 것)를 마셨다.

싸움이 시작되면서 럼은 6년이라는 전쟁 기간에 아메리카의 병사들이 좋아했던 음료였다. 헨리 녹스 장군은 1780년에 조지 워싱턴에게 북부의 주들로부터의 조달 물자를 요구하는 편지를 보내면서, 특히 럼의 필요성에 대해 강조했다. 그는 "소고기와 돼지고기, 빵과 밀가루 외에 럼이 매우 중요한 품목이니 누락되어서는 안 됩니다. 무슨 수를 쓰더라도 충분한 양의 럼이 공급되어야 합니다"라고 썼다. 럼주와 당밀에 대한 관세는 아메리카 식민지가 영국으로부터의 분리되는 계기를 만들었고, 이와 함께 럼주에 강렬한 혁명의 향을 가미했다. 1781년에 영국이 항복하고, 그리고 아메리카 합중국이 건국되고 많은 세월이 지난 후 건국의 아버지 중 한 사람인 존 애덤스는 친구에게 다음과 같이 썼다. "나는 당밀이 미국 독립에 있어서 본질적 요소였다는 것을 고백할 때 왜 낯을 붉혀야 하는지 이유를 모르겠네. 많은 위대한 사건들이 그보다도 더 작은 요인에서 비롯되지 않았는가?"

위스키 반란

럼은 식민지 시대와 아메리카 독립혁명 시대를 대표하는 음료였지만, 신생 국가의 시민의 대다수는 곧 럼에 등을 돌리고 또 다른 증류주를 선호하게 되었다. 정착민들이 서부로 이동하고 동부의 해안에서 멀어지면서 그들은 발효된 곡물을 증류한 위스키에 눈을 돌렸다. 한 가지 이유는 정착민들 대다수가 스코틀랜드나 아일랜드 출신이었고, 그들은 곡물을 증류해 본 경험이 있었다는 사실이다. 또한 전쟁 기간 럼의 재료가 되는 당밀의 공급도 여의치 않았다. 그리고 보리, 밀, 호밀, 옥수수는 해안 근처에서 자라기 어려웠는데, 이것이 초기 이주민들이 맥주를 만드는 데 어려움을 겪었던 이유였다. 그러나 내륙 지역에서는 아주 쉽게 재배할 수 있는 작물들이었다. 대조적으로 럼은 바다를 통해 수입된 낭밀을 사시고 해인 마을에서 생산했기에 해안과 밀접한 관계가 있는 산물이었다. 당밀을 내륙으로 운송하는 데 비용이 발생했지만 위스키는 거의 모든 곳에서 만들 수가 있었고, 특히 세금도 없었고 수입이 금지된 원료에 의존하지도 않았다.

1791년경에 서부 펜실베이니아 지역에만 5000개 이상의 위스키 증류기가 있었는데, 이는 인구 6명당 1개꼴이었다. 위스키는 이전에 럼이 수행했던 통화 대신의 역할을 이어받았다. 그것은 휴대할 수 있는 형태의 재산이었다. 말 한 마리로 4부쉘의 곡물을 운반할 수 있었지만 증류된 위스키의 경우에는 24부쉘을 운반할 수 있었다. 위스키는 도시에서 통화로 이용되었고, 소금, 설탕, 철, 화약, 총알 같은 다른 생활 필수품과의 교역에 사용되었다. 위스키는 농장 노동자에게 제공되었고, 출생을 축하하고 장례를 치를 때 제공되었고, 법적 서류에 서명할 때에 반드시 마셨고, 법원에서 배심원들에게 제공되었고, 그리고 선거 후보들에 의해 유권자에게 제공되었다. 성직자에게조차 위스키로 급여가 지급되었다.

그 때문에 미국 재무장관인 알렉산더 해밀턴이 독립전쟁으로 발생한 엄청난 국가 부채를 해소하기 위한 자금 조달 수단으로 증류주에 연방 소비세를 부과하는 것은 불가피했던 선택으로 보였다. 소비세의 부과로 자금을 조달하는 한편 사람들이 너무 많이 위스키를 마시는 것을 통제할 수 있었다. 해밀턴은 그러한 소비세가 "농업, 경제, 도덕 그리고 건강과 사회에 유익할 것으로" 믿었다. 1791년 3월에 법안이 통과되었고, 7월 1일부터 증류업자들은 1년에 1회 세금을 납부하든가, 아니면 위스키의 도수에 따라 변했지만 생산한 술의 갤런당 최소 7센

트의 소비세를 납부해야 했다. 즉각적인 반발이 있었고, 특히 서부의
개척자들은 거세게 반발했다. 소비세는 내륙의 거주자들에게 특히 부
당하게 보였는데, 그 이유는 판매된 술에 대해서가 아니라 증류기에
서 추출된 술에 대해 세금을 부과했기 때문이다. 이것은 사적인 소비
나 교환 목적으로 생산된 위스키에 대해서까지 소비세를 부과한다는
의미였다. 더 나아가 이주민의 대다수는 세금 징수자와 정부의 간섭을
피해 아메리카로 건너온 사람들이었다. 그들은 새로운 연방정부가 영
국 정부보다 낫지 않다고 불평했는데, 그들은 아메리카를 지배했던 영
국 정부를 막 박살낸 참이었다.

　위스키 소비세에 대한 반발은 주와 연방정부 사이의 권력 균형에 대

위스키 반란 사건. 위스키에 대한 세금 부과에 반대하는 농부들이 세금 징수원들을 포위하며 저항하는 모습

해서도 커다란 분열을 초래했다. 일반적으로 동부의 이주민은 남부나 동부의 이주민에 비해 연방법이 주법에 우선해야 한다고 생각했다. 이 새로운 법은, 다른 내용들보다도 위반한 자들은 지방의 법원이 아니라 필라델피아에 있는 연방 법원에서 재판을 받아야 한다고 규정했는데, 이것은 동부의 연방주의자들의 이해와 맞아떨어진 것으로 보였다. 조지아주의 제임스 잭슨은 하원에서 "소비세는 일반 대중이 즐기는 거의 유일한 사치품인 증류주를 빼앗아 갈 것"이라고 주장했다. 그는 "지금 여기에 반대하지 않는다면 다음에는 무엇이 올 것인가?"라고 물었다. 잭슨은 "셔츠를 세금 없이 빨래할 수 없는 때가 올 것이다"라고 경고했다.

새로운 법이 시행되자 많은 농부들이 납세를 거부했다. 세금 징수자들이 공격을 받았고 서류는 탈취당하거나 훼손되었다. 말안장도 탈취당하고 조각나 버렸다. 가장 반발이 컸던 곳은 강경한 분리주의자들이 많았던 펜실베이니아 서부의 파이에트, 알레게니, 웨스트모어랜드 그리고 워싱턴과 같은 미개척 카운티였다. 소비세에 반대했던 농부들도 단결하여 조직적으로 저항하기 시작했다. 소비세를 납부했던 증류업자들을 배신자로 간주하여 그들의 증류기에 총을 쏴 구멍을 뚫어버렸고, 불복종을 주창하는 메모판들이 나무 위에 주렁주렁 걸렸다. 연방 의회는 1792년과 1974년에 법을 개정하여 농촌의 증류업자에게 세금을 낮추어 주고 주 법정에 위반자들에 대한 관할권도 부여했다. 그러나 이러한 조치에도 반발은 그치지 않았다. 연방정부의 권위가 위태로운 지경에 있다는 것을 깨달은 해밀턴은 납세를 거부했던 농부들에게 영장을 전달하기 위해 연방 보안관을 서부 펜실베이니아로 파견했다.

1794년에 농부인 윌리엄 밀러에 대해 영장을 집행하려 했을 때 폭력 사태가 발생했다. 밀러의 동료 중 하나가 보안관 일행을 향해 발포했지만 다친 사람은 없었다. 그리고 이틀 동안 연방 측과 농민 측 사이에서 소규모의 충돌이 발생했다. 소비세를 반대하며 무장한 "위스키 보이즈whisky boys"가 500명으로 증가했고, 양 측에 사상자가 발생했다. 야망 있는 변호사였던 데이빗 브래드포드가 위스키 보이즈의 리더가 되었고 지역 주민들에게 지지를 호소했다. 피츠버그 근처인 브래드 도크 필드에 약 6천 명의 사람들이 모였다. 브래드포드는 이 즉흥적인 군대의 대장으로 선출되었다. 반란군의 사기는 하늘을 찌를 듯했고 군사 훈련과 사격 훈련을 하면서 미합중국으로부터의 분리와 새로운 독립 국가를 건설한다는 결의안을 채택했다.

단호한 행동이 필요하다는 해밀턴의 주장에 따라 조지 워싱턴 대통령은 펜실베이니아 동부, 뉴저지, 버지니아 그리고 메릴랜드로부터 1만 3000명의 민병대를 소집했다. 대포, 배낭 그리고 세금이 납부된 위스키로 무장된 민병대는 분리주의자들에게 연방정부의 위세를 보여주기 위해 산을 넘어 피츠버그로 급파되었다. 그러나 구성된 지 얼마 안 된 반란군은 이미 무너지고 있었다. 민병대가 도착했을 때 이미 브래드포드는 도망갔고 반란군은 궤멸된 상태였다. 아이러니하지만 위스키 보이즈들이 해결하고자 했던 문제는 민병대의 도착으로 자동적으로 해결이 되었다. 행군을 끝낸 민병대의 병사들은 많은 위스키를 요구했고, 현금을 지불하고 구입했다. 그 결과 펜실베이니아 서부의 증류업자들에게 소비세를 납부할 수 있는 큰돈을 만들어 준 것이다.

반란군 중 20명이 필라델피아로 연행되었고 본보기로 보이기 위해 거리에서 강제로 행진을 당했다. 그들은 몇 달 동안 감옥에 갇혀 있었을 뿐 그 이상의 처벌은 받지 않았다. 그들 중 2명이 사형선고를 받았지만 대통령에 의해 사면되었다. 결국 술에 대한 소비세는 실패했고 몇 년 후에 폐지되었다. 반란군 진압을 위해 연방 민병대를 파견하는

조지 워싱턴

데 발생한 비용이 150만 달러였는데, 이 금액은 소비세법을 시행하고 10년 동안 징수한 총액의 약 3분의 1에 해당하는 막대한 금액이었다. 이처럼 반란도 세법도 실패했지만, 독립 후 발생한 첫 번째 세금 저항인 위스키 반란에 대한 진압은 미합중국 초기 역사에서 연방법이 무시될 수 없다는 것을 강렬하게 보여주었던 결정적인 순간이었다.

또한 반란의 실패는 또 다른 음료의 개발을 초래했다. 스코틀랜드-아일랜드계의 저항 세력은 점점 더 서쪽으로 이동하여 새로운 주인 켄터키로 이동했고, 그들은 그곳에서 호밀뿐만 아니라 옥수수를 가지고 위스키를 제조하기 시작했다. 이러한 새로운 위스키의 생산은 버번 카운티Bourbon County에서 시작되었는데, 그래서 그 음료는 버번으로 알려지게 되었다. 토착 작물인 옥수수의 사용은 독특한 향을 내었다.

조지 워싱턴 자신도 말년에 위스키 증류기를 설치하여 위스키 사업을 했다. 워싱턴의 농장 매니저였던 스콧은 그에게 마운트 베논 농장에서 생산되는 곡물로 위스키를 생산한다면 돈이 될 것이라고 제안했다. 1797년에 2대의 증류기를 설치했고, 생산이 최고조에 달했으며 워싱턴이 죽기 직전인 1799년에는 5대의 증류기가 가동되고 있었다. 그해 워싱턴은 1100만 갤런의 호밀로 위스키를 생산하여 지역에 팔아서 7500달러의 이익을 얻었다. 그는 또한 위스키를 담은 여러 배럴(barrels, 술을 제조하여 숙성시키는 나무통-역주)을 친지들과 친구들에게 나누어주었다. 워싱턴은 1799년 10월 29일에 조카에게 쓴 편지에서 "네가 요청한 대로 오늘 200갤런의 위스키를 준비해 놓을게"라고 썼고, "위스키에 대한 시장 수요가 활발하니 빨리 가져갈수록 좋을 것이다"라고 했다.

위스키 생산업자로서의 워싱턴의 모습은 또 다른 미국 건국의 아버지인 토머스 제퍼슨의 태도와는 크게 대비된다. 그는 "위스키의 독"을 비난했고, "와인이 저렴한 곳에서는 술 취한 사람들이 없지만, 와인에 대한 애정이 독한 증류주로 대체되어 일상적으로 마시는 곳에서는 술에 취하지 않은 사람이 없다"라고 한 말은 유명하다. 제퍼슨은 미국에서 포도나무의 재배를 적극적으로 장려했고, 와인을 "위스키의 독에 대한 유일한 대안"으로 보아 수입 와인에 대한 세금의 감액을 주창했다. 그러나 그의 주장은 희망이 없었다. 와인은 너무 비싼 반면 알코올 함유량은 너무 적었고, 그리고 미국 독립과 자급자족을 연상케 하는 음료인 위스키에 대해 미국인들이 느끼는 함축성이 결여되어 있었다.

식민지를 지배한 증류주

식민지 시대를 통하여 증류주는 고통으로부터의 도피처를 제공했다. 그 고통이란 유럽의 이민자들이 스스로에게 부과했던 것과 그들이 아프리카의 노예들과 토착민들에게 가했던 더 커다란 고통 모두를 의미했다. 유럽의 이민자들은 증류주로 노예를 사고, 굴복시키고, 통제 수단으로 사용했을 뿐만 아니라 아메리카 대륙에서는 증류주에 대한 토착 인디언의 광신적인 열광을 그들을 지배하기 위한 수단으로 이용했다.

이러한 광신적인 태도의 원인이 어디에 기인했는지는 많은 논쟁의 주제이기도 하지만, 그것은 환각을 유발하는 토착 식물처럼 증류주는 음주자가 만취했을 때에 초사연적인 능력을 갖게 된다는 인디언들의 생각에서 비롯된 것으로 보인다. 17세기 말, 뉴욕의 어느 관찰자는 인디언 부족들은 "강한 술을 아주 좋아했지만, 만취할 정도로 충분치 않다면 음주에 관심을 가지지 않을 정도"라고 언급했다. 만약 모든 사람이 취할 정도로 술이 충분치 않다면, 술은 소수의 사람들에게만 제공되고 나머지는 그냥 구경만 해야 했다. 이처럼 만취에 대한 인디언들의 고집은 유럽인이 가끔 럼보다 와인을 좋아한다는 사실을 그들이 왜 이해 못하는지에 대한 설명이 된다. 1697년에 어느 이민자는 "그들은 많은 영국인이 럼이 훨씬 저렴하고 쉽게 취할 수 있는데도 불구하고 왜 그렇게 비싼 가격을 지불하고 와인을 구매하는지 의아해 했다"라고 기록했다.

이유야 어쨌든 유럽인은 인디언의 이러한 관습을 잘 이용했다. 유럽인은 인디언과 물품이나 땅을 거래할 때 충분한 양의 알코올을 제공할 수 있도록 신경을 썼다. 영국이 지배하는 지역에서는 럼을, 프랑스가 지배하는 지역에서는 브랜디를 사용했다. 캐나다에서 프랑스 모피 무역업자가 브랜디를 사용하는 것에 대해 어느 프랑스 선교사는 "통제되지 않은 무질서, 잔인성, 폭력, (중략) 모욕이 개탄스럽고 악명 높은 브랜디 교역에 의해 이 지역의 인디언 사이에 광범위하게 퍼졌는데, (중략) 우리는 절망 속에 주저앉아서 저들을 주정과 방탕의 지배자인 브랜디 상인들에게 넘겨주는 것 외에는 할 수 있는 일이 아무것도 없다"라고 비난했다. 그 지역의 프랑스 군대는 브랜디 교역을 통제하기보다는 자신들에게, 그리고 인디언에게 판매하기 위한 브랜디의 공급을 원활하게 유지하는 것이 자신들의 의무라고 생각했다.

멕시코에서는 스페인 사람들이 증류 기술을 소개한 덕분에 메스칼 (mescal, 멕시코의 화주를 말하는데, 데킬라도 메스칼의 일종이다-역자)이 탄생하게 되었다. 메스칼은 풀케pulque를 증류해서 만든 든 술인데, 풀케란 용설 란의 발효즙으로 만든, 아즈텍 사람들이 마시는 부드러운 토착 알코올 음료였다. (풀케는 아즈텍의 서민이 매일 마시는 일상의 음료였던 반면, 아즈텍의 병사, 사제 그리고 귀족과 같은 엘리트 그룹은 초코렛(chocolate)을 마셨다.) 스페인 이민자 들은 당시 아즈텍 사람과 다른 토착 인디언에게 풀케보다 메스칼을 권 장했는데, 이는 훨씬 강한 술에 중독되게 만들려는 목적이었다. 1786 년, 멕시코의 총독은 토착 인디언이 알코올을 좋아하기 때문에, 알코 올을 효과적으로 사용하면 식민 정부에 대한 그들의 의존도를 높일 수 있다고 생각했다. 그리고 북쪽의 아파치족에 대해서도 이와 동일한 방 법을 사용하여 통제할 필요가 있다고 주장했다. 이러한 방법은 "아파 치족이 우리에게 의존할 수밖에 없다는 사실을 분명하게 알게 해주는 새로운 필수품"을 창조해 줄 것이라고 주장했다.

총기 또는 전염병과 함께 증류주는 구세계의 거주자들이 신세계의 지배자로서 자신들의 지위를 확고히 하는 데 도움을 줌으로써 근대 세 계의 형성에 기여했다. 증류주는 수백만 명의 사람을 노예화하고, 강 제로 이동시키고, 새로운 국가를 건설하고, 토착 문화를 정복하는 과 정에서 일익을 담당했다. 오늘날 증류주를 볼 때 더 이상 노예제나 착 취를 연상하지는 않는다. 그러나 식민지 시대에 증류주를 사용했던 방 법이 다른 방식으로 남아 있기는 하다. 예를 들어, 항공기의 승객은 면 세품인 증류주 병을 손가방 안에 집어넣는 것은 증류주가 휴대하기 편 하고 오랜 여행에도 상하지 않는 알코올음료이기 때문이다. 또한 세금 을 싫어하고 면세품인 증류주를 구매하는 사람들은 럼의 밀수업자 또 는 위스키 보이즈가 지녔던 반체제적 전통을 따르고 있는 것이다.

제4부

❦

커피와
이성의 시대

A
History
of
World
in
6
Glasses

Coffee
and the age of reason

7

위대한 각성제

커피, 각성케 하는 음료, 뇌에 놀라운 자양분을 제공하는
음료, 증류주와는 달리 순수함과 명료함을 높여주네
커피, 상상력의 모호함과 우울한 무거움을 날려버리고,
갑자기 진리의 광선으로 사물의 본질을 밝혀주네

— 쥘 미슐레, 프랑스 역사가 (1798~1874년)

컵을 통한 계몽

고대 그리스인의 주장은 오류가 많았다. 무거운 물체는 가벼운 것보
다 빠르게 떨어지지 않는다(질량이 다른 물체의 자유낙하 속도는 같다는 의미-
역주). 지구는 우주의 중심이 아니며, 심장은 피를 뜨겁게 해주는 용광
로가 아니라 피가 온 몸을 순환하도록 해주는 펌프다. 그러나 17세
기 초에 천문학자와 해부학자가 지금까지는 볼 수 없었던 세계를 발
견한 이후에야 비로소 유럽의 사상가들은 그리스 철학을 통해 오
랫동안 견고하게 유지되어 왔던 이론에 심각하게 도전하기 시작했
다. 이탈리아의 갈릴레오 갈릴레이나 영국의 프란시스 베이컨 같
은 개척자들은 직접적인 관찰과 실험을 선호하며 고대 문헌에 대
한 맹신적인 믿음을 거부했다. 베이컨은 1620년에 발간된 자신의 책

《새로운 기관The New Logic》(베이컨이 저서의 제목을 그렇게 붙인 것은 아리스토텔레스의 논리학 저서에 붙여진 제목이 바로 [기관 Organ on]이기 때문이다. 그는 아리스토텔레스의 삼단논법을 중심으로 한 연역 논리학에 대해서 개쩍은 사설이라고 폄하하면서 새로운 학문의 방법론을 제시한다는 의미에서 "새로운 기관"이라는 이름을 붙인 것이다-역주. 네이버 지식백과, [생활 속의 철학, 송하석] 참조)에서 "옛것 위에 새것을 접합하거나 추가함으로써 과학적 지식에 있어서 커다란 진보를 기대할 수 없다"라고 선언했다. "우리가 형편없이 느린 속도로 끊임없는 순환 속에서 빙빙 돌기를 원치 않는다면, 과학의 부흥은 가장 밑바닥인 기초에서 출발해야 한다." 베이컨은 그리스 철학자들의 영향력을 비난하는데 앞장섰다. 그와 그의 추종자들은 인류가 쌓아온 지식 체계를 완전히 허물어버리고, 단단하고 새로운 토대 위에 한 번에 벽돌 하나씩 쌓듯 다시 세우기를 원했다. 모든 것이 도전받을 수 있으며 어떤 것도 당연한 것은 없었다. 그 방법은 종교개혁이라는 종교전쟁을 통해 이미 확인된 바 있으며, 종교개혁은 특히 북부 유럽에서 교회의 권위를 깎아내렸다. 새로운 합리주의가 영국과 네덜란드에서 융성했는데, 이는 부분적으로 멀리 떨어진 해외 식민지에서의 착취와 유지에 대한 도전에서 비롯되었고, 그리고 과학혁명으로 알려진 지적 활동의 돌풍을 일으키는 데 영향을 끼쳤다.

이러한 합리적 탐구 정신은 이후 2백 년 동안 서양 사상의 주류를 형성했고, 과학자들에 의한 경험론적·회의론적 접근방법을 철학, 정치, 종교 그리고 상업 분야에 적용하는 계몽주의라 부르는 운동 안에서 절정을 이루었다. 이러한 이성의 시대 동안 서양의 사상가들은 고대의 지혜를 넘어섰고 새로운 사상 앞에 자신을 개방했다. 그들은 대항해 시대에 이루어진 지리적 확장에 상응하는 지적 확장을 성취하면서 구세계의 지식의 한계를 뛰어넘어 새로운 지평을 열었다. 철학적이든, 정치적이든, 또는 종교적이든 권위에 대한 도그마적인 존경은 끝나버렸고, 대신 비평, 관용 그리고 사상의 자유가 밀려왔다.

전 유럽에 걸친 이러한 새로운 합리주의의 확산과 동시에 새로운 음료인 커피가 보급되었는데, 커피는 사고의 예리함과 명료성을 증진하였다. 커피는 과학자, 지식인, 상인 그리고 성직자 등 소위 오늘날 우리가 "지식 노동자information workers'라고 부르는 사람들이 좋아하는 음료가 되었다. 그들은 모두 옥외에서 육체적인 노동을 하기보다는 책상 앞에 앉아 정신적인 노동을 하는 사람들이었다. 커피는 오전에 정신이 들게 하는 데 도움이 되었고, 하루의 일과가 끝날 때까지, 필요하면 더 늦게까지 그들이 맑은 정신으로 일할 수 있도록 도움을 주었다. 그리고 커피가 제공된 곳은 조용하고 차분하며 사회적으로 인정된 장소였고, 예의 있는 대화와 토론이 이루어졌고, 그리고 교육과 토론과 자기 개발을 위한 오픈된 공간을 제공했다.

17세기에 유럽에 커피가 소개된 충격은 아주 주목할 만한데, 그 시대에 가장 보편적인 음료는 아침 식사의 경우에도 약한 맥주나 와인이었기 때문이다. 물은 오염되기 쉬웠기 때문에, 특히 지저분하고 사람이 붐비는 도시에서 맥주나 와인 모두 물보다 훨씬 안전한 음료였다. (증류주는 마시면 취했기 때문에 와인이나 맥주처럼 매일 일상적으로 마시는 음료는 아니었다.) 맥주처럼 커피는 끓인 물로 만들었고, 따라서 알코올음료에 대신하는 새롭고 안전한 음료가 되었다. 알코올 대신 커피를 마시면 약간 취해 느슨한 상태가 아니라 각성되고 활달하게 하루를 시작하게 되었고, 업무의 양이나 질 모두 향상되었다. 커피는 주정 상태가 아니라 깨어 있게 하고, 감각을 둔하게 하여 현실을 잊게 하기보다는 인지 능력을 높여주어 알코올과 아주 반대되는 음료로 여겨졌다. 1674년에 런던에서 출판된 익명의 시는 와인을 "우리의 이성과 우리의 영혼을 익사

시키는 위험한 포도로 만든 달콤한 독"이라고 비난했다. 맥주는 "우리의 뇌를 공격하는 몽롱한 술"로 비난했다. 그러나 커피에 대해서는 다음과 같이 환영했다.

> … 위엄이 있고 건강한 액체여,
>
> 위장을 치료하고, 머리 회전을 빠르게 해주네
>
> 기억을 소생시켜주고, 슬픔을 진정시켜 주고,
>
> 그리고 정신을 고무시켜 주네, 미치지도 않게 하면서

서유럽은 수백 년 동안 지속되었던 알코올성의 몽롱함에서 벗어나기 시작했다. 1660년에 영국의 어느 관찰자는 "이 커피에 대해서 말하자면, 여러 나라에서 절주의 경향에 중요한 원인이 되었다. 전에는 견습공이나 조수들이 아침에 에일, 맥주 또는 와인을 마시곤 했는데, 그런 음료들은 뇌에 어지럼증을 유발하여 비즈니스에 적합하지 않았는데, 이제는 정신을 각성시켜주는 문명적인 이 음료로 인해 효율적으로 일할 수 있게 되었다"라고 썼다. 또한 커피는 일반적으로 알코올에 대한 해독제로서 여겨졌다. 프랑스의 작가인 실베스터 드포르는 1671년에 "커피를 마시면 즉각적으로 정신이 든다"라고 썼다. 커피가 술 취하는 것을 중화시킨다는 생각은 지금까지도 널리 퍼져 있는데, 이것은 사실이 아니다. 취한 상태에서 커피를 마시면 머리가 맑아지는 느낌이 들지만, 사실은 오히려 알코올이 혈중에서 제거되는 속도를 늦춰준다.

커피가 새로운 음료라는 사실은 한층 더 그 매력을 더해 주었다. 그리스인과 로마인이 몰랐던 음료였던 것이다. 커피를 마신다는 것은 17세기 사상가들에게 그들이 고대 세계의 한계를 넘어서 전진하고 있다는 것을 표현하는 또 다른 방법이었다. 커피는 위대한 각성제요, 머리

를 맑게 해주는 음료요, 현대성과 진보의 상징이었다. 다시 말하면, 커피는 이성의 시대에 어울리는 이상적인 음료였다.

이슬람의 와인

커피의 각성 효과는 커피의 원산지인 아랍 세계에서 한동안 널리 알려져 있었다. 커피의 발견을 둘러싸고 여러 로맨틱한 이야기들이 있다. 예를 들면, 어느 에티오피아의 산양 지기는 산양들이 특정한 나무에 달린 갈색을 띤 보랏빛 체리를 먹은 후에 유난히 활기가 넘치는 것을 목격했다. 그래서 자신도 그 열매를 먹어보았는데 어떤 자극적인 힘을 경험했다. 그는 그 발견 사실을 마을의 종교 지도자에게 알렸다. 종교 지도자는 그 체리를 말린 다음 물에 넣고 끓여서 뜨거운 음료를 만들었는데, 그는 밤을 새우며 종교의식을 거행할 때 정신이 깨어 있도록 그 음료를 사용했다고 한다. 또 다른 이야기는 오마르라는 한 남성에 대한 이야기인데, 그는 예멘의 도시인 모카Mocha의 외곽에 있는 사막에서 굶어죽는 처벌을 받았다. 예멘은 아라비아 반도의 남서쪽 귀퉁이에 위치해 있다. 어떤 환상이 그를 커피나무로 이끌었고 그는 그 열매를 먹었다. 그 열매 덕분에 그는 모카로 돌아갈 수 있는 충분한 원기를 회복했는데, 그의 생환은 신이 오마르를 살려주어 인간에게 커피에 대한 지식을 알려주기 위한 신의 섭리로 받아들였고, 그 후 커피는 모카에서 대중적인 음료가 되었다고 한다.

맥주의 발견에 관한 전설과 마찬가지로 이러한 이야기들은 진실의 일정 부분을 포함하고 있는데, 왜냐하면 커피를 마시는 습관은 15세기 중반에 예멘에서 최초로 대중화되었기 때문이다. 사람들은 처음에는 커피 열매가 가진 자극적인 효과 때문에 아마 씹어서 먹었을 것으로 생각된다. 그 후 그 열매를 음료로 만드는 관습은 예멘에서 시작되었는데, 학자이며 이슬람의 신비주의파인 수피 교도의 멤버로 1470년경에 죽은 모하메드 알-다바니Muhammad al-Dhabhani가 창안했다는 말이 있다. 그 당시에 (아랍에서 콰와[qahwah]로 알려졌던) 수피 교도들이 커피를 마셨다는 사실은 의심의 여지가 없다. 그들은 반복적인 찬송과 춤을 통해 신 앞에 나아가는, 밤에 진행하는 종교의식 때 잠을 물리치기 위해 사용했다.

커피가 아랍 세계를 통해 퍼지면서 – 1510년에는 메카와 카이로까지 퍼졌는데 – 커피가 신체에 미치는 효과에 대해서 많은 논쟁이 발생했다. 커피는 당초의 종교적 연관성을 벗어버리고 사회적인 음료가 되면서 거리에서 시장에서 잔으로 판매되었다. 이후 전문적인 커피하우스가 등장했다. 커피는 많은 무슬림에 의해 알코올에 대한 법적인 대체재로서 수용되었다. 알코올을 팔았던 불법적인 술집과는 달리 커피하우스는 사회적인 지위가 있는 사람들도 출입할 수 있는 장소였다. 그러나 커피의 법적 지위는 모호한 상태였다. 일부 무슬림 학자들은 커피가 중독성이 있어서 선지자 모하메드가 금했던 와인이나 다른 알코올처럼 종교적으로 금지되어야 한다면서 커피의 음용을 반대했다. 종교 지도자들은 1511년 6월 메카에서 새로운 법을 선포했고, 이는 커피의 소비를 금지하는 여러 시도 중 최초의 조치였다. 카이르 베그Kha'ir Beg라는 사람이 그 지역의 지도자로 일반 대중의 도덕 관리를 책임지고 있었는데, 그는 문자 그대로 커피를 재판에 회부했다. 그는 법률 전문가들로 구성된 위원회를 개최했고 커다란 그릇에 담긴 커피가 피고로 그들 앞에 놓였다. 위원회는 커피의 중독성 효과에 대해 토론한 후 커피의 판매와 소비를 금지해야 한다는 카이르 베그의 주장에 동의했다. 판결 내용은 메카 전역에 공표되었고 커피는 압수되어 길거리에서 불태워졌다. 그리고 커피 판매업자와 그들의 고객 중 일부는 두들겨 맞는 처벌을 받았다. 그러나 몇 달 뒤에 카이로에 있는 더 높은 정부 당국은 카이르 베그의 판결을 뒤집었다. 그리고 커피는 곧 공개적으로 다시 소비되기 시작했다. 권위가 망가진 카이르 베그는 다음 해 책임자의 자리에서 교체되었다.

그렇다면 커피는 정말 중독성이 있는가? 무슬림 학자들은 예언자가 중독성 있는 음료를 모두 금지한 것인지, 아니면 단지 중독에 빠지는 음주 행위를 금지한 것인지를 놓고 이미 많은 토론을 벌였다. 모든 사람이 중독에 대한 법적 정의가 필요하다고 생각했고 여러 개의 정의가 등장했다. 중독된 상태에 대해 "정신을 잃고 혼란에 빠진," "그것이 무엇이든 부드러운 미덕과 평온한 상태에서 벗어나 어리석고 무지한 상태에 빠진" 또는 "전적으로 아무것도 이해하지 못하는, 남자와 여자를 구분하지 못하는, 땅인지 하늘인지 구분하지 못하는" 상황 등 다양한 정의가 가능했다. 알코올음료에 대해 학문적 논쟁 과정에서 제기된 이러한 정의들이 커피에도 적용되었다.

그러나 커피의 경우에는 많은 양을 마시더라도 그러한 현상이 나타나지 않았음은 명백했다. 오히려 커피는 정반대의 효과를 초래했다. 어느 커피 옹호자는 "입으로 주님의 이름을 부르면서 커피를 마시는 사람은 정신이 맑은 상태로 있는 반면, 중독에서 타락한 즐거움을 찾는 사람은 주님을 외면하고 술에 취한다"라고 지적했다. 반대파는 커피를 마셨을 때 신체적·정신적 상태에 변화가 나타나는데, 그것이 바로 커피를 금지해야 하는 이유라고 주장했다. 그러나 커피 옹호파는 향신료 음식, 마늘, 양파도 눈물이 나게 하는 등 신체적 효과가 나타나지만 그러한 음식은 완전히 합법적이라고 지적하면서 반대파의 주장을 성공적으로 방어했다.

비록 카이로에 있는 카이르 베그의 상관들이 커피의 판매와 소비를 금지하는 그의 조치를 수용하지는 않았지만 커피를 마시는 모임이나 장소에 대한 규제에 대해서는 동의했다. 사실, 정부 당국의 입장에서 볼 때 커피가 음용자에게 미치는 영향보다도 커피가 소비되는 환경이 우려스러웠다. 커피가 소비되는 커피하우스는 가십gossip, 험담, 루머, 정치적 토론 그리고 풍자적 대화를 위한 요람이었기 때문이다. 또한 커피하우스는 체스나 주사위 놀이를 하는 인기 있는 장소였는데, 이러한 게임은 도덕적으로 모호한 부분이 있었다. 보드 게임은 결과에 따라 베팅을 하는 경우에는 이슬람법이 유일하게 금지하는 행위였다. 그러나 커피하우스의 반대파가 볼 때 그곳은 어쨌든 그러한 놀이들이 행해지고 있었기 때문에, 아무리 좋게 보아도 도덕적으로 문란한 곳이고, 나쁘게 본다면 음모와 반란이 모의되는 곳이었다.

이후에도 커피하우스를 폐쇄하려는 시도들이 많이 있었고, 예를 들면 1524년에는 메카에서, 1539년에는 카이로에서 그런 일이 있었다. 그러나 그러한 폐쇄조치는 일반적으로 오래가지 못했다. 이러한 노력들, 그리고 커피 음용자를 게으름뱅이나 수다쟁이로 비난했는데도, 커피를 마시는 행위가 법을 위반하는 것은 아니었기 때문에 커피를 금하려는 시도들은 결국 모두 실패로 끝났다. 17세기 초에 아랍을 여행했던 유럽인들은 아랍 세계에서 커피하우스의 인기가 높았고, 만남의 장소와 정보의 근거지가 되었다는 기록을 남겼다. 영국의 여행자인 윌리엄 비들프는 1609년에 "그들의 커피하우스는 영국의 맥주하우스보다 더 흔했고 (중략) 어떤 뉴스가 있다면 그곳에서 이야기되었다"라고 말했다. 1610년에 이집트와 팔레스타인을 방문했던 또 다른 영국의 여행자인 조지 샌디스는 "술집은 없었지만 그와 유사한 커피하우스가 있었다. 사람들은 하루의 대부분을 그곳에 앉아서 수다를 떨었다. 그리고 코파 나무의 열매로 만든 코파Coffa라고 불리는 음료를 작은 도기 잔에 넣어 홀짝거렸는데, 그것은 견딜 수 있을 정도로 뜨거웠고, 그을음처럼 검은색이었고, 맛도 그을음과 큰 차이가 없었다"라고 말했다.

이슬람과의 관련성을 이유로 커피가 유럽에 도입되는 것을 반대할 가능성은 그때쯤에는 사라졌다. 교황 클레멘트 8세는 죽기 직전인 1605년에 커피에 대한 가톨릭의 입장과 관련된 질문을 받았다. 당시 유럽인에게 커피는 새로운 것이었고, 의학 연구에서 중심에 있던 파두아 대학의 의학자들을 포함하여 일부 식물학자와 의학자 이외에는 알지 못했던 음료였다. 종교적인 이유로 커피를 반대했던 사람들은 커피가 악하다고 주장했다. 그들은 무슬림은 기독교의 성스러운 음료인 와인을 마실 수 없기 때문에 악마가 그들에게 대신 커피로 벌을 내린 것이라고 주장했다. 교황이 최종 결론을 내야 했다. 베네치아의 상인이 검사를 위해 소량의 샘플을 제공했고, 클레멘트는 결론을 내리기 전에 먼저 맛을 보기로 결정했다. 이 이야기에 따르면, 그가 커피의 맛과 향에 매료되었기 때문에 기독교인들이 커피를 마셔도 좋다고 승낙했다고 한다.

그로부터 반세기 안에 이국적 분위기의 새로운 음료는 빠르게 서유럽 각지로 급속하게 퍼졌다. 영국에서는 1650년대에 커피하우스가 등장했고, 1660년대에는 암스테르담과 헤이그에 커피하우스가 등장했다. 커피가 서쪽으로 이동하면서 커피하우스에 대한 아랍적 개념, 즉 품위 있고 지적인 장소라는 점, 그리고 술집에 대한 좋은 대안이라는 아랍인의 생각도 동시에 보급되었다. 그리고 이것이 나중에 다양한 논란의 조짐이 될 터였다.

커피의 승리

커피는 1650년대와 1660년대의 런던에 안성맞춤인 음료였다고 말을 해도 좋을 것이다. 첫 번째 커피하우스는 청교도인 올리버 크롬웰의 통치 시대에 등장했다. 그는 찰스 1세를 폐위하고 처형한 후 시민전쟁을 벌인 끝에 권력을 잡게 되었다. 영국의 커피하우스는 청교도 시대의 술집에 비해 더욱 품위 있고 차분한 대안으로 출발할 수 있었다. 실내는 매우 밝았고, 책꽂이, 거울, 금칠한 사진틀을 갖춘 그림, 좋은 가구들로 장식되어 있었는데, 알코올을 제공하는 술집의 어두컴컴하고 불결한 분위기와는 아주 대조적이었다.

1658년에 크롬웰이 죽자 대중의 여론은 군주제의 부활로 기울었고, 1660년에 찰스 2세의 왕정복고의 길이 열린 것처럼 이 기간에 커피하우스는 정치적 토론과 음모의 중심지가 되었다. 왕의 고문들 중 한 사람이었던 윌리엄 콘벤토리는 찰스의 지지자들이 크롬웰의 통치 기간에 커피하우스에서 자주 만났고, 그리고 "왕의 친구들은 당시 다른 곳에서는 있을 수 없을 정도로 커피하우스에 자주 모여 자유롭게 이야기하곤 했다"라고 말했다. 그는 커피하우스에서 그런 모임이 이루어지지 않았더라면 왕은 왕좌에 오르지 못했을지 모른다고 했다.

이 시기에 런던은 번창하는 상업의 제국으로 떠오르고 있었다. 커피하우스는 사업가들에게 만남과 비즈니스를 위해 편리하고 품위 있는 공공의 장소를 제공해주었기 때문에 왕정복고 이후에도 커피하우스는 계속해서 대중적인 인기를 누렸다. 이처럼 청교도, 정치인 그리고 자본가와 같은 사람들에게 인기를 누리면서 런던의 커피하우스는 당시 도시의 분위기와 완벽하게 맞아 떨어졌다.

런던의 첫 번째 커피하우스는 파스쿠아 로지Pasqua Rosee라는 사람에 의해 1652년에 문을 열었다. 그는 아르메니아 출신으로 다니엘 에드워드라는 영국 상인의 종복이었다. 에드워드는 중동을 여행할 때 커피를 맛보고 매력을 경험했던 사람이었다. 로지에게 지시해서 매일 여러 번의 커피를 마셨던 에드워드는 런던의 친구들에게 커피를 소개했다. 친구들이 새로운 음료인 커피에 너무 열광하자 에드워드는 로지에게 커피 파는 비즈니스를 준비하라고 지시했다. 로지의 새로운 사업을 알리는 광고 전단지의 제목은 "커피 음료의 효능The Virtue of the Coffee Drink"이었는데, 커피가 얼마나 새로운 음료인지 잘 보여주었다. 전단지를 읽는 사람들이 커피에 대해 전혀 모른다고 전제하고 기원은 아라비아라는 것, 끓이는 방법, 마시는 방법 등에 대한 설명을 담았다. 전단지의 많은 부분이 커피의 잠재적인 의학적 효능을 소개했는데, 커피는 안질, 두통, 감기, 수종, 괴혈병에 효과적이고, 그리고 임신한 여성에게는 유산을 예방하는 데 효과적이라고 했다. 그런 내용은 상업적으로 커피의 효능을 설명한 것이었지만 고객의 마음을 움직였다. "주의력이 필요한 경우라면 커피는 졸음을 예방하고, 업무를 잘 처리할 수 있도록 해 줍니다. 따라서 잠을 자지 않을 사람이 아니면 저녁 후에는 커피를 마시면 안 됩니다. 커피는 3~4시간 동안 잠을 방해하기 때문입니다."

로지의 사업이 성공하자 그 지역의 술집 주인들은 런던 시장에게 항의를 했다. 로지는 공민권이 없기 때문에 자신들과 경쟁하는 사업을 할 수 없다는 이유에서였다. 결국 로지는 영국에서 추방당했지만 커피하우스라는 아이디어는 존속되었고, 1650년대를 통해 새로운 커피하우스들이 속속 등장했다. 1663년까지 런던의 커피하우스는 83개에 이르렀다. 그들 중 대다수는 1666년의 런던 대화재 때 소실되었지만, 그 후 더욱 많은 가게들이 등장했고, 17세기 말에 이르러서는 수백 개로 증가했다. 어느 자료에 따르면 전체적으로 3000개의 커피하우스가 있었다고 하는데, 당시 런던의 인구가 60만 명에 불과했음을 고려할 때 그 수치는 쉽게 믿기지 않는다. (커피하우스에서 핫 초코나 차와 같은 다른 음료도 팔았지만, 그곳의 질서 있고 활달한 분위기는 아랍의 커피하우스에 의해 영향을 받은 것이고, 그리고 커피가 주도적인 음료였다.)

　물론, 모든 사람이 커피의 유행을 반긴 것은 아니다. 여기에는 커피를 거부할 상업적 이유가 있는 술집 주인이나 포도주 상인, 커피에는 독성이 있다고 믿는 일부 의학자, 그리고 아랍의 비판에 동조하며 커피하우스가 중요한 활동 대신에 시간을 낭비하고 사소한 토론이나 부추긴다고 우려했던 비평가들이 포함된다. 그들은 커피하우스가 중요한 활동 대신에 시간을 낭비하고 사소한 토론을 부추긴다고 우려했다. 다른 사람들은 단지 커피의 맛을 이유로 반대하면서 "그을린 시럽"이나 "낡은 신발의 삶은 진액"같다고 폄하했다. (커피는 맥주같이 갤런 단위로 세금이 부과되었기 때문에 미리 만들어 두어야만 했다. 커피하우스에서는 통에서 차가운 커피를 빼내어 손님에게 서빙하기 전에 다시 끓여야 했기 때문에 맛이 떨어지는 것은 당연했다.)

　그 결과 커피 찬성파와 반대파의 주장을 담은 팸플릿과 인쇄물이 쏟아져 나왔는데, 예를 들면 〈커피에 대한 논쟁 A Coffee Scuffle, 1662〉, 〈커피에 반대하며 Broadside Against Coffee, 1672〉, 〈커피를 옹호하며 In Defense of Coffee, 1674〉, 〈커피하우스의 오명이 해소되다 (Coffee Houses Vindicated, 1675)〉 같은 것들이 있었다. 이 중 커피하우스에 대한 가장 주목할 만한 공격이 어느 여성단체로부터 나왔는데, 그들은 〈커피를 반대하는 여성들의 청원서 – 사람을 마르게 하고 쇠약하게 만드는 음료의 지나친 사용으로 여성들의 성생활에 커다란 불편을 초래한 상황에 대한 공공의 우려를 대신하며〉 라는 글을 발표했다. 여성들은 남편들이 커피를 너무 많이 마시고 있어 자신들이 "그 불길한 커피콩을 가져온 곳이라고 알려진 사막처럼 아무것도 생산할 수 없는" 처지가 되고 있다고 불평했다. 더 나아가 여성들의 출입이 금지된 커피하우스에서 남자들이 온종일 시간을 보내고 있기 때문에 "전 인류가 멸종의 위기에 처해 있다"라고 호소했다.

커피의 가치를 둘러싸고 논쟁이 격화되자 영국의 정부 당국이 나섰다. 사실, 왕이 된 찰스 2세는 한동안 커피하우스를 금지할 구실을 찾고 있었다. 아랍의 지배자들과 마찬가지로 찰스 또한 커피하우스에서 허락된 언론의 자유에 대해서 불만을 가졌고, 그곳이 모의를 꾸미기에 적당한 장소가 아닌가 하는 의구심을 가지고 있었다. 찰스는 자신이 왕좌에 복귀하는 데 커피하우스에서 논의된 책략이 부분적으로 역할을 했기 때문에 이러한 사실을 잘 알고 있었다. 1675년 12월 29일, 왕은 "커피하우스 금지 선언"을 공표했고, 그 이유를 다음과 같이 밝혔다. "커피하우스는 아주 사악하고 위험한 영향을 끼치고 있었고 (중략) 그곳에서 갖가지 거짓되고 악의적이고 추문을 담은 보고서들이 작성되고 해외로 퍼져나가 국왕 폐하의 정부를 중상하고, 그리고 왕국의 평화와 안정을 방해하고 있어 국왕 폐하는 커피하우스를 (앞으로는) 축소하거나 금지하는 것이 적절하고 필요하다고 생각하셨다."

이에 대중은 격렬하게 항의했는데, 런던에서 커피하우스는 이미 사회적·상업적·정치적 삶의 중심이 되어 있었기 때문이다. 사람들이 칙령을 거의 지키지 않자 권위의 손상을 두려워한 정부 당국은 새로운 칙령을 발표했다. 커피하우스가 5백 파운드를 국가에 납부하고 충성 맹세를 서약하는 경우에 한해 6개월 동안 사업을 허용한다는 내용이었다. 다만, 커피하우스가 첩자나 분란을 일으키는 자들의 출입을 거부해야 한다는 애매한 조건을 추가했다. 왕조차도 커피의 행진을 막을 수 없었던 것이다.

이와 유사한 일이 프랑스에서도 있었다. 프랑스에서는 1671년에 마르세이유에 첫 번째 커피하우스가 개점했는데, 커피 때문에 생계의 위협을 느낀 와인 상인들의 강한 요청을 받고 마르세이유의 의사들이 건강상의 이유를 들어 커피를 공격했다. 그들은 커피는 "불쾌하고 가치도 없는 외국에서 새롭게 들어온 것으로 (중략) 산양과 낙타에 의해 발견된 나무의 열매인데, 그것은 피에 열을 가하고, 중풍을 유발하고, 발기부진을 초래히고, 사람을 야위게 하고," 그리고 "커피로 인해 마르세이유 주민의 상당한 사람들이 피해를 입을 것"이라고 주장했다. 그러나 이러한 공격은 커피가 확산되는 속도를 늦추지 못했다. 커피는 이미 귀족들 사이에서 유행하는 음료로 자리를 잡았고, 커피하우스는 그 세기가 끝날 무렵에는 파리에서 대성황을 이루게 된다. 커피는 독일에서도 인기가 높았는데, 작곡가인 요한 세바스찬 바흐는 〈커피 칸타타〉를 쓰기도 했다. 의학적 근거를 바탕으로 커피를 반대했던 사람들의 실패를 풍자하는 내용이었다. 커피는 폴란드에서도 인기가 있었는데, 그곳의 어느 작가는 18세기 초에 "우리나라에서 커피의 사용은 매우 일상적이어서 하녀들과 침모들은 매일 아침 커피가 없었더라면 실이 바늘의 귀 속으로 들어가지 못했을 것이다"라고 썼다. 아랍의 음료가 유럽을 정복한 것이다.

커피의 제국

17세기 말까지 아라비아는 전 세계에 커피의 공급자로서 독점적인 지위를 구축하고 있었다. 1696년에 어느 페르시아 작가는 "커피는 메카 인근에서 재배되었다. 거기에서 지다 항구로 옮겨졌다. 그곳에서 수에즈까지는 배로 이동했고, 이후 낙타를 이용해 알렉산드리아까지 운송했다. 그곳에 있는 이집트의 창고에서 프랑스와 베네치아 상인들은 그들의 고국에서 필요한 만큼의 커피콩을 구입했다"라고 설명했다. 때때로 커피는 모카에서 네덜란드까지 직접 운송되기도 했지만 지속되지는 못했다. 이처럼 커피의 인기가 높아지면서 유럽의 국가들은 외국의 생산품에 의존하는 것에 대해 우려하기 시작했고 스스로 생산할 수 있는 체제를 갖추기 시작했다. 아랍인이 자신들의 독점을 유지하기 위해 모든 노력을 기울였던 것은 당연한 일이었다. 예를 들어, 커피콩은 선적되기 전에 살균 처리 되었는데, 이는 커피콩이 새로운 커피나무의 씨앗으로 사용될 수 없도록 하기 위한 조치였다. 그리고 외국인들은 커피 생산 지역에 접근하는 것이 금지되었다.

이 같은 아랍의 독점 체제를 처음으로 깨뜨린 것은 네덜란드인이었다. 그들은 17세기에 걸쳐 동인도제도(East Indies, 동남아시아의 말레이제도를 가리켜 부르는 역사적 명칭-역주)를 지배했던 포르투갈을 몰아냈고, 향신료 무역의 주도권을 장악하면서 단숨에 세계 최강의 상업 국가로 부상했다. 네덜란드 선원들은 아랍의 커피나무에서 잘라낸 가지를 훔쳐서 암스테르담으로 가져갔고 온실에서 재배에 성공했다. 1690년대에 네덜란드의 동인도회사가 자바에 위치한 바타비아에 커피 플랜테이션을 설치했는데, 그곳은 현재 인도네시아에 속한 섬으로 당시 네덜란드의 식민지였다. 몇 년이 지나지 않아 자바에서 생산된 커피는 로테르담으로 직접 운송되었고, 네덜란드는 유럽에서 커피 시장을 장악했다. 전문가들은 아라비아의 커피가 향이 더 뛰어나다고 평가했지만 가격에서는 자바의 커피에 경쟁 상대가 되지 못했다.

다음은 프랑스였다. 네덜란드는 커피가 설탕이 재배되는 기후와 비슷한 곳에서 재배될 수 있다는 것을 실증해주었는데, 이는 동인도제도에서처럼 서인도제도에서도 잘 자랄 수 있다는 암시를 주었다. 프랑스령인 서인도제도에 처음으로 커피를 소개한 사람은 마르티니크 섬에 주둔하고 있던 해군 장교인 가브리엘 마티 드 끌리외Gabriel Mathieu de Clieu였다. 그는 1723년에 파리를 방문했을 때 커피나무에서 잘라낸 가지를 구해 마르티니크 섬으로 가지고 가겠다는 개인적인 계획을 가지고 있었다. 파리에서 커피나무는 네덜란드가 1714년에 루이 14세에게 선물로 증정한 것으로 왕립식물원인 쟈르댕 데 플랑뜨Jadin des Plantes 안에 있는 온실 속에서 표본으로 철저한 감시하에 자라고 있는 것이 유일했다. 그러나 루이는 커피에 별다른 관심이 없었던 것으로 보인다. 자신의 힘으로는 왕실의 나무에서 가지를 잘라낼 수 없었던 드 끌리외는 커넥션을 이용하기로 했다. 그는 왕실의 의사로부터 나뭇가지를 구하기 위해 귀족 출신의 젊은 여인을 설득했다. 그 의사는 의학 치료라는 명분으로 자신에게 필요한 모든 식물을 이용할 자격이 있었기 때문이다. 이렇게 해서 잘라진 나뭇가지는 드 끌리외에게 전달되었고, 그는 커피의 나뭇가지가 말라죽지 않도록 유리로 만든 상자 안에 넣어 서인도제도로 향하는 배에 올랐다.

드 끌리외가 스스로 과장한 이야기에 따르면, 그 나뭇가지는 대서양을 건너는 동안 많은 위험에 직면했다는 것이다. 끌리외는 많은 세월이 지난 후에 그가 겪었던 위험했던 항해에 대해 자세하게 설명하는 글의 앞부분에서 "오랫동안 항해하는 동안 이 상하기 쉬운 식물에 얼마나 많은 주의를 기울였고, 그것을 지키기 위해 내가 겪었던 어려움들을 자세히 설명하는 것은 의미 없는 일이다"라고 썼다. 첫째, 그 묘목은 네덜란드 억양으로 프랑스어를 말하는 이상한 승객의 관심을 견뎌내야 했다. 드 끌리외는 매일 묘목에 햇볕을 쐬어 주기 위해 갑판 위로 가지고 나가는 것이 일상이었다. 그런데 어느 날 그 묘목 옆에서 졸고 있다가 어느 네덜란드인이 새로 난 싹을 떼어내는 것을 발견하고 놀라서 깼다. 다행히도 그 네덜란드인은 마데이라에서 하선했다. 그 후 배는 해적선의 공격을 받았는데 간신히 탈출했다. 커피 나뭇가지가 들어 있는 유리 상자는 싸우는 과정에서 훼손되었고, 드 끌리외는 배의 목수를 불러 그 상자를 수선했다. 다음에는 폭풍이 불어 상자가 다시 훼손되면서 침수

가브리엘 마티유 드 끌리외가 대서양을 건너는 배에서 커피나무에 정성을 기울여 물을 주는 모습

가 되어 바닷물에 나뭇가지가 잠겨버렸다. 마지막 곤란은 며칠 동안 바람이 불지 않아 배는 꼼짝달싹도 하지 못했고 마실 물을 배급해야 할 상황이 되었다. 드 끌리외는 "물은 한 달 이상 동안이나 부족한 상태였고, 나에게 할당한 얼마 안 되는 물을 나에게 최고의 희망의 원천이었던 커피나무와 나누지 않으면 안 되었다"라고 썼다.

마침내 드 끌리외와 그의 소중한 화물은 마르티니크에 도착했다. 그는 "집에 도착하자 내가 처음 할 일은 나의 식물이 최고로 잘 자랄 수 있도록 나의 정원에 정성을 기울여 심는 것이었다"라고 썼다. "항상 감시하고 있었지만, 그래도 누군가가 가져가지 않을까 하는 두려움이 많았고, 그래서 나는 나무가 크게 자랄 때까지 가시나무 덤불을 주변에 둘러쳐서 울타리를 만들었다. (중략) 많은 위험이 있었고 이래저래 수

고가 많았지만 이 귀중한 식물은 나에게 더욱 사랑스러운 존재가 되었다." 2년 후 드 끌리외는 커피나무에서 처음으로 열매를 수확했다. 그는 친구들에도 커피나무를 재배할 수 있도록 묘목용으로 가지를 잘라 나누어주었다. 또한 드 끌리외는 산토 도밍고와 과델루페 섬으로도 커피나무를 보냈고, 그곳에서 커피나무는 잘 자랐다. 프랑스에 대한 커피의 수출은 1730년에 시작되었고, 생산량이 프랑스 국내 수요를 상회하자 프랑스는 남는 커피를 마르세이유에서 배를 통해 레반트(Levant, 레반트는 역사적으로 근동의 팔레스타인과 시리아, 요르단, 레바논 등이 있는 지역을 가리키는 말이다-역주) 지역으로 수출하기 시작했다. 다시 한 번 아랍의 커피는 난관에 봉착했다. 드 끌리외는 이러한 업적을 인정받아 1746년에 루이 15세를 알현했다. 그는 커피에 대해 선왕보다 더 열정적이었다. 이와 같은 시기에 네덜란드는 남아메리카에 위치한 식민지 수리나메에 커피를 소개했다. 드 끌리외가 생산했던 식물의 후예들이 하이티, 쿠바, 코스타리카 그리고 베네수엘라 같은 지역에서도 번창했다. 그 후 최종적으로 브라질은 아라비아를 제치고 세계 최고의 커피 생산국가가 되었다.

이처럼 예멘에서 종교적인 음료로 탄생한 커피는 모호한 기원에서 출발해서 먼 길을 지나왔다. 커피는 아랍 세계에 침투했고, 그 후 유럽으로 건너갔고, 유럽의 강대국들을 통해 전 세계로 퍼져나갔다. 커피는 알코올에 대한 대안으로서 전 세계적으로 인기를 누렸고, 특히 지식인들과 사업가들에게 사랑을 받았다. 그러나 이러한 새로운 음료 자체보다도 더욱 중요한 것은 그것을 소비하는 새로운 방법이었다. 커피하우스는 커피뿐만 아니라 대화를 제공했다. 그렇게 함으로써 커피하우스는 사회적·지적·상업적·정치적 대화를 위한 전적으로 새로운 환경을 제공했다.

8

커피하우스 인터넷

위트와 웃음소리 안에서 즐거워하고 그리고 그러한 소식을 고대하는 너
네덜란드, 덴마크, 터키, 유대 등 세계의 모든 뉴스를 들을 수 있기에
나는 너를 약속 장소, 뉴스가 피어오르는 곳으로 보내니 그걸 들으러
커피하우스로 가라 – 사실이 아닐 리 없어 ... 왕국에서부터 쥐구멍까지,
세계의 모든 정보가 매일 낮과 밤, 커피하우스로 날아들어 온다.

— "커피하우스로부터의 뉴스" 토머스 조단 (1667년)

커피가 움직이는 네트워크

17세기 유럽의 비즈니스맨들이 최신의 비즈니스 정보를 듣고 싶을 때,
상품의 가격을 알고 싶을 때, 정치적 소문을 놓치고 싶지 않을 때, 새로
나온 책에 대한 다른 사람의 생각을 알고 싶을 때, 또는 최신의 과학적
발전 상황을 파악하고 싶을 때 그가 해야 할 모든 것은 커피하우스에
가는 것이다. 그곳에서 커피 한잔의 가격으로 최신의 팸플릿이나 뉴스
레터를 읽을 수 있고, 다른 고객들과 대화하고, 사업상의 거래를 처리
하고, 문학적 대화나 정치적 대화에 참여할 수 있다. 유럽의 커피하우
스는 이처럼 과학자, 비즈니스맨, 작가, 그리고 정치인을 위한 정보의
교류 장소로 기능했다. 그러나 현대의 웹사이트처럼 활기차긴 하지만
가끔은 정보의 출처를 신뢰할 수 없고, 특정한 주제를 전문적으로 다

루거나 독자적인 정치적 관점을 가지고 있는 것이 보통이었다.

커피하우스는 쏟아져 나오는 뉴스레터, 팸플릿, 광고 전단지, 인쇄물을 위한 자연스러운 배출구기 되었다. 근대의 어느 관찰자는 다음과 같이 지적했다. "커피하우스는 특히 자유로운 대화를 위해 넓은 공간을 제공했고, 온갖 종류의 정보를 전달하는 간행물, 의회가 회기 중인 때에는 투표 결과, 그리고 주간 단위 또는 부정기적으로 발간되는 인쇄물까지 저렴한 비용으로 읽을 수 있는 곳이었다. 당시 출판물로는 〈런던 가제트〉가 월요일과 목요일에 출간되었고, 〈데일리 코란트〉가 일요일을 제외하고 매일 발행되었고, 〈포스트맨〉, 〈플라잉-포스트〉그리고 〈포스트-보이〉는 각각 화요일, 목요일, 토요일에 발행되었으며, 〈잉글리시 포스트〉는 월요일, 수요일, 금요일에 발행되었다. 이외에도 이들은 추기Postscripts도 빈번하게 발행했다." 이러한 간행물은 커피하우스에서 유행한 위트까지도 지방이나 시골의 마을에 전달하는 기능도 수행했다.

일부 커피하우스는 고객의 관심을 끌기 위해 상품의 가격, 주식의 가격 또는 선적 리스트를 벽에 붙여 놓기도 했다. 다른 커피하우스는 해외의 뉴스를 전문적으로 다루는 해외 뉴스레터를 정기적으로 구독하기도 했다. 커피하우스는 사람들 간에 특정한 상업 거래를 연결해 줌으로써 배우, 음악가 또는 선원이 구직하고자 할 때 찾아가는 장소가 되었다. 그리고 특별한 고객들의 필요에 맞추거나 특정한 주제들을 전문적으로 다루는 커피하우스들이 서로 가까이 밀집해서 등장하면서 클러스터를 형성하기도 했다.

이러한 현상은 특히 런던에서 두드러졌다. 1700년경 런던에는 각각 문 앞에 자신들의 독특한 이름이나 간판을 내건 수백 개의 커피하우스가 영업을 하고 있었다. 성 세인트와 웨스트민스터 근처의 커피하우스에는 주로 정치인이 모였고, 성 바울 대성당 근처의 커피하우스에는 성직자와 신학자가 모였다. 반면, 코벤트 가든에 있는 윌스 커피하우스에는 문인들이 모였는데, 그곳에서는 약 30년 동안이나 시인 존 드라이덴과 그의 친구들이 모여 최근의 시와 연극에 대해 비평하고 토론을 벌였다. 왕립거래소Royal Exchange 근처에 있는 커피하우스들에는 비즈니스맨들이 모여들었다.

그들은 자신의 비즈니스와 관련된 사람들을 어디에서 찾을 수 있을지 알 수 있도록 특정한 커피하우스에서 시간을 정해 놓고 모였다. 그리고 그들은 커피하우스를 사무실, 회의, 거래를 위한 장소로 이용했다. 도서는 챈서리 레인에 있는 맨즈 커피하우스에서 판매되었고, 경매장도 겸하는 일부 커피하우스에서는 모든 종류의 물품이 매매되었다. 일부 커피하우스는 어느 특정 주제와 매우 밀접한 관계를 가지고 있어서 1709년에 창간된 런던의 매거진인 〈타틀러Tatler〉는 기사와 관련한 주제 색인을 달면서 커피하우스의 이름을 사용하기도 했다. 예를 들면, 첫 번째 발간 호에서 "무용담, 쾌락, 오락에 관한 기사는 화이트 초콜릿하우스 항에, 시는 윌스 커피하우스 항에, 학문은 그레시안 커피하우스 항에, 해외 및 국내 뉴스는 성 제임스 커피하우스 항에 있다"라고 썼다.

〈타틀러〉의 편집인인 리처드 스틸은 발행처의 우편 주소를 그레시안 커피하우스로 했다. 그곳은 그가 좋아했던 장소였고 과학자들이 많이 모이는 곳이었다. 이것은 커피하우스가 일으킨 또 하나의 혁명이었다. 1680년에 런던에서 1페니 우편제가 탄생한 이후 우편 주소로 커피하우스를 사용하는 것이 일반적인 관행이 되었다. 특정한 커피하우스의 단골 고객들은 하루에 한두 번 방문해서 커피 한잔을 마시고, 최신 뉴스를 듣고, 그리고 자기에게 새로운 우편물이 도착했는지를 확인했다. 19세기의 역사가인 토머스 마쿨레이는 자신의 저서《영국의 역사》에서 "외국인들은 커피하우스의 존재를 런던과 다른 도시들을 차별화하는 중요한 특징이라고 언급했다"라고 썼다. "커피하우스는 런던 시민의 집이며, 그리고 진정한 신사는 플리트 스트리트 또는 챈서리 레인에 사는지 여부가 아니라 그레시안이나 레인보우를 얼마나 자주 방문하는 지로 결정되었다." 일부 사람들은 여러 곳의 커피하우스를 빈번히 방문했는데, 어떤 커피하우스를 선택할 지는 그들의 관심사에 따라 달라졌다. 예를 들어, 어느 상인은 금융 전문 커피하우스와 발트해, 서인도제도, 동인도제도로 선박의 운항을 취급하는 전문가들이 출입하는 커피하우스를 오가기도 했다. 유달리 관심의 범위가 넓었던 영국의 과학자인 로버트 후크는 1670년대에 약 60개의 런던의 커피하우스를 순례했고, 그 내용을 일기에 자세히 기록으로 남기기도 했다.

루머, 뉴스, 험담은 고객의 입을 통해 여러 커피하우스로 전달되었고, 때때로 전쟁의 발발이나 국왕의 죽음 같은 중요한 사건이 발생하면, 그 소식을 전하기 위해 전달자들이 여러 커피하우스를 돌아다니기도 했다. (1693년 5월 8일, 후크는 "수상이 교살당했다"라는 소식을 조나단 커피하우스에서 들었다고 기록했다.) 뉴스는 이러한 커피하우스가 가진 네트워크를 통해 빠르게 전달되었다. 1712년에 발간된 〈스펙테이터Spectator〉에 실린 한 설명 내용에 따르면, "몇 년 전에 마을에 어떤 사람이 있었는데, 그는 차링 크로스 커피하우스에서 장난치기 위해 아침 8시에 거짓말을 하고 저녁 8시까지 마을의 모든 커피하우스를 다니면서 자신이 했던 거짓말을 추적했다. 그리곤 친구들이 모여 있는 클럽에 가서 자기가 했던 거짓말이 콘벤트 가든에 있는 윌스 커피하우스에서 어떻게 비난을 받았는지, 차일즈에서는 얼마나 두려워했는지, 조나단에서는 주식에 어떤 영향을 미칠 수 있을지에 대해 나왔던 이야기를 하며 친구들을 즐겁게 해주었다"라는 것이다.

커피하우스에서 이루어진 논의는 공적 세계와 사적 세계 사이를 연결하는 독특한 다리를 형성하면서 여론을 형성하거나 여론을 반영했다. 이론적으로 커피하우스는 모든 사람의 출입이 허용된 공적인 장소였지만, (최소한 런던에서는 여성의 출입은 금지되었다.) 그곳의 소박한 장식과 편안한 가구, 그리고 단골 고객들의 존재는 편안하고 집 같은 분위기를 제공했다. 고객들은 밖의 세계에서는 통용되지 않는 커피하우스만의 특정한 규칙들을 존중해야만 했다. 관례에 따르면, 사회적인 차별은 커피하우스 문 안에서는 존재하지 않았다. 당시의 시에 나타난 표현에 따르면 "상류층, 비즈니스맨, 모든 사람이 여기서는 환영받았으며, 어떠한 차별도 없이 같이 앉을 수 있었다." 다른 사람의 건강을 기원하며 건배하는 알코올과 관계된 관습은 금지되었고, 그리고 말다툼을 시작한 사람은 다른 모든 사람의 커피 값을 지불함으로써 사과를 해야 했다.

커피하우스의 중요성은 런던의 경우를 보면 잘 알 수 있는데, 1680년에서 1730년 사이에 지구상 어느 곳도 그 도시보다 커피를 더 많이 소비한 곳은 없었다. 그 시대의 지식인의 일기에서는 커피하우스에 대해 언급한 내용을 자주 볼 수 있다. 예를 들면, 영국의 공무원이었던 사무엘 페피스의 유명한 일기에는 "거기에서 커피하우스로"라는 표현이 빈번히 등장한다. 그의 1664년 1월 11일자 일기를 보면, 전문적인 내용부터 사소한 사항까지 모두 논의되었고, 누구를 만날지 무슨 이야기를 듣게 될지 전혀 몰랐던, 당시의 커피하우스 내에 만연했던 세계주의적이고 예상치 않았던 만남의 가능성이 넘쳐났던 분위기를 잘 알려주고 있다. "거기에서 커피하우스로 갔는데, W. 페티 경과 그랜트 선장이 와서 함께 여러 가지 이야기를 나누었다. 그때 음악에 대해, 인간의

17세기 후반 런던의 커피하우스의 모습. 그림에서 어떤 사람이 다른 사람의 얼굴에 커피를 던지는 모습이 주목을 끈다.

보편성에 대해, 기억의 기술 등 정말 좋은 대화를 마음껏 즐겼다. (옆에 젊은 신사가 있었는데 상인이라는 생각이 들었다. 그의 이름은 미스터 힐이었다. 그는 여행 경험이 많았고 음악을 비롯하여 다른 것들에 대해서도 정통한 사람으로 보였다.) (중략) 이렇게 좋은 대화 상대를 만난 것은 정말 오랜만이었다. 만약 내가 시간이 있었더라면 미스터 힐과도 더 가깝게 지내고 싶었었다. (중략) 마을에 대한 일반적인 대화는 여전히 콜로넬 터너라는 강도에 관한 이야기였는데, 모두가 아마 그는 교수형에 처해질 것이라고 생각했다."

비슷하게, 후크의 일기는 그가 친구들과 학문적 토론을 위해서, 건축업자와 악기 제조업자와의 협상을 위해서, 심지어 과학적 실험을 위해서 커피하우스를 자주 이용했다는 것을 보여준다. 1674년 2월의 일기에는 그가 즐겨 찾던 커피하우스인 개러웨이즈에서 토론했던 내용이 기록되어 있다. 예를 들면, 인도 제도Indies에서 무역상들의 화제로는 현지인들은 물건을 잡을 때 손뿐만 아니라 발도 사용한다는 습관이라든가, 엄청난 높이의 야자나무라든가, 그리고 당시 서인도제도에서 들여온 새롭고 이국적인 과일인 "퀸 파인애플queen pine apple은 놀라울 정도로 맛이 있었다"와 같은 내용이었다.

커피하우스는 자기개발, 문학적·철학적 성찰, 상업적 혁신이 이루어지는 중심지였고, 때로는 정치적인 소요를 획책하는 사람들이 모이는 장소이기도 했다. 그러나 무엇보다도 중요한 것은 한 가게에서 다른 가게로 고객, 간행물 그리고 정보의 이동이 이루어지면서 커피하우스는 뉴스와 험담의 집합소였다는 점이다. 유럽의 커피하우스는 전체적으로 이성의 시대에 마치 오늘날의 인터넷처럼 기능했다.

혁신과 투기

시유럽에서 최초의 커피하우스는 1650년에 제이콥이라는 레바논 사람에 의해 무역이나 상거래의 중심지가 아닌 대학 도시인 옥스퍼드에서 탄생했다. 파스쿠아 로지가 런던에 커피하우스를 오픈하기 2년 전이었다. 커피와 학문의 세계와의 관계는 학문적 아카데미나 심포지엄에서 중간의 휴식시간에 관례적으로 제공되는 음료로 너무나 당연하게 받아들이고 있지만, 당시에는 커피의 음용을 둘러싸고 논쟁이 있었다. 커피가 옥스퍼드에서 인기를 누리고, 커피를 파는 커피하우스가 크게 증가하기 시작했을 때, 대학 당국은 커피하우스가 게으름을 조장하고 대학의 교수나 학생의 연구에 방해를 끼치고 있다고 염려하면서 커피하우스를 단속하려고 시도했다. 당시 연대기 작가인 앤서니 우드도 새로운 음료에 대한 열광을 비난했던 사람들 중 하나였다. "왜 내용 있고 중요한 학습은 퇴보하고, 지금 대학에는 사람들은 어디 가고 아무도 없는가?"라고 묻고는, "답은 커피하우스인데, 사람들이 거기서 시간을 보내고 있기 때문이다"라고 썼다.

그러나 커피하우스의 반대파 주장은 완전히 빗나갔다. 왜냐하면 커피하우스는 학문적 토론을 위한 장소로 인기 있는 장소가 되었고, 특히 과학 – 당시는 "자연철학natural philosophy"이라고 불렀다 – 의 발전에 관심을 가진 사람들 사이에서는 인기가 더욱 높았기 때문이다. 커피는 지적 활동 수준을 떨어뜨리기는 것이 아니라 오히려 더욱 활발하게 촉진했다. 사실, 커피하우스는 가끔은 "페니 대학penny university"이라고도 불렸는데, 커피 한 잔의 가격인 1페니 또는 2페니만 있으면 커피하우스에 들어가서 토론에 참여할 수 있었기 때문이다. 당시의 시에는 이러한 상황을 다음과 같이 묘사했다. "오, 위대한 대학이여, 이렇게 훌륭한 대학은 어디에도 없으리니, 1페니만 내면 그대도 학자가 되리라."

옥스퍼드에서 공부하는 동안 커피하우스에서의 토론에 맛을 들인 젊은 청년들 중 한 사람은 영국의 건축가이며 과학자였던 크리스토퍼 렌Christopher Wren이었다. 그는 주로 런던의 성 바울 대성당의 건축가로 기억되지만 그 시대에 주도적인 과학자 중 한 사람이었다. 그는 영국의 선도적인 과학연구단체로서 1660년에 런던에 설립된 왕립학회의 창립 멤버이기도 했다. 후크, 페피스 그리고 에드먼드 핼리(Edmond Halley, 핼리 혜성을 발견한 천문학자로 그의 이름을 따서 혜성의 이름을 붙였다)를 포함한 왕립학회의 회원들은 학회 미팅이 끝난 후에 토론을 계속하기 위해 커피하우스로 이동했을 것이다. 예를 들어, 후크의 1674년 5월 7일자 일기에 따르면, 그는 왕립학회에서 천체의 고도를 측정하는 사분의quadrant, 四分儀의 개량된 형태를 시연했고, 그 후 개러웨이즈 커피하우스로 이동하여 그곳에서 재연했고, 그곳에서 다음 해에 찰스 2세에 의해 왕실 천문학자로 임명된 존 플레임스티드John Flamsteed와 토론을 벌였다. 그는 왕립학회의 딱딱한 분위기와는 대조적으로 커피하우스는 더욱 편안한 분위기를 제공해주어 토론, 성찰, 의견 교환이 더욱 잘 이루어졌다고 기록했다.

후크의 일기는 커피하우스의 토론에서 정보가 어떻게 교환되었는지에 대한 사례를 보여준다. 맨즈 커피하우스에서 있었던 어느 미팅에서 후크와 렌은 스프링의 작용에 대해 의견을 교환했다. "스프링 동작의 시연에 대해 많은 이야기를 나눴다. 그는 대기의 상태를 측정하는 기기에 대해 근사한 견해를 밝혔다. (중략) 나는 다른 의견을 말했고 (중략) 나는 그에게 스프링 저울에 대한 나의 이론을 말했고 (중략) 그는 나에게 그의 끈 저울rope scale의 작동 방법에 대해 말했다." 후크는 세인트 던스턴스 커피하우스에서 친구와 의학적 치료 방법에 대해 토론한 또 다른 내용에 대해서도 기록했다. 과학자들은 그러한 토론을 통해 아직은 완성되지 않은 이론이나 아이디어를 시험해 볼 수 있었다. 그러나 후크는 허풍이 심했고, 논쟁적이었고, 자신의 이야기를 과장하는 것으로 유명했다.

개러웨이즈에서 후크와의 토론을 마친 후 플램스티드는 자신이 "오랫동안 후크를 관찰한 결과, 그는 닥치는 대로 반대하고, 스스로는 아무것도 판단하지 않고, 입증되지도 않은 주장을 가지고 자신을 방어하려는 성격이 있다"라고 불평했다. 반면, 후크는 플램스티드에 대해 "그는 자신은 잘 알고 있지만 내가 모르는 사물에 대해 내가 무지하다는 사실을 증명하기 위해 많은 말을 동원해 나를 공격했고, 주변 사람들을 설득했다"라고 주장했다.

그러나 후크가 커피하우스에서 보여준 교만은 과학혁명에 있어서 가장 위대한 책의 출간에 뜻하지 않은 계기가 되었다. 1684년 1월의 어느 날 저녁, 커피하우스에서 후크, 핼리, 렌 사이의 토론은 당시에 커다란 화제가 되고 있었던 중력의 이론으로 옮겨갔다. 핼리는 커피 몇 모금을 마신 후 행성의 궤도가 타원형 모양인 것이 거리의 역제곱 법칙(inverse square law, 물리학의 여러 힘의 법칙에서 어떤 힘의 크기가 거리의 제곱에 반비례하는 것을 가리키는 말이다-역주)에 따른 중력의 감소와 일치하는 것인지 대해 궁금해했다. 후크는 그렇다고 단언했고, 역제곱 법칙으로만 행성의 움직임을 설명할 수 있는데, 자신은 이미 수학적으로 증명했다고 주장했다. 그러나 그러한 증명을 시도했지만 실패했던 렌은 확신하지 못했다. 후일 핼리는 렌이 "후크와 나에게 두 달을 줄 테니 거기에 대해 확신할 수 있는 증명을 가지고 오라. 만약 두 사람 중 누구라도 그 일을 해낸다면 명예에 추가해서 상금으로 40실링 값어치의 책을 주겠다"라고 제안했다고 회상했다. 그러나 핼리나 후크 두 사람 모두 렌의 도전을 받아들이지 않았고, 그것은 말로 끝나버리게 되었다.

　몇 개월 후 핼리는 케임브리지에 갔고, 거기서 아이작 뉴턴Isaac Newton이라는 과학자를 방문했다. 핼리는 커피하우스에서 렌과 후크와 토론을 했던 것을 기억하면서 뉴턴에게 같은 질문을 했다. 혹성의 타원형 궤도는 중력에 대한 역제곱 법칙으로 인해 만들어지는 것인지? 후크처럼 뉴턴도 이미 그것을 증명했다고 주장했다. 그렇지만 핼리가 증명을 요청했을 때 증거를 제시하지는 못했다. 그러나 핼리가 떠난 후 뉴턴은 이 문제를 해결하기 위해 집중했다. 그는 11월에 핼리에게 중력에 대한 역제곱 법칙이 정말로 행성의 타원형 궤도의 원인이라는 것을 증명하는 논문을 보냈다. 그러나 이 논문은 앞으로 다가올 엄청난 일의 맛보기에 불과했다. 핼리의 질문은 뉴턴에게 그가 오랜 시간 동안 작업한 결과들을 체계화할 필요성에 대한 원동력을 제공했고, 그리고 과학의 역사에서 가장 위대한 책들 중 하나이며 일반적으로 《원리Principia》로 알려진 《자연철학의 수학적 원리Philosophiae naturalis principia mathematica》라는 책이 탄생하게 되었다. 1687년에 출간된 이 기념비적인 작품은 (아마 지어낸 이야기일 듯한) 떨어지는 사과의 원리에서부터 행성의 궤도에 이르기까지 뉴턴이 발견한 만유인력의 법칙이 어떻게 지구와 천체의 움직임을 설명할 수 있는지를 보여준다. 드디어 뉴턴은 자신의 《원리》를 통해 그리스인의 신빙성 없는 이론들을 대체하면서 물리학의 새로운 토대를 확립했다. 그는 우주를 이성 앞으로 가져왔다. 그는 이러한 탁월한 공적으로 역사상 가장 위대한 과학자로 널리 인정받고 있다.

　후크는 자신이 몇 년 전에 뉴턴과 교환했던 편지에서 뉴턴에게 역제곱 법칙에 대한 아이디어를 제공했다고 주장했다. 그러나 후크는 1686년에 뉴턴이 《원리》의 제1권을 왕립학회에 제출한 이후에 다른 커피하우스에서 벌어진 토론에서 자신의 논리를 전개했지만 그는 동료 과학자들을 설득하는 데 성공하지 못했다. 커피하우스에서 아이디어를 선재하는 것과 그것이 옳다는 것을 정식으로 증명하는 것은 완전히 별개의 문제다. 후크는 자신의 아이디어를 출판하거나 왕립학회에 공식적으로 제출하지 못했다. 그는 누구보다도 먼저 모든 것을 이미 생각하고 있었다고 주장하는 것으로 유명했다. (실제로 많은 경우에 그는 그렇게 행동했었다.) 핼리는 "커피하우스로 이동하며"라는 제목으로 뉴턴에게 다음과 같이 편지를 썼다. "미스터 후크는 그 커피하우스에서 그 아이디어는 자신의 것이었고, 그리고 자기가 자네에게 그 이론의 창안에 대한 최초의 힌트를 주었다고 주장하면서 사람들을 설득하려고 노력했다네. 그러나 자네가 창안자로 마땅하다는 것이 모두의 의견이라는 사실을 나는 알고 있네." 후크의 항의에도 불구하고 커피하우스에서 내린 평결은 오늘날까지도 유지되고 있다.

런던의 커피하우스를 매개로 한 과학적 지식의 보급은 17세기 말경에는 새롭고 더욱 체계적인 형태를 취하기 시작했다. 성 바울 대성당 근처에 있는 마린 커피하우스에서는 1698년부터 수학에 대한 일련의 강의들이 개설되었고, 이후 커피하우스들은 점점 더 복잡한 강의들이 개설되는 인기 있는 장소가 되었다. 이전에 플램스티드의 조수였던 제임스 호그슨은 최신의 현미경, 망원경, 프리즘, 펌프 장치들을 갖추고 강의를 했는데, 그는 런던에서 과학을 대중화한 가장 중요한 인사들 중의 한 사람으로 유명했다. 그는 자연과학에 대한 자신의 강의에 대해 "모든 유익한 지식을 위해 최고로 확실한 기초"를 제공한다고 약속했고, 가스의 성질, 빛의 특성, 천문학과 현미경을 통한 최신의 발견 내용 등을 시연했다. 호그슨은 또한 개인 강좌도 열었고 항해에 관한 책도 출판했다. 이와 유사하게 트레드니들 스트리트에 있는 스완 커피하우스에서는 수학과 천문학을 위한 강의가 열렸고, 사우스와크에 있는 또 다른 커피하우스는 어느 가족에 의해 운영되었는데, 그곳에서는 수학을 가르쳤고, 항해에 관한 책을 출판했으며, 과학적 장비도 판매했다. 부튼 커피하우스와 마린 커피하우스에서는 태양의 일식에 때를 맞추어 천문학에 대한 특별한 강의가 진행되기도 했다.

이러한 강의는 과학의 보급 이외에 상업적 목적도 가지고 있었다. 선원이나 상인은 과학을 통해 항해술을 개선함으로써 상업적 성공을 도모할 수 있다는 사실을 깨달았던 반면, 과학자들은 보기에는 복잡해 보이는 많은 발견들이 실제로는 실용적 가치가 있다는 것을 적극적으로 증명하고자 했다. 1703년에 어느 영국의 수학자는 수학이 "무역상, 선원, 목수, 토지 측량사 등등"의 사람들에게 업무가 되어버렸다고 평가했다. 사업가들과 과학자들은 새로운 발명과 발견을 항해, 광산업, 제조업 분야에 이용하기 위해 함께 회사를 설립했고, 이러한 움직임은 산업혁명을 위한 길을 준비했다. 과학과 상업이 서로 교차했던 곳이 바로 커피하우스였다.

커피하우스의 혁신과 실험 정신은 금융의 영역으로도 확대되었고, 지금까지 없었던 보험, 복권 또는 모험주식회사와 같은 새로운 형태의 비즈니스 모델들이 생겨났다. 물론, 커피하우스에서 태동했던 많은 벤처들이 제대로 시작도 못해보거나 커다란 실패를 경험하기도 했다. 1720년 가을에 붕괴하면서 수천 명의 투자자들을 파산시킨 투자 사기극이었던 남해회사 버블South Sea Bubble 사건은 개러웨이즈 같은 커피하우스들을 무대로 해서 발생했다. 그러나 성공적인 사례들도 있었는데, 가장 잘 알려진 것은 1680년대 말에 에드워드 로이드가 런던의 커피하우스에서 시작한 비즈니스다. 그 커피하우스는 선장, 선박 소유주, 상인이 최근의 해운 정보를 듣기 위해, 그리고 선박이나 화물에 대한 경매에 참가하기 위해 모였던 미팅 장소였다. 로이드는 이런 정보들을 모아서 정리했고, 거기에 외국의 통신원 네트워크를 통해 입수한 징보까지 보완해서 정기적인 뉴스레디 형식으로 만들었는데, 처음에는 손으로 써서 작성했지만 나중에는 프린트를 해서 구독자들에게 발송했다. 로이드의 커피하우스는 자연스럽게 선주와 선박 전문 보험업자를 위한 미팅 장소가 되었다. 일부 보험업자는 영업을 위해 로이드 커피하우스에서 정기적으로 부스를 임차하기 시작했고, 1771년에는 그들 중 79명이 하나의 그룹을 만들어 소사이어티 오브 런던Society of London을 설립했으며, 현재는 로이드 오브 런던Lloyd's of London이라는 이름으로 세계 최대의 보험시장을 주도하고 있다.

커피하우스는 주식시장으로서의 역할도 수행했다. 처음에는 주식은 다른 물건들과 함께 왕립증권거래소에서 거래되었다. 그러나 상장회사의 수가 증가하고 (1690년대에 6개에서 150개로 증가) 거래량도 증가하자 정부는 거래소 안에서 거래되는 주식에 대해 엄격한 규칙을 적용하는 "브로커와 딜러의 수와 활동을 제한하는" 법을 제정했다. 이에 대한 항의로 주식 브로커들이 거래소를 포기하고 주변의 길거리에 있는 커피하우스로 거래 장소를 옮겨갔다. 특히 익스체인지 앨리Exchange Alley에 있는 조나단 커피하우스가 유명했다. 1695년에 어느 브로커가 낸 광고에는 "존 캐스팅은 익스체인지에 있는 조나단 커피하우스에서 복권에서 주권까지 모든 것을 사고팝니다"라는 내용이 담겨 있었다.

거래량이 증가하면서 커피하우스라는 비공식적인 거래 장소에서 이루어진 거래에 문제가 분명히 드러났다. 결제를 불이행한 브로커는 조나단 커피하우스에 입장이 허용되지 않았다. 물론, 그들이 다른 곳에서 거래하는 것까지 막을 수는 없었지만 조나단에서의 추방은 비즈니스에서의 심각한 타격을 의미했다. 몇 달 후 결제 불이행자들이 조나단에 들어오는 것을 막기 위해서 칠판에 이름을 써놓았다. 그럼에도 불구하고 문제가 해결되지 않아 1762년에 150명의 브로커들은 하나의 단체를 결성하고 조나단의 소유자와 협정을 체결했다. 이 협정을 통해 브로커들은 1인당 연간 8파운드를 지급하는 대신 커피하우스의 사용 허가를 취득하고, 동시에 신용이 없는 브로커의 출입을 거부하거나 추방할 수 있는 권한을 부여받았다. 그러나 이러한 계획은 추방당한 한 명의 브로커의 저항에 부딪혀 실패로 끝났다. 그는 커피하우스는 공공장소이기 때문에 누구라도 출입할 수 있어야 한다고 주장한 것이다. 1773년에 일군의 브로커들은 조나단에서 나와 처음에는 뉴 조나단으로 알려진 새로운 빌딩으로 근거지를 옮겨갔다. 그러나 이 이름은 오래 가지 못했고, 당시 〈젠틀맨즈 매거진〉의 기사에 따르면, "뉴 조나단은 '더 스톡 익스체인지The Stock Exchange'로 개명되었고, 문 위에 그 이름을 걸도록 결정했다." 이 조직이 런던증권거래소의 전신이 되었다.

공공 부문과 민간 부문에서 금융혁신이 빠르게 이루어졌던 시기, 수많은 주식회사의 설립, 주식의 거래, 보험 산업의 발전, 그리고 국채의 공공 매각 등 이 모든 것은 런던이 암스테르담을 대신하여 마침내 세계 금융의 중심지가 되도록 만들었다. 오늘날 이를 가리켜 영국의 금융 혁명으로 부르고 있다. 이 혁명은 비용이 많이 드는 식민지 전쟁의 자금 조달을 위해 필요했고, 또한 커피하우스의 비옥한 지적 환경과 모험 정신 때문에 가능했다. 스코틀랜드의 경제학자인 애덤 스미스가 쓴 《국부론》은 금융 분야에서 《원리》에 필적할 만한 책인데, 그는 이 책에서 자유방임적 자본주의라는 새로운 이론을 설명하고 지지했다. 즉 무역과 경제적 번영을 촉진하기 위해 정부가 할 수 있는 최선의 정책은 사람들의 자유재량에 맡기는 것이라고 주장했다. 스미스는 이 책의 상당 부분을 영국의 커피하우스에서 집필했는데, 그곳은 런던에서 스미스의 근거지였고 우편물을 수령하는 주소지였다. 또한 스코틀랜드 지식인들이 모이는 인기 있는 장소였는데, 스미스는 그들에게 국부론의 각 장을 보여주고 비판과 의견을 받기도 했다. 이처럼 런던이 커피하우스는 근대 세계를 형성한 과학 혁명과 금융 혁명을 탄생시킨 용광로였다.

컵에서부터 발발한 프랑스 혁명

금융 혁명이 영국에서 진행되고 있었을 때에 또 다른 종류의 혁명이 프랑스에서 끓어오르기 시작하고 있었다. 18세기에 프랑스에서 계몽주의는 철학자이며 풍자가인 프랑수아-마리 아루에 드 볼테르 Francois-Marie Arouet de Voltaire 같은 사상가들 아래에서 전성기를 누렸는데, 볼테르는 새로운 과학적 합리주의를 사회·정치적 영역으로 확산시켰다. 볼테르는 1726년에 한 귀족을 풍자했다는 이유로 파리의 바스티유 감옥에 갇혔는데, 유일한 석방 조건은 그가 영국으로 떠나는 것이었다. 그는 영국에 체류하는 동안 아이작 뉴턴의 과학적 합리주의와 철학자 존 로크에 의해 주창된 경험주의에 빠졌다. 뉴턴이 그의 첫 번째 원리 책을 통해 물리학을 다시 세웠다면 로크는 정치학 분야에서 똑같은 일을 성취했다. 그는 모든 사람은 평등하게 태어나며, 본질적으로 선하며, 그리고 행복을 추구할 권리가 있다고 믿었다. 누구도 다른 사람의 생활, 건강, 자유 또는 소유물에 간섭해서는 안 된다는 것이다. 이러한 급진적인 사상에 영향을 받은 볼테르는 프랑스로 귀국한 후에 《철학서간 Lettres philosophique》이라는 저서를 통해 자신의 생각을 자세히 밝혔다. 이 책은 영국의 정부 시스템을 이상적으로 묘사했고, 프랑스의 정부 체제를 영국과 비교하면서 비판적으로 썼기 때문에 즉시 판매가 금지되었다.

비슷한 운명에 처한 책이 드니 디드로와 장 르 롱 달랑베르에 의해 편집된《백과전서Encyclopedie》인데, 이 책의 제1권은 1751년에 출간되었다. 이 책의 기고자에는 볼테르 외에도, 그와 마찬가지로 로크에 의해 커다란 영향을 받은 프랑스 사상계의 주요 인물인 장 자크 루소와 샤를-루이 드 스콩다 몽테스키외 등이 포함되어 있었다. 이러한 기고자의 면면을 볼 때《백과전서》가 계몽사상을 요약한 결정판이 되었다는 사실은 놀랄만한 일이 아니다. 이 책은 과학적 결정주의를 근간으로 해서 세계에 대한 합리적이고 세속적인 세계관을 주장했고, 기독교 성직자들과 법에 의한 권력의 남용을 비난했기 때문에 종교계 권력자들을 격노시켰다. 그들의 압력 때문에 이 책 역시 출판이 금지되었다. 그런데도 디드로는 혼자서 조용히 작업을 계속했고,《백과전서》는 1772년에 전권 28권이 완성되어 구매자에게 비밀리에 전달되었다.

파리의 커피하우스도 런던과 마찬가지로 지식인을 위한 미팅 장소가 되었고 계몽사상의 중심지가 되었다. 디드로는 실제로 파리의 커피하우스인 카페 드 라 레장스를 사무실 대신 사용하면서《백과전서》의 편찬 작업을 했다. 그는 아내가 매일 아침 하루의 커피 가격으로 9수sous를 주곤 했다고 기억을 회상했다. 그렇지만 프랑스와 영국 간의 대조가 분명했던 것도 커피하우스였다. 런던의 경우 커피하우스는 아무런 제약 없는 정치 토론의 장소였고, 심지어 특정 정당의 본부로까지 사용되기도 했다. 영국의 작가인 조나단 스위프트는 자신은 "권력자와의 접촉이 커피하우스에서의 정치보다 더 많은 진실과 지식을 줄 수 있다고 생각하지 않는다"라고 말했다. 1659년에 설립된 마일즈 커피하우스는 "사설 국회Amateur Parliament"로 알려진 토론 모임이 정기적으로 회합하는 장소였다. 페피스는 "그 집단의 토론은 내가 들은 어떤 것보다, 그리고 기대했던 것보다 정말 독창적이었고 기지가 넘쳤다. 그들은 열성적으로 의견을 교환했다. 여기에 비해 의회에서의 논쟁은 시두하기 싹이 없었나"라고 말했다. 토론이 끝나면 그들은 "나무로 만든 신탁소wooden oracle" 즉 투표함을 이용하여 투표를 했다. 당시에는 참신한 방법이었다. 런던을 방문했던 프랑스인 아베 프리보스트가 "정부에 동조하거나 반대하는 모든 종류의 문서를 고객들이 읽을 수 있었던" 런던의 커피하우스는 "영국 자유의 중심지"였다고 말한 것은 놀랄 일이 아니다. 파리의 상황은 매우 달랐다. 1750년에 커피하우스는 600개에 달할 정도로 넘쳐났고, 런던에서처럼 각 커피하우스는 특정 주제 또는 비즈니스와 연관되어 있었다. 시인과 철학자는 카페 파르나스와 카페 프로코프에 모였고, 그곳을 정기적으로 찾던 사람들에는 루소, 디드로, 달랑베르, 그리고 미국의 과학자이며 정치가였던 벤자민 프랭클린도 있었다. 프로코프에는 볼테르가 즐겨 사용하던 테이블과 의자가 있었고, 그는 하루에 수십 잔의 커피를 마시는 것으로 유명했다. 배우들은 카페 안그라이스에, 음악가들은 카페 알렉산드로에, 군 장교들은 카페 데 아르멘스에 모였고, 반면 카페 데 아브우굴스는 매춘업소까지 같이 운영했다. 귀족들이 자주 찾던 살롱과는 달리 프랑스의 커피하우스는 여성을 포함한 모든 사람에게 개방되어 있었다. 18세기에 기록된 어느 설명에 따르면, "커피하우스에는 남녀를 불문하고 여러 유형의 사람들이 출입했다. 별의별 사람들이 그곳을 찾았는데, 플레이보이, 요염한 여성, 성직자, 시골 사람, 저널리스트, 소송 당사자, 술 마신 자, 노름꾼, 식객(남의 집에서 기식하는 사람-역주), 연애나 산업 분야의 모험가, 젊은 문학 지망생 등 한 마디로 끝없는 사람들의 연속이었다." 계몽주의 사상가들이 열망했던 평등한 사회가, 적어도 표면적으로는 커피하우스 안에서 성취된 것으로 보였을지도 모른다.

그러나 프랑스의 커피하우스에서는 정보의 유통이, 구두든 문서 형식이든 정부의 엄격한 감시 대상이 되었다. 출판의 자유에 대한 엄격한 단속과 정부의 검열이라는 관료제도로 인해 커피하우스가 뉴스의 원천이 되었던 영국이나 네덜란드의 경우와는 거리가 멀었다. 이 때문에 파리의 가십을 손으로 쓴 뉴스레터가 등장했고, 수십 명의 사람들이 이를 필사해서 우편을 통해 파리 내외의 구독자에게 보냈다. (뉴스레터는 인쇄물이 아니었기 때문에 정부의 승인을 받을 필요가 없었다.) 또한 출판의 자유가 없다는 것은 커피하우스의 가십과 함께 종이 위에 쓰인 시나 노래가 많은 파리 시민들에게 중요한 뉴스의 원천이 되었다는 것을 의미했다. 그렇지만 커피하우스의 고객들은 언제나 말을 조심해야 했는데, 그곳에는 정부의 스파이들도 많이 들어와 있었기 때문이다. 정부를 비판하는 사람은 누구라도 바스티유 감옥에 투옥될 위험이 있었다. 바스티유의 문헌들은 커피하우스에서 이루어진 사소한 대화에 관한 수백 건의 자료를 보관하고 있는데, 경찰의 정보원에 의해 작성된 것들이다. 1720년대에 작성된 보고서에는 "카페 드 포이에서 누군가가 왕에게 애인이 있다고 말했는데, 그녀의 이름은 곤타트이고, 매우 아름다운 여인으로 드 노알릴레스 공작의 조카였다"라고 기록되어 있었다. 1749년에 작성된 또 다른 보고서에는 "장-루이 르 클러크는 카페 드 프로코프에서 다음과 같이 말했다. 일찍이 이렇게 끔찍한 왕은 없었다. 궁정과 성직자들은 왕을 망신시키고 있으며, 백성들은 이 일을 아주 역겨워했다"라고 기록되어 있었다.

프랑스에서는 계몽운동이라는 지적인 진보가 이루어졌는데도 불구하고 사회·정치적인 측면에서의 진보는 앙시앙 레짐ancien regime이라는 구체제의 압박에 의해 방해받았는데, 커피하우스는 이러한 모순을 부각해주었다. 인구의 약 2%에 불과한 부유한 귀족과 성직자는 세금을 면제받았기 때문에 나머지 국민인 지방의 가난한 자들과 중산층에 속하는 자들이 납세의 의무를 져야 했다. 그들은 소수의 귀족이 권력과 특권을 누리는 것에 대해 분개했다. 커피하우스에서 세상이 어떻게 되어야 하는지에 대한 급진적인 새로운 아이디어와 세상이 실제 어떤지에 대한 격차가 아주 분명해졌다. 프랑스가 미국의 독립전쟁에서 미국을 지원하다 발생한 거대한 재정위기를 해소하기 위해 필사적으로 대처하고 있을 때 커피하우스는 혁명의 불씨가 자라는 중심지가 되었다. 1789년 7월, 파리에 있었던 한 증인은 다음과 같이 말했다. "커피하우스의 내부에만 군중이 모여 있었던 것이 아니라 문밖과 창밖에도 흥분한 사람들이 무리지어 있었다. 그들은 연설가들이 의자 또는 테이블 위에 올라가서 각각 몇 안 되는 자신의 청중을 향해 열변을 토하는 것을 들으면서 때때로 환호성을 질렀다. 그들은 열심히 들었고, 정부에 반대하는 대담하거나 폭력적인 발언 하나하나에 대해서 우레와 같은 박수를 보냈다. 그 광경은 쉽게 상상할 수 있는 장면이 아니다."

사회의 분위기는 불안정했고, 명사회(Assembly of Notables, 성직자, 귀족 그리고 관료들로 구성된 국왕의 자문 기구)는 재정위기의 해결에 실패하자 국왕 루이 16세는 선출직 국민의회인 삼부회States-General를 소집했다. 이는 지난 150년 동안 처음 있는 일이었다. 그러나 베르사유에서 개최된 회의는 혼란 속으로 빠져버렸고, 왕은 재무장관인 자크 네커를 해임하고 군대를 소집했다. (이 최후의 삼부회는 봉건적 특권의 축소와 폐지를 요구하는 제3신분[평민 대표인 부르주아]과 귀족, 성직자의 대립에 의해 붕괴되었고, 이로부터 프랑스 대혁명이 시작되었다-역주) 그리고 마침내 1789년 7월 12일 오후, 카페 드 포이에서 카미유 데물랭Camille Desmoulins이라는 젊은 법률가에 의해 프랑스 혁명의 시동이 걸렸다. 군중은 팔레이스 로열의 공원 근처로 모였고, 그리고 네커가 해임되었다는 소식이 전해지면서 긴장이 고조되

재무장관 자크 네커의 해임 소식에 격분한 급진주의자 카미유 데물랭이 카페 드 포이 앞에 있는 테이블 위로 뛰어 올라 파리 시민들에게 무장할 것을 요구하는 열정적인 연설을 하고 있다.

었다. 그는 국민들이 정부의 장관들 중 유일하게 신임했던 사람이었기 때문이다. 혁명가들은 군대가 군중을 학살하기 위해 투입될 것이라고 하면서 두려움을 부추겼다. 데물랭은 카페 밖에 있는 테이블 위로 뛰어 올라가서 권총을 휘두르며 "무장합시다, 시민들이여! 무장합시다!" 라고 외쳤다. 그의 외침은 사람들의 마음을 움직였고 파리는 순식간에 혼란에 빠졌다. 이틀 후 성난 군중은 바스티유 감옥을 습격했다. 프랑스의 역사가인 쥘 미슐레는 후일 "카페 드 프로코프에서 매일 계속해서 모였던 사람들은 예리한 눈길로 그들이 마시는 검은색 음료의 심연 속에서 혁명의 해year의 휘광을 보았다"라고 썼다. 말 그대로 프랑스 혁명은 커피하우스에서 시작된 것이다.

이성의 음료

오늘날 커피와 카페인이 있는 다른 음료는 국내외를 막론하고 매우 광범위하게 보급되어 있기 때문에 커피가 도입될 당시의 충격과 초창기 커피하우스에 대한 인기를 상상하기 어렵다. 현대의 카페는 역사적으로 빛났던 그들의 조상에 가까이 가기는 어렵다. 그러나 어떤 것들은 아직도 변하지 않았다. 커피는 여전히 사람들이 아이디어와 정보를 논하고 발전시키고 교환할 때에 만나서 마시는 음료라는 점이다. 이웃들의 커피 잡담에서부터 학문적인 콘퍼런스나 비즈니스 미팅까지 커피는 여전히 알코올처럼 자기 통제력을 잃은 염려 없이 교류와 협력을 촉진하는 음료인 것이다.

커피하우스의 원래 문화가 오늘날 가장 잘 알기 쉬운 형태로 남아 있는 곳은 카페인이 연료가 되어 정보의 교류를 촉진하는 인터넷 카페나 무선 인터넷이 제공되는 장소, 그리고 모바일 세대들이 사무실과 미팅 장소 대신으로 사용하는 프랜차이즈 커피숍이라 할 수 있다. 현대 커피 문화의 중심이며 스타벅스 커피 프랜차이즈의 고향인 시애틀이 세계에서 가장 큰 소프트웨어와 인터넷 회사들의 본거지라는 사실이 경이롭지 않은가? 커피와 혁신, 이성, 그리고 네트워킹의 관계는 – 여기에 혁명적 열정의 질주까지 더해져서 – 오랜 역사를 가지고 있다.

제5부

❦

차와
대영제국

A
History
of
World
in
6
Glasses

Tea
and Great Britain

9

차의 제국

하루 차를 못 마시는 것보다 3일 음식을 못 먹는 것이 낫다.
— 중국 속담

차를 주신 신께 감사하라! 차가 없었다면
세상은 어찌되었을까? 존재나 할 수 있었을까?
— 시드니 스미스, 영국 작가 (1771~1845년)

세계를 정복한 음료

전 세계의 끝까지 영토를 확장했던 대영제국을 일컬어 제국의 행정관이었던 조지 매카트니 경이 1773년에 했던 유명한 발언처럼 영국은 "해가 지지 않는 거대한 제국"이었다. 최고 전성기에 영국의 영토는 지표의 5분의 1을, 인구는 세계의 4분의 1을 차지했다. 미국의 독립으로 인해 북아메리카의 식민지는 상실했지만 영국은 18세기 중반부터 영향력의 범위를 극적으로 확대했다. 인도와 캐나다에 대한 지배를 확고히 했고, 호주와 뉴질랜드에 새로운 식민지를 구축했으며, 네덜란드의 뒤를 이어 유럽과 동방과의 해상 무역을 지배하기에 이르렀다. 영국이라는 세계 최초의 글로벌 초강대국의 등장과 때를 같이 했던 것은 제조업 영역에서 새로운 생산 방식의 선구적인 도입이었다. 노동자들은 거대한 공장에 투입되었고, 그 공장에는 증기 엔진을 비롯하여 인간과는 달리 피곤을 모르는 노동 절약적인 기계들이 설치되어 인간의 기술과 작업 효율성을 향상하는 수많은 혁신들이 진행되고 있었다. 수위 산업혁명이 발발한 것이다.

이러한 제국주의의 팽창과 산업의 팽창을 연결한 것은 차라는 새로운 음료였다. (최소한 유럽인에게는 새로운 것이었다.) 차는 영국과 깊은 관계를 맺게 되었고, 오늘날까지도 그러한 관계는 계속 남아 있다. 유럽인이 동방과의 교역을 확대한 이유는 차 때문이었다. 차 무역에서 발생한 이익은 영국의 동인도회사가 인도에 진출하는 데 필요한 자금을 지원했다. 동인도회사는 상업 조직이었지만 후일 영국이 동방에 설치한 사실상의 식민지 정부가 되었다. 최초에 차는 사치스러운 음료로 출발했지만, 차츰 노동자의 음료로 부상하면서 새로운 기계들이 설치된 공장에서 일하는 노동자들을 위한 에너지원이 되었다. 대영제국에 해가 지지 않는다면, 그것은 최소한 지구상 어딘가에서 항상 티-타임teatime을 보내고 있다는 것을 의미했다.

오후에 차를 마시는 고상한 의식, 그리고 노동자가 근무 도중에 차를 마시는 시간 등 차는 문화적이고 근면한 능력을 지닌 영국인의 자기 이미지에 완벽하게 부합했다. 그런데 재미있는 것은 이처럼 전형적으로 영국적인 음료가 처음에는 엄청난 비용과 노력을 들여 지구의 반대편에 있는 거대하고 신비로운 제국인 중국에서 수입해야만 했고, 그리고 차의 재배와 가공법은 유럽인에게는 아주 신비스러웠다는 사실이다. 그들에게 당혹스러웠던 것은 찻잎을 담은 상자들이 광동의 부두에 그냥 나타난다는 것이다. 차는 마치 화성에서 온 것과 다를 바 없었다. 그럼에도 차는 어찌됐든 영국 문화의 중심이 되었다. 중국이라는 광대한 제국을 이미 윤택하게 했던 차는 이제 거대한 새로운 영토를 정복할 터였다. 영국을 정복한 차는 전 세계로 퍼져나갔고, 물 다음으로 지구상에서 가장 널리 소비되는 음료가 되었다. 차에 대한 이야기는 제국주의, 산업화 그리고 세계 정복에 관한 이야기인 것이다.

차 문화의 기원

중국 신화에 따르면, 차가 최초로 만들어진 시기는 기원전 2737년부터 2697년까지 통치했던 황제 신농神農 때라고 한다. 중국 전설상의 두 번째 황제였던 그는 사람들에게 농사와 쟁기 사용법을 처음으로 가르쳐주고 약초를 발견한 것으로 알려져 있다. (비슷하게 그의 선황인 첫 번째 황제는 불과 요리와 음악을 발견한 것으로 알려져 있다.) 전설에 따르면 신농은 마실 물을 끓이고 있을 때 야생 차 덤불의 가지로 불을 지폈는데, 그때 세찬 바람이 불어 찻잎의 일부가 끓는 도기 안으로 날아 들어갔다. 그 결과 섬세하면서도 상쾌한 음료가 만들어진다는 것을 알게 되었다. 신농은 후일에 다양한 약초의 사용 방법을 기재한 약학서인《신농본초神農本草》를 썼는데, 그 책에서 찻잎을 넣으면 "갈증을 풀어주고, 잠자고 싶은 욕망을 줄여주고, 마음을 기쁘게 해주고 생기를 준다"라고 기록한 것으로 여겨진다. 그런데 실제로 차는 고대 중국의 음료는 아니었다. 신농 황제의 이야기는 훨씬 후대에 만들어진 것이다.《신농본초》의 가장 오래된 것은 후한後漢 왕조(기원전 25~221년) 때 저술되었는데, 거기에는 차에 대한 언급이 없다. 차에 대한 언급은 7세기에 와서야 추가되었다.

차는 카멜리아 시넨시스Camellia sinensis라고 하는 학명의 상록수의 잎, 싹, 꽃을 건조시킨 후, 그것을 물에 넣어 끓여서 만든 음료다. 카멜리아 시넨시스는 현재 인도와 중국의 국경 지역인 동부 히말라야의 산림지대가 원산지로 보인다. 선사 시대 때 사람들은 그 잎을 씹었을 때

기운이 나는 효과를 느꼈고 상처에 문지를 때 치료의 효과가 있다는 것을 경험했는데, 그러한 관습은 수천 년 동안 지속되었다. 차는 또한 중국 남서부 지방에서는 길게 썬은 찻잎에 샬롯(shallot, 작은 양파의 일종-역주), 생강 그리고 다른 성분들과 함께 섞어 약의 형태로 마시기도 했다. 현재의 태국 북부 지역에 살았던 부족은 찻잎에 증기를 가하거나 물에 넣어 끓인 후 환環 형태로 만들어 소금, 기름, 마늘, 유지油脂 그리고 건조시킨 생선과 함께 먹었다. 이처럼 차는 음료로 소비되기 이전에 치료와 음식의 재료로 사용되었다.

정확하게 차가 언제 어떻게 중국으로 들어갔는지는 불분명하지만 불교의 승려들에 의해 전파된 것으로 보인다. 그들은 부처로 알려진 싯다르타 가우타마Siddhartha Gautama에 의해 기원전 6세기에 인도에서 문을 연 종교의 추종자들이었다. 불교와 도교의 승려들은 모두 차가 집중력을 높여주고 피로를 몰아내주기 때문에 – 차에 함유된 카페인의 효능 덕분이다 – 명상에 매우 귀중한 도움이 된다는 것을 깨달았다. 도교의 창시자로서 기원전 6세기에 살았던 노자老子는 차가 불로장생의 약에 필수적인 성분이라고 믿었다.

중국의 문헌에 명확한 형태로 차가 등장하는 때는 기원전 1세기경으로 신농 시대에 발견했다고 추정되는 시기보다 약 2600년이 지난 시점이다. 비밀스러운 치료제 또는 종교적 목적으로 사용된 차는 이때쯤부터 중국에서 일반적으로 마시는 음료가 된 것으로 보인다. 당시에 발간된 책인《하인의 노동 규칙Working Rules of Servants》에는 올바르게 차를 구입하고 대접하는 방법이 기술되어 있다. 차는 서기 4세기경에 이르러 더욱 일반화되었고, 야생의 나무에서 잎을 채취하는 것으로는 부족했고 차를 재배해야 할 필요성이 생겨났다. 차는 중국 전역에 보급되었고, 중국사에서 황금시대라고 불리는 당 왕조(618~907년) 때에 국민적인 음료가 되었다.

　이 시대의 중국은 세계에서 가장 거대한 영토를 보유하고, 가장 부유하며, 그리고 가장 인구가 많은 대제국이었다. 전체 인구는 630년에서 755년 사이에 세배로 증가하면서 5천만 명을 넘어섰고, 수도인 장안(현재의 시안)은 약 2천만 명이 생활했던 지구상에서 가장 거대한 대도시였다. 중국이 외부 세력에 특히 개방적인 태도를 취했던 이 시대에 수도인 장안은 당시 '문화의 자석cultual magnet' 역할을 했다. 무역은 실크로드라는 무역의 투르를 따라 번창했고, 해양을 통해서는 인도, 일본, 한국과 교역이 왕성하게 이루어졌다. 의류, 머리 스타일 그리고 폴로polo라고 하는 스포츠가 터키와 페르시아에서 수입되었고, 인도를 통해서는 새로운 음식이, 중앙아시아로부터는 염소 가죽 주머니에 담긴 와인이 악기와 춤과 함께 수입되었다. 이에 반해, 중국은 실크,

중국에서 차를 생산하는 모습. 최종적으로 찻잎으로 사용하기까지의 공정은 매우 복잡하고, 모든 과정이 사람의 손에 의해 이루어진다.

차, 종이, 도자기를 수출했다. 이처럼 다양하고 역동적이고 세계주의적인 분위기 속에서 조각, 회화, 시가 크게 융성했다.

차를 마시는 습관이 널리 보급된 것도 그 시대의 번영과 인구의 급격한 증가에 원인이 되었다. 차에는 강력한 살균 성분이 포함되어 있어서 준비 과정에서 물이 충분히 끓지 않은 경우에도 이전의 음료인 쌀이나 수수로 만든 맥주보다 훨씬 더 안전했다. 현대의 연구에 따르면 차에 포함된 페놀 성분타닌산은 콜레라, 장티푸스, 이질을 유발하는 박테리아를 죽인다고 한다. 차는 건조시킨 잎으로 빠르고 간단하게 준비할 수 있으며 맥주같이 부패하지도 않았다. 차는 실제로 물을 정화하는 효과적이면서 편리한 방법으로 수인성 질병의 유행을 극적으로 감소시켰고, 유아 사망률을 낮추고 평균 수명을 연장시켜 주었다.

차는 또한 눈에 띠는 경제적 효과도 있었다. 중국의 차 교역의 규모와 양은 7세기에 증가했는데, 복건성의 차 상인들은 엄청난 규모의 돈을 다루면서 지폐를 창안해냈다. 게다가 차 자체로도 벽돌 형태의 덩어리로 통화로 사용되기 시작했다. 차는 가볍고 콤팩트한 형태로 보관할 수 있었기에 통화로서 이상적이었는데, 특히 필요한 경우에는 마실 수도 있었기 때문이다. 지폐는 제국의 중심에서 멀어질수록 가치가 떨어진다는 문제점이 있었지만, 차는 오히려 먼 지역일수록 가치가 올라갔다. 벽돌 차는 현대에도 중앙아시아의 일부 지역에서 통화 대신으로 사용되고 있다.

당 왕조 때에 차에 대한 인기가 얼마나 높았는지는 780년에 최초로 차에 대해 세금을 부과했던 사실과, 같은 해 도교의 유명한 시인 육우(Lu Yu, 陸羽, 733~804년, 중국 당나라의 문인-역주)가 쓴 《다경 茶經. The Classic of Tea》이 성공적으로 출판되었다는 사실로 미루어 알 수 있다. 차를 판매하는 상인들의 요청으로 쓰인 그 책은 차의 재배, 준비, 우려내는 방법에 대해 아주 자세하게 기술하고 있다. 육우는 이 책 이외에도 차에 대해 많은 책을 저술했는데, 차에 대한 모든 것을 망라했다고 할 수 있다. 그는 찻잎의 종류에 따른 장점, 차를 우려내는데 가장 최고의 물(천천히 흐르는 산악지대의 물이 최고이지만, 다른 물을 사용할 수 없다면 우물물이 최후의 선택지이다.), 그리고 물을 끓이는 과정을 단계적으로 구분해 묘사하고 있다. "물이 끓을 때 생선의 눈 같은 것이 보여야 하고 소리로서도 그것을 알 수 있다. 끓어오르는 샘물같이 가장자리에서 덜거덕거리는 소리를 낼 때, 그리고 마치 무수한 진주들이 함께 엮어놓은 것처럼 포말이 일어날 때가 두 번째 단계이다. 파도가 부서지는 것처럼 물이 날아 튀고 파도가 넘실대는 것 같은 소리가 들릴 때가 절정이다. 그 이상을 넘어서면 물이 증발하게 되는데, 그런 물은 차를 다리는 데 사용해서는 안 된다." 육우의 미각은 매우 섬세해서 물맛만 가지고 어디의 물인지 구분할 수 있었고, 심지어는 물을 길어온 강의 위치까지 판단할 수 있었다고 한다. 무엇보다도 육우는 차를 단순히 갈증을 해소하는 음료에서 문화와 세련의 상징으로 변모시켰다. 차를 맛보고 평가하는 것, 특히 찻잎 종류의 차이점을 구별할 수 있는 능력은 높이 평가받게 되었다. 차를 만드는 것은 집안의 가장에게 허락된 명예였고, 차를 우아한 방법으로 잘 만들지 못한다는 것은 부끄러운 일이었다. 왕궁에서는 차가 중심이 된 파티나 연회가 인기가 있었고, 황제는 특별한 샘에서 공수해 온 물로 만든 특별한 차를 마셨다. 이것은 매년 황제에게 특별한 "공물 차tribute teas"를 진상하는 전통으로 발전했다.

차의 인기는 송 왕조(960~1279년)에서도 계속되었지만, 13세기에 중국이 몽골의 치하에 들어가면서 권력자의 총애를 상실했다. 몽골인은 원래 대초원에서 말, 낙타, 양을 키우며 이동하면서 살았던 유목민이었다. 칭기즈칸과 그의 아들들은 역사에서 가장 거대한 영토를 가진 제국을 건설했다. 유라시아의 광활한 대륙의 대부분을 포함했고, 서쪽으로는 헝가리에서 동쪽으로는 한국까지, 그리고 남쪽으로는 베트남까지 미쳤다. 말 타는 데 익숙한 민속인 몽골인에게 어울리는 전통적인 음료는 쿠미스koumiss였는데, 암말의 젖을 가죽 부대에 넣고 휘저은 다음 발효시켜 우유 속에 있는 젖당을 알코올로 변형시킨 것이다. 이러한 사정이 베니스 출신의 여행가인 마르코 폴로가 이 시기에 중국의 궁중에서 오랫동안 체류했음에도 불구하고 황제에게 차 진상의 전통에 대한 언급 이외에는 차에 대한 언급이 없었던 이유를 설명해준다. (그가 쿠미스에 대해 "화이트 와인 같았고 마시기에 아주 좋았다"라고 언급했던 기록은 있다.) 중국의 새로운 지배자는 중국인의 음료에는 관심을 보이지 않았고 그들 고유의 문화적 전통을 유지했다. 몽골제국의 동쪽 부분의 통치자였던 쿠빌라이 칸은 초원에서 채취한 초목을 자신의 중국식 궁전의 정원에서 자라게 했고, 흰색의 암말의 우유를 가지고 특별히 만든 쿠미스를 마셨다.

몽골제국의 방대한 규모와 다양성을 과시하기 위하여 쿠빌라이의 형제인 몽케 칸은 몽골의 수도인 카라코룸에 은으로 만든 분수식 음수대drinking fountain를 설치했다. 네 개의 분수구에서는 각각 중국의 쌀맥주, 페르시아의 와인, 북유라시아의 벌꿀 술, 그리고 몽골의 쿠미스가 나왔다. 차는 어디에서도 찾아볼 수 없었다. 그러나 이러한 음수대가 상징하듯 무질서하게 뻗어나간 몽골제국은 존속할 수 없었으며, 결국 14세기에 붕괴했다. 몽골족이 물러가고 명 왕조(1368~1644년)가 들어서면서 차에 대한 새로운 열풍이 불었고, 이는 중국 문화를 다시 회복하는 한 가지 방법이기도 했다. 차를 준비하고 마시는 방법은 점점 더복잡해졌다. 육우가 주장했던 세부 내용들이 다시 주목을 받았고 더욱상세해진 것이다. 종교적인 음료라는 원점으로 회귀한 차는 육체뿐만 아니라 정신을 치유하는 것으로 볼 수 있게 된 것이다.

그러나 다도茶道가 극적으로까지 발전하게 된 곳은 일본이다. 6세기 경부터 일본에서도 차를 마셨지만, 차를 재배하고 고르고 준비하고 마시는 방법에 대한 중국의 최신 지식은 1191년에 에이사이Eisai, 榮西라고 하는 불교 승려에 의해서 일본에 전해졌다. 그는 차가 건강에 미치는 효능을 극찬하는 책을 쓰기도 했다. 쇼군이라 부르는 일본의 군부 지도자인 미나모토 사네토모가 병에 걸렸을 때 에이사이는 자신이 재배하여 만든 몇 가지 차를 가지고 그를 치료했다. 쇼군은 이 새로운 음료의 강력한 지지자가 되었고, 그 후 차의 인기는 그의 궁정을 넘어 일본 전역으로 퍼져나갔다. 차는 14세기경에 이르러서는 일본 사회의 전 계층에 보급되었다. 일본의 기후는 차를 재배하기에 매우 적합했고, 아주 가난한 가정조차도 차나무를 몇 그루 키워 필요할 때 한두 개의 잎을 채취하여 차를 만들 수 있을 정도가 되었다.

일본의 정식 다회茶會는 거의 신비롭다고 할 정도로 대단히 복잡한 의식으로 전 과정에 1시간 이상이 소요된다. 단순히 차를 갈고, 물을 끓이고, 간 차를 물에 섞어 젓는 순서를 묘사하는 것만으로는 부족하다. 왜냐하면 도구마다의 특별한 모양, 순서, 사용 방법에도 각각 중요한 의미가 있기 때문이다. 물은 반드시 특별한 전용 항아리에서 섬세하게 대나무로 만든 국자를 이용하여 토병으로 옮겨야 하고, 차의 양을 측정하기 위해 특별한 숟가락이 필요하고, 물을 섞은 차를 젓는 특별한 도구가 있어야 하고, 토병과 숟가락을 닦기 위한 사각형의 실크 직물이 필요하고, 토병의 뚜껑을 놓을 수 있는 전용 받침대 같은 것들이 필요하다. 이런 모든 도구는 다회의 주인이 정확한 순서대로 준비하여 정확한 위치에 놓여야 한다. 이상적으로는 주인이 땔감까지 직접 준비하는 것이 좋고, 그리고 전체 의식은 적절하게 배치된 정원 안에 설치된 다실茶室, tea house에서 진행되어야 한다.

일본에서 가장 위대한 차의 대가로 16세기에 살았던 리큐(Rikyu, 千利休 (1522~1591년) 일본에서 일본 나도골 징립된 것으로 유명한 역사적 인물로 승려이자 정치가-역주)의 말에 따르면, "차와 마시는 그릇에서 안 좋은 맛이 나거나, 차를 마시는 정원의 나무나 바위의 자연적인 배치나 조경이 마음에 들지 않으면 곧바로 집으로 돌아가는 편이 낫다"라고 말했다. 차 마시는 중에는 세속적인 대화를 해서는 안 된다는 등 리큐는 믿을 수 없을 정도로 형식을 중요시했지만, 이것은 격식을 갖춘 유럽의 만찬 모임을 지배했던 불문율과 크게 다를 바 없었다. 일본의 다도는 남아시아의 음료를 받아들이고, 거기에 다양한 문화와 종교적 영향이 반영되고, 그리고 수백 년 동안 축적된 관습과 의식을 통해 걸러진 결과로서 차 문화의 극치라 할 수 있을 것이다.

차, 유럽에 도착하다

16세기 초반에 첫 번째 유럽인들이 바다를 거쳐 중국에 왔을 때, 중국인은 자신들의 나라가 지구상에서 가장 위대한 국가라고 생각했던 것은 당연한 일이었다. 중국은 세계에서 가장 넓은 영토를 가졌고, 가장 많은 인구를 가진 국가로서 유럽의 어떤 나라보다도 더 오래되고 영속적인 문명을 가지고 있는 나라였다. 중화제국은 우주의 중심에 위치하고 있다고 중국인은 생각했다. 어떤 나라도 중국인이 이룩한 문화적·지적 성취와 비교할 만한 나라는 없었다. 타국 사람을 야만족 또는 "외국 귀신(foreign devils, 당시 중국인이 유럽인을 가리켜 경멸조로 부른 명칭-역주)"이라고 무시했고, 그들이 중국을 모방하기를 원하는 것은 당연하지만 그들의 나쁜 영향력 때문에 그들을 가까이 두면 안 된다고 생각했다. 당시 중국은 거의 모든 분야에서 유럽에 앞서 있었기 때문에 중국인이 모르는 유럽의 기술은 없었다. 유럽인의 배에 실려 있었던 나침판, 화약 그리고 종이로 된 책은 모두 중국인이 발명한 것이었다. 동양의 전설적인 부의 나라를 찾아 말레이 반도에 있는 말라카의 무역항을 떠나 배를 타고 온 포르투갈의 탐험가들은 거들먹거리는 중국인을 만나야 했다. 중국은 완전히 자급자족했고 부족한 것이 없는 나라였다.

포르투갈은 교역에 대한 허락을 받는 대신 황제에게 공물을 바치는 데 동의했고, 몇 년간 중국과 산발적이지만 경제 교류 관계를 유지했다. 중국인은 유럽의 제품에 흥미가 없었지만 실크와 도자기를 판매하고 그 대가로 금과 은을 받는 것에 적극적이었다. 1557년에 중국 당국은 포르투갈이 광동성 하구에 있는 마카오라는 작은 반도에 교역소를 설치하는 것을 허락했다. 모든 물품은 그곳에서만 출하될 수 있었다. 이를 통해 중국은 관세를 부과하고 외국인과의 접촉을 최소한으로 줄일 수 있었다. 다른 유럽인은 중국인과의 직접 교역이 금지되었다. 16세기 말경 네덜란드인이 동인도제도에 도착했을 때, 그들은 중국의 물건을 구입하기 위해서는 그 지역에서 활동하는 타국의 중개인을 통하지 않으면 안 되었다.

차는 1550년대에 동인도제도에 관한 유럽의 보고서에서 처음으로 언급되었다. 초창기의 무역업자들은 차를 유럽으로 들여오는 것을 생각하지 않았다. 소량의 차가 포르투갈의 선원이 사적인 용도로 리스본으로 가져오기는 했지만, 네덜란드의 배가 상업적인 목적으로 소량의 차를 처음 유럽으로 들여온 것은 1610년이 되어서였다. 차는 유럽에서 새로운 상품이었다. 그 후 차는 네덜란드로부터 1630년대에는 프랑스로, 그리고 1650년대에는 영국으로 전해졌다. 처음 도착한 차는 중국인이 즐겨 마시던 녹차였다. 홍차는 새로 채취한 녹색 잎을 하룻밤

을 재워 산화되도록 해서 만든 것으로 명나라 때 등장했는데, 그 기원
은 잘 알려져 있지 않다. 중국인은 홍차가 외국인이 마시기에 적합한
차라고 생각했고, 결과석으로 유럽으로 수출되는 최대의 상품이 되었
다. 차의 기원에 대해서 잘 몰랐던 유럽인은 홍차와 녹차는 완전히 다
른 품종의 나무에서 채취한 것으로 잘못 생각했다.

　차는 커피보다 몇 년 먼저 유럽에 전래되었지만 17세기에 그 영향력
은 커피와 비교할 때 매우 미미했다. 가장 큰 이유는 가격이 너무 비쌌
기 때문이었다. 차는 처음에 네덜란드에서 고가의 의약용 음료로 마시
기 시작했지만, 그 건강상 효능에 대해서 1630년대 이래 여러 논쟁이
제기되었다. 차에 대한 초창기 반대론자는 덴마크 왕의 주치의였던 독
일계 의사인 사이몬 파울리였다. (그는 당시 유행했던 최신의 뜨거운 음료였던 커
피와 초콜릿에 대해서도 반대했다.) 그는 1635년에 해부에 관한 논문을 발표했
다. 그는 그 글에서 차에 다소의 의약적 효능이 있긴 하지만 폐해가 더
많다고 주장했다. 중국에서 차를 운송하는 과정에서 독성이 생기기 때
문에 "그것을 마시는 사람은, 특히 40세가 넘은 사람이라면 죽음을 앞
당기게 된다"라고 주장했다. 파울리는 "중국으로부터 유럽으로 차를
수입하는 걷잡을 수 없이 유행병처럼 번지는 광기를 차단하기 위해 나
는 최대한 노력했다"라고 과시했다.

　이에 반대 의견을 제기한 사람은 네덜란드의 의사인 니콜라스 덕스
였다. 그는 차를 적극적으로 옹호했고 심지어 만병통치약으로까지 생
각했다. 그는 1641년에 "어떤 것도 이 식물에 비교될 수 없다"라고 선
언했다. "차를 마시는 사람은 그 이유만으로도 모든 질병으로부터 예
방되며 고령까지도 살 수 있다"라고 말했다. 차에 대해 더욱 열광적인
사람은 네덜란드의 의사인 코넬리우스 본테쿠에였는데, 그는 차를 매
일 몇 잔씩 마시기를 권고하는 책을 썼다. 그는 "우리는 모든 국민에

게, 그리고 세계의 모든 사람에게 차를 권유한다!"라고 말했다. "우리는 모든 남성, 모든 여성에게 매일, 가능하다면 매 시간 차를 마실 것을 권고한다. 하루에 10잔으로 시작해서 그 복용량을 꾸준히 늘리는 것이 좋다. 위가 견디는 한." 그는 아픈 사람은 하루에 50잔 정도를 마셔야 한다고 제안했다. 그는 최대 200잔을 상한으로 제안했다. 본테쿠에는 네덜란드의 동인도회사로부터 차 판매의 향상에 공헌했다는 이유로 영예를 부여받았지만, 어쩌면 회사가 먼저 그에게 차를 권유하는 책을 써달라고 부탁했을지도 모를 일이다. 그때쯤 차에 설탕을 타서 마시는 관습이 인기를 얻기 시작했는데, 그는 그러한 관습을 반대했다. (당시 일부 의료 관계자들은 설탕을 해로운 것으로 간주했다.)

유럽인이 차에 추가한 다른 것은 우유였다. 이미 1660년에 영국의 차에 대한 어느 광고는 많은 의학적 장점 중에서도 "차는 (우유와 물을 섞어 마실 때) 장기를 튼튼하게 해주고, 소모를 방지하고, 그리고 장의 고통 또는 내장의 불쾌감이나 설사를 강력하게 완화해준다"라고 주장했다. 프랑스에서는 1650년과 1670년 사이에 잠깐 동안 차는 귀족들 사이에서 인기를 누렸는데, 이들 역시 풍미를 더하고 온도를 낮출 목적으로 우유를 가미해 마셨다. 우유를 사용해 차를 차갑게 하는 것은 마시는 사람을 보호할 뿐만 아니라 차를 제공하는 다기를 보호하는 의미도 있었다. 그렇지만 프랑스에서 차의 인기는 커피와 초콜릿에 의해 곧 식어버렸다. 최종적으로 유럽에서 가장 차를 사랑한 국가는 프랑스나 네덜란드가 아니라 영국이었다. 그 결과 중대한 역사적 사건이 발생하게 된다.

차에 대한 영국인의 유별난 열정

18세기 초 영국에서 차를 마시는 사람이 거의 없었지만 이 세기가 끝날 무렵에는 거의 모두가 차를 마셨다고 해도 전혀 과장된 말이 아니었다. 차의 공식적인 수입량은 1699년의 6톤에서 1세기 후에는 1만 1000톤으로 증가했다. 그리고 차 1파운드(약 45그램)의 가격은 100년 후에는 20분의 1로 떨어졌다. 밀수입된 차는 이 수치에 포함되지 않았다. 1784년에 차에 대한 관세가 급격하게 낮아지기 전까지 백 년 동안 밀수된 양은 정식으로 수입된 양의 2배 정도가 되었을 것으로 추정된다. 또한 차에 혼합물을 첨가하는 관습이 유행했는데, 이 또한 소비량 증가의 한 원인이 되었을 것으로 보인다. 당시 차에 재灰, 버드나무 잎, 톱밥, 꽃 같은 불순물을 넣어 차의 무게를 부풀리는 관행이 보통이었고, 심지어 양의 똥 같은 이물질까지 넣었다는 기록도 있다. 그리고 이를 감추기 위해 화학 색소를 종종 사용했다고 한다.

차는 찻잎에서 찻잔으로 이동하는 거의 모든 단계에서 이런저런 방법으로 불순물이 첨가되었다. 그래서 수입된 양의 차보다 엄청난 양이 소비된 것이다. 점차로 홍차가 인기를 누리기 시작했는데, 그 이유는 부분적으로 홍차가 녹차보다 오랜 항해 기간에 적합했고, 또한 첨가물의 부작용과도 관계가 있었다. 녹차로 위장하기 위해 사용된 화학적 성분의 대부분은 유독성이 있었던 반면, 홍차는 혼합물을 첨가하는 경우라도 안전했기 때문이다. 홍차가 맛이 부드럽고 덜 쓴 녹차를 대체하기 시작했을 때 설탕이나 우유를 첨가하여 맛을 좋게 하는 것이 관습이 되었다.

실제 밀수나 첨가물의 정도가 어느 정도였는지는 불확실했지만, 18세기가 끝날 무렵에는 영국에서 지위 고하를 막론하고 모든 사람이 하루에 한두 잔의 차를 쉽게 마실 수 있는 상황이 되었다는 것은 분명했다. 1757년 초, 어느 관찰자는 "여름이 되면 리치몬드 근처에 있는 골목에서 차를 마시고 있는 거지들을 자주 볼 수 있었다. 도로 공사를 하

영국에 차를 처음으로 소개한
찰스 2세의 부인 브라간자의 캐서린

는 노동자들이 차를 마시는 모습도 볼 수 있었다. 심지어 재를 운반하
는 카트 안에서도 차를 마셨다. 건초를 만드는 사람들에게 차를 컵으
로 판매하는 모습은 우스꽝스러웠다"라고 기록했다. 도대체 영국에서
이처럼 차가 전파된 속도나 열광에 대해서 어떻게 설명할 수 있을까?
그 답은 여러 요인이 서로 얽혀 있다고 할 수 있다.

　차의 보급은 1662년에 찰스 2세가 포르투갈의 왕 존 4세의 딸인 브
라간자의 캐서린과 결혼한 이후에 영국 왕실에서 유행되면서 시작되
었다. 그녀는 엄청난 결혼지참금을 가져왔는데, 그중에는 탕헤르와 봄
베이 있는 포르투갈의 무역 포스트, 포르투갈의 해외 식민지와의 교역
권, 그리고 상당한 금이 있었는데, 그중에 한 상자의 차도 있었다. 캐
서린은 열렬한 차 애호가였는데, 그녀는 그러한 관습을 영국에 들여온
것이다. 당시의 설명에 따르면, "골무보다 많지 않은 양의 차를" 컵으
로 홀짝이며 마시는 모습은 거의 즉각적으로 귀족 사회를 사로잡았다.
캐서린이 영국 왕과 결혼한 다음 해 시인 에드먼드 월러는 그녀의 생
일을 축하하는 "차에 대해On Tea"라는 시를 통해 그녀가 영국에 가져
온 2가지 선물, 즉 차와 동인도제도에 대한 접근권을 칭송했다.

최고의 왕비여, 그리고 최고의 향초여
정말로 태양이 떠오르는 아름다운 땅으로 가는 길을 안내해준
용맹한 국가에 우리는 빚지고 있네
그곳의 풍부한 생산물을 정당하게 상으로 받았네
뮤즈의 친구인 차는 우리를 치료하는 최고의 상품
머릿속에 밀려오는 공상들을 억누르고
영혼의 궁전에 평화를 유지해주네
여왕의 탄신일을 축하하기에 어울리는 음료여

이처럼 차를 마시는 여왕에 의해 시작된 차의 인기는 그 후 동인도 제도로부터 영국으로의 수입 독점권을 인정받은 동인도회사에 의해 폭발적으로 확대되었다. 회사는 처음에는 중국과 직접 교역할 수 있는 수단이 없었지만, 회사의 기록에 따르면 1660년대에 네덜란드로부터 왕에게 진상하기 위한 선물로 소량의 "좋은 차"를 들여오기 시작했다. 이는 "동인도회사가 항상 왕을 생각하고 있다"는 것을 확인시켜 주기 위한 것이었다. 차와 다른 선물은 찰스 왕의 환심을 샀고, 왕은 점점 더 회사에 영토의 획득, 화폐의 발행, 군대의 유지, 동맹의 결성, 선전 포고와 평화조약의 체결, 그리고 사법권의 행사와 같은 강력한 권한을 부여했다. 단순히 무역회사로 출발했던 동인도회사는 다음 세기에는 동방에서 영국의 힘을 상징하는 조직으로 변모했고, 역사상 어떠한 상업 조직보다도 막강한 권한을 휘두르는 조직으로 발전했다. 스코틀랜드의 경제학자이며 작가인 윌리엄 플레이페어는 1799년에 "작은 상인 단체에서 시작한 동인도회사는 동방의 권력자가 되었다"라고 기록했다. 회사가 이렇듯 성장하고, 확대되고, 이윤을 남길 수 있었던 배경에는 차의 교역이 결정적이었다.

차는 1660년대 중반부터 런던에 있는 동인도회사의 이사회 미팅에서 제공되었다. 그리고 회사 소유 선박의 선장이나 고위급 선원에게 배의 일정 공간을 허용하여 그들이 "사적인 교역"을 할 수 있도록 허용했다. 차는 희소성과 가격이 고가인 점을 고려할 때 사적인 무역에 매우 이상적인 상품이었다. 차 1톤에서 나오는 이익은 몇 년 치의 급여에 해당되었고, 선장에게는 10톤 정도가 허용되었다. 이러한 개인무역은 초창기에 수요를 진작시키는 데 영향을 미쳤겠지만 회사는 1686년에 이러한 개인무역을 금지했다. 소량이긴 했지만 계속 증가하는 회사의 공식적인 이익을 잠식할 수 있다는 두려움 때문이었다.

동인도회사가 동인도제도의 반탐(현재 인도네시아의 중심을 이루는 자바 섬의 최서단에 위치)으로부터 처음 수입한 차가 1669년에 도착했고, 차는 느리지만 더욱 광범위하게 퍼지기 시작했다. 회사는 아시아로부터 후추와 값싼 섬유를 수입하는 것에 집중했기 때문에 차는 처음에는 별로 중요한 상품이 아니었다. 그러나 영국의 국내 섬유 생산업자의 반대에 부딪히자 회사는 수입품의 주력을 차로 돌리게 되었다. 차는 국내 생산이 전혀 없었기 때문에 반대하는 세력이 존재하지 않았다. 차의 소매가격은 공급이 불안정했기 때문에 천차만별이었다. 가장 비싼 차는 파운드당 가격이 1660년에는 대략 6파운드에서 시작해서 10파운드 정도까지였지만, 1700년에는 대략 4파운드 수준으로 떨어졌다. 품질이 떨어지는 차의 가격은 파운드당 1파운드였다. 그러나 그 당시 가난한 가정의 경우 1년 소득이 20파운드였기 때문에 차가 대중적으로 보급되기에는 여전히 비싼 가격이었다. 차는 17세기 말까지 사치품으로 여겨졌고, 그보다 훨씬 저렴한 커피에 눌리고 있었다. 차 한 잔 가격은 커피 한 잔 가격의 5배였다.

동인도회사가 18세기 초에 중국에 무역 포스트를 설치하면서 차를 직수입할 수 있게 되었고, 이로써 차의 수입량이 증대하고 가격이 하락하면서 차는 보다 널리 대중적인 음료가 될 수 있었다. 1718년에는 차는 중국으로부터의 주력 수입품이었던 실크를 대체하기 시작했고, 1721년에는 수입량이 1년에 5천 톤에 이르게 되었다. 1744년에 어느 작가는 "동인도제도와의 교역이 시작되면서 차의 가격이 너무 낮아져서 최하층의 노동자도 차를 구입할 수 있었다"라고 기록했다. 차의 수입이 절정에 이르렀을 때 차는 회사 총교역량의 60% 이상을 차지했고 차에 대한 관세는 영국 정부 세수의 약 10%에 이르렀다. 그 결과 차 무역에 대한 통제 권한은 회사에 막강한 정치적 영향력을 부여했고, 자신들에게 유리한 법을 제정할 수 있었다. 다른 유럽 국가로부터의 차 수입은 금지되었고, 차에 대한 관세는 판매를 늘리고 시장을 확대하기 위해 낮춰졌고, 차에 불순물을 섞는 행위는 고액의 벌금형에 처해졌다. 그럼에도 밀수와 불순물을 섞는 행위는 만연했는데 이는 차에 대해 얼마나 많은 수요가 있었는지를 보여준다. 영국이 동인도제도의 무역에서 완전한 패권을 차지하는 데 마지막 방해물은 네덜란드였다. 네덜란드와의 잇따른 전쟁이 1784년에 영국의 승리로 끝나고, 경쟁자였던 네덜란드의 동인도회사가 1795년에 해산됨으로써 영국 동인도회사는 글로벌 차 교역에서 거의 전권을 장악하게 되었다.

브라간자의 캐서린 덕분에 차가 유행하기 시작했다면 동인도회사 덕분에 차는 널리 유통될 수 있었다. 또한 차는 차를 소비하는 새로운 방법이 개발되면서 사적으로나 공적으로나 사회적인 음료가 되었다. 1717년에 런던 커피하우스의 경영자였던 토머스 트위닝은 커피하우스 바로 옆에 여성만을 상대로 하는 찻집을 오픈했다. 커피하우스는 오직 남성만 출입할 수 있었기 때문에 여성은 커피하우스의 판매대에서 차를 살 수 없었기 때문이다. 여성들은 하인에게 다른 가정용품과 함께 차를 사오라고 심부름시키는 것을 망설였는데, 이유는 그들을 믿고 상당히 큰돈을 맡겨야 했기 때문이다. (차의 비용에는 차를 보관하는 전용 차 상자(tea caddy) 비용까지 포함되는데, 뚜껑에는 잠금 장치가 부착되어 있고 오직 가정의 부인만 열 수 있었다.) 그러나 트위닝의 가게에서 여성들은 멋지고 새로운 음료를 바로 마실 수 있도록 컵으로, 또는 집에서 준비할 수 있도록 마른 잎 상태로 구입할 수 있었다. 당시의 관찰자는 "귀부인들이 몇 실링을 지급하고 작은 컵으로 활기에 넘치는 음료를 홀짝거리며 마시기 위해 드브렉스 코트에 있는 트위닝의 가게로 모여들었다"라고 기록했다. 또한 트위닝은 여성의 취향에 맞추기 위해 여러 찻잎을 섞어 특별한 차를 만들어 판매했다.

차에 대한 지식과 함께 집에서 고상한 분위기 속에서 의식에 따라 차를 마시는 행위는 그 사람의 세련미를 보여주는 수단이 되었다. 그리고 영국에서도 중국이나 일본의 다회처럼 우아한 차 파티tea party가 열리기 시작했다. 차는 도자기 컵으로 제공되었는데, 이 도자기 역시 중국에서 차를 가져온 같은 배의 밑바닥의 짐(선박의 안정을 유지하기 위해 배 밑바닥에 쌓는 짐)으로 대량 수입된 것이다. 작가들은 어떻게 차를 준비해야 하는지, 각각 다른 신분의 사람에게 어떤 순서로 차를 제공해야 하는지, 어떤 음식이 제공되어야 하는지, 그리고 손님은 주인에게 어떻게 감사를 표해야 하는지 등에 대한 정보를 제공했다. 차는 단순히 음료만이 아니었다. 그것은 전적으로 새로운 오후의 식사가 되었다.

차의 제공에 있어서 또 다른 혁신은 런던에서 티가든tea garden이 등장한 것이다. 최초로 문을 연 곳은 1732년에 벅스홀 가든Vauxhall Gardens이었다. 그곳은 옥외등이 설치되어 있는 산책로, 야외무대, 다양한 종류의 공연자들, 그리고 주로 차와 함께 빵과 버터를 같이 먹을 수 있도록 음식과 음료를 파는 노점들이 구비된 공원이었다. 다른 티

1730년, 영국의 해링턴 경의 저택에서 개최된 티파티의 모습

가든들이 바로 뒤를 따라 오픈했다. 티가든의 매력은 우아하고 고급스러운 공적인 장소를 제공했고, 이성 간에 만날 수 있는 좋은 공간 역할도 한다는 것이었다. 화이트 콘듀이트 하우스라는 티가든에서 젊은 남성들은 젊은 여성들의 드레스를 "우연히" 밟고는 미안하다는 의미에서 차를 한 잔 대접하기도 했다. 당시의 매거진인 〈젠틀맨스 매거진〉은 파테온이라는 다른 티가든에서는 여성들이 먼저 자신의 마음에 드는 남성에게 다가가 차를 한 잔 대접하고 싶다고 제안하기도 했다고 설명했다. 티가든은 커피하우스의 출입이 거부당했던 여성들에게 특히 인기가 높았다. 그리고 그때쯤 커피하우스의 인기는 하향세를 보이고 있었다. 수준 높았던 커피하우스들은 가게의 정체성을 회원 전용 신사들의 클럽으로, 그리고 상업 조직으로 전환하기 시작했고, 그렇지

못한 커피하우스들은 알코올의 판매에 의존하면서 점점 더 술집과 구분하기가 어렵게 되었다. 작가인 다니엘 데포Daniel Defoe는 그렇게 변질된 커피하우스에 대해 "사실은 맥주집이지만 이름은 커피하우스라고 부르는 것이 더 품위 있어 보일 것으로 생각했을 뿐이었다"라고 말했다.

차는 점점 가난한 사람도 구매할 수 있는 사치품이 되었고, 그리고 필수품이 되었다. 차의 분량을 늘이기 위해 물을 더 첨가하거나 찻잎을 재사용하는 속임수까지 동원되긴 했지만, 차는 마침내 모든 사람이 마실 수 있는 음료가 되었다. 18세기 중반부터는 집안의 하인에게 임금에 대한 특별 수당으로 차가 지급되었다. 1755년에 영국을 방문한 이탈리아 여행자는 "평범한 하녀조차도 하루에 두 번 차를 마셔야 했다"라고 기록했다. 차는 지구의 반대편에서 온 것인데도 궁극적으로 물을 제외한 어떠한 음료보다도 저렴한 음료가 되었다. 19세기 초 스코틀랜드의 어느 관찰자는 "우리는 상업 체계와 금융 체계를 잘 갖추었기 때문에 지구의 동쪽 끝에서 가져온 차와 서인도제도에서 가져온 설탕으로 맥주보다 저렴한 음료의 생산이 가능했다"라고 말했다. 그리고 차가운 음식을 먹을 때에도 차가 제공되면 마치 뜨거운 식사를 하고 있다는 기분이 들게 했다. 일부 사람은 가난한 사람이 차를 소비하는 것에 대해 부자의 습관을 흉내 내는 것뿐이라고 매도하면서, 그들은 차 대신 영양을 보충하는 음식에 돈을 써야 한다고 주장하기도 했다. 어느 국회의원은 심지어 1년 수입이 50파운드가 안 되는 사람이 차를 마시는 것을 불법으로 규정해야 한다고까지 주장했다. 그러나 18세기에 어느 작가가 지적한 것처럼, 진실은 "만약 그들에게서 차를 빼앗는다면 그들은 즉각적으로 빵과 물만 있는 생활로 전락할 것이다. 차를 마시는 것이 가난한 자의 고통의 원인이 아니라 결과인 것이다." 차는 여왕의 음료이기도 했지만 사람들이 일상생활 속에서 위로받는 음료이기도 했다.

영국 사회의 정상에서부터 하층민까지 모든 사람이 차를 마셨다. 유행, 상업 그리고 사회적 변화는 서로 얽히면서 영국인이 차를 사랑하게 되는 과정에 영향을 미쳤다. 이러한 현상은 18세기 말이 되기 전에 이미 외국인들이 주목했던 현상이었다. 1784년에 프랑스에서 온 어느 여행자는 "영국 전역에서 차를 마시는 것은 일반적이었고, (중략) 가장 가난한 농부조차 부자와 마찬가지로 하루에 두 번 차를 마셨고, 차의 전체 소비량은 어마어마했다"라고 말했다. 스웨덴에서 온 어느 방문자는 "차는 영국인에게 물 다음으로 불가결한 것이었다. 모든 계층이 차를 소비했고, 아침 일찍 런던의 거리에 나가면 많은 장소에서 옥외에 작은 테이블들이 설치되어 있고, 석탄 카트를 끄는 인부나 노동자들이 둘러앉아 컵에 들어있는 맛있는 음료를 마시는 모습을 볼 수 있다"라고 말했다. 차는 세계에서 가장 오래된 제국으로부터 세계 각지로 전파되었고, 그리고 세계에서 가장 새로운 제국의 중심에 뿌리를 내렸다. 영국인은 집에서 차를 마실 때마다 대영제국의 강력한 힘과 광대했던 영토를 생각한다. 차의 부상은 세계 강대국으로서 영국의 성장과 얽혀 있으며, 영국이 상업적·제국주의적 힘을 더욱 팽창시켜 나갈 수 있는 토대를 마련해 주었다.

10

차의 힘

이 유명한 식물의 발전은 진리의 발전과 어떤 면에서 매우
닮았다. 처음에는 의심스러운 눈으로 보았지만, 차를 맛보려는
용기를 가진 사람들은 그 맛을 알았다. 그 후 저항을 만났지만
서서히 사회에 침투했고, 인기가 높아지면서 악용도 있었고,
그리고 왕궁에서 헛간까지 모든 곳에서 환호를 받으며 결국
승리를 쟁취했다. 오직 자신의 가치와 그리고 천천히 그렇지만
저항할 수 없는 시대의 움직임을 통해서

— 아이작 디스렐리, 영국의 비평가 겸 역사가 (1766~1848년)

차와 산업

1771년, 영국의 발명가인 리처드 아크라이트Richard Arkwright는 더비쉐
어(Derbyshire, 영국의 중앙에 위치한 지역-역주)의 크롬퍼드에서 커다란 건물
을 짓기 시작했다. 13형제 중 막내로 태어났던 그는 사람의 모발을 수
집하고 자신만의 독특한 방법으로 염색하여 가발을 만들어 판매함으
로써 기업가로서의 재능을 보여주었다. 이러한 비즈니스의 성공 덕분
에 그는 좀 더 야심찬 벤처를 시도할 수 있는 자금을 마련할 수 있었고,
1767년에 정방기(spinning frame, 실 짓는 기계-역주)를 개발하기 시작했다.
이것은 직조 전에 실을 잣는 (방적하는) 기계였다. 그러나 숙련공을 필요
로 했던 수동의 다축 방적기spinning jenny와는 달리 아크라이트의 기계

는 동력에 의해 작동했기 때문에 누구라도 조작할 수 있었다. 초기 설계 단계에서 세부적인 내용을 시계 제조업자였던 존 케이의 도움을 받았던 아크라이트는 시험기계working prototype를 만들었고, 1768년에 말을 동력으로 사용하는 방적 공장을 최초로 완성했다. 이 공장을 본 두 명의 부유한 비즈니스맨은 큰 감명을 받았다. 그들은 아크라이트가 크롬퍼드의 강가에 훨씬 큰 방적 공장을 세울 수 있도록 자금을 지원했다. 이번에는 수차水車, 물레바퀴를 통해 정방기에 동력이 제공되었다. 이렇게 탄생한 최초의 근대적 의미의 공장은 아크라이트를 새로운 제조업의 선구자로 만들어주었다. 이 사업은 커다란 성공을 거두었고, 아크라이트는 영국을 세계 최초의 공업화된 국가로 변모시키는 혁명에 있어서 중요한 인물이 되었다.

처음에는 직물업에서 시작해서 그 후 다른 분야로 확산되었던 산업혁명을 가능케 했던 것은 기술과 조직 양면에서의 혁신이었다. 그 출발점은 숙련된 인간의 노동력을 지치지 않고 정확하게 작동하는 기계로 대체하는 것이었다. 이러한 기계에는 물이나 증기 같은 새로운 동력이 필요했다. 따라서 수차나 증기 엔진 같은 동력의 원천 주변에 커다란 공장을 짓고 많은 기계를 설치하는 것이 유리했다. 업무 영역 전체를 혼자서 수행했던 숙련공은 제조 공정 과정에서 어느 특정한 단계에 전문화된 노동자에게 자리를 내주었다. 기계와 노동자를 한 장소에 함께 보유한다는 것은 전체 공정 과정이 세밀하게 감시될 수 있다는 것, 그리고 고가의 기계를 최대한 활용하기 위해서 교차근무제가 이용되었다는 것을 의미했다. 아크라이트는 직원들이 공장에 정시에 도착할 수 있도록 방적 공장 옆에 숙소를 지었다. 이 모든 것은 생산성에 놀라운 영향을 미쳤다. 아크라이트 공장의 각 노동자는 수동 방적기 50대분의 일을 해낼 수 있었고, 그리고 양모에 빗질을 하고, 소모(梳

毛, carding, 양모의 짧은 섬유는 없애고 긴 섬유만 골라 가지런하게 하는 일-역주)하고, 최종적으로 직조하는 것까지 모두 자동화되면서 생산성은 비약적으로 높아졌다. 18세기 말경 영국에서 만들어진 직물은 가격이 매우 싸고 물량도 풍부해서 인도로 수출되기 시작했고, 이는 결과적으로 인도의 전통적인 직물 산업을 황폐화해버렸다.

17세기에 많은 사무직 직원들, 비즈니스맨, 그리고 지식인들이 커피에 탐닉했던 것처럼 18세기에 새롭게 탄생한 공장 노동자들은 차를 즐겨 마셨다. 차는 이렇게 새롭게 변화된 노동 환경에 최적으로 어울리는 음료였고 여러 가지 형태로 공업화에 도움을 주었다. 공장의 주인들은 종업원의 휴식을 위하여 "차 마시는 시간tea breaks"을 허용하기 시작했다. 전통적으로 농업 노동자들에게 제공되었던 맥주는 알코올 때문에 정신을 무디게 만들었지만 차는 카페인 때문에 오히려 정신을 예민하게 해주었다. 차는 길고 지루한 작업 시간 동안에 노동자의 예민함을 유지시켜주고, 빠르게 움직이는 기계를 다룰 때 집중력을 높여주었다. 수작업으로 하는 직공이나 방적공은 필요할 때 휴식을 취할 수 있었지만 공장의 노동자들은 그럴 수가 없었다. 그들은 기름칠이 잘 된 기계의 부품처럼 일을 해야만 했고, 차는 공장이 잘 돌아갈 수 있도록 유지시켜주는 윤활유였다.

또한 차에는 천연 항균 성분이 포함되어 있다는 것도 장점 중 하나였다. 이 때문에 수인성 전염병의 발병 가능성이 크게 줄어들었고, 차를 만들기 위해 사용하는 물이 충분히 끓지 않은 경우에도 별 문제가 없었다. 영국에서 이질의 발병률은 1730년대부터 떨어졌다. 1796년의 어느 관찰자는 이질과 다른 수인성 질병들의 "발병률이 크게 낮아져서 런던에서는 그러한 질병의 이름이 거의 알려지지 않았다"라고 기록했다. 19세기 초경에 의사와 통계학자는 영국인의 건강 상태가 향상

된 가장 큰 원인이 차의 보급 때문이라는 점을 인정했다. 이로 인해 노동자들은 미들랜드(Midlands, 영국의 중앙부에 위치한 지역의 이름으로 18세기와 19세기의 산업혁명에 있어서 매우 중요한 의미를 가진 지역이다. 가장 큰 도시로는 버밍햄이 있다-역주)에 위치한 공업도시들 근처에서 밀집된 형태로 생활하더라도 질병의 발생을 걱정할 필요가 없었다. 또한 차에 들어 있는 항균 성분인 페놀이 모유 중에 엄마의 젖으로 쉽게 이동하기 때문에 유아들의 건강에도 도움이 되었다. 결과적으로 유아의 사망률이 감소했고, 마침 산업혁명이 막 시작되었을 때 필요했던 거대한 노동 인력의 공급을 가능하게 했다.

차의 보급은 상업에도 영향을 미쳤다. 차의 인기가 높아지면서 도자기에 대한 수요가 급증했고, 이에 따라 도기 산업이라 하는 새로운 산업이 융성했다. 좋은 "차 세트tea set"를 보유한다는 것은 빈부를 불문하고 매우 중요한 사회적 의미가 있었다. 1828년에 어느 관찰자는 다음과 같이 기록했다. "방적기를 다루는 노동자들은 작은 정원이 있는 깨끗한 거주지에 살았는데, 가족 모두가 옷을 잘 입었고, 남자는 회중시계를 가지고 있었고 여성은 나름대로 옷을 잘 차려 입었다. (중략) 모든 가정이 우아한 마호가니나 고급 케이스로 만들어 안에 시계가 들어있는 가구, 스태포드셔Staffordshire 제품의 멋진 차 세트, 그리고 은제銀製 또는 은을 씌운 각설탕 집게와 스푼을 갖추고 있었다."스태포드셔에서 가장 유명한 도공은 조시아 웨지우드Josiah Wedgwood였는데, 그의 회사가 생산한 차 세트는 매우 뛰어나서 중국산 도자기와 경쟁할 수준에까지 이르렀다. 그 후 중국산 도자기의 수입량이 점차 감소했고, 1791년에는 완전히 중지되었다.

웨지우드는 대량생산 방식의 개척자였고, 소재를 연마하고 압인押印하는 기계를 작동시키기 위해 초기부터 증기 엔진을 사용했다. 그의 공장에는 처음부터 마지막 단계까지 모든 공정을 혼자서 수행할 수 있는 숙련공은 더 이상 존재하지 않았다. 대신, 종업원들은 생산 과정의 한 분야를 맡았고 그 분야에서 숙련된 전문가가 되었다. 제조 공정은 한 노동자에서 다음 노동자에게로 중단 없이 연속적인 흐름으로 이어졌다. 이러한 노동의 분업화를 통해 재능 있는 디자이너들은 디자인에만 전념할 수 있었고, 다른 도공이 하는 일까지 하지 않아도 되었다. 웨지우드는 또한 제품의 홍보를 위해 유명 인사의 이름을 활용하는 데에도 선구적이었다. 조지 3세의 부인인 샤롯데 여왕으로부터 "완벽한 차 세트"를 주문받았을 때, 웨지우드는 그와 비슷한 제품을 "여왕의 세트"라는 이름을 붙여 일반에게 판매할 수 있도록 허락을 받아냈다. 그는 신문에 광고를 실어 초청자만을 대상으로 러시아의 여제인 캐서린 2세를 위해 특별히 제작했던 것과 같은 차 세트를 보여주는 특별 전시회를 개최하기도 했다. 이와 함께 차의 마케팅 역시 더욱 발전했다. 리처드 트위닝(토머스 트위닝의 아들)을 비롯하여 여러 차 상인들의 이름은 당시에 이미 유명했다. 트위닝은 1787년에 그의 가게 문 위에 특별히 디자인된 간판을 내걸었고, 자사의 차의 라벨에도 같은 디자인을 사용하여 마케팅에 활용했다. 그것은 세계에서 가장 오랫동안 사용된 상업적 로고였다. 차의 마케팅과 차의 도구들이 소비자 중심주의consumerism의 최초의 토대를 놓은 것이다.

　서양의 다른 나라들이 영국의 산업화를 추격하는 데에는 100년 정도가 소요되었다. 영국이 산업의 발상지로 적절했던 이유는 여러 가지다. 과학의 전통, 프로테스탄트의 노동 윤리, 특별히 높았던 수준의 종교적 관용, 풍부한 석탄 자원, 효율적인 운송을 가능하게 했던 도로와 운하의 교통망, 그리고 자국의 기업가들에게 돈을 지원할 수 있는 펀드를 제공했던 제국주의의 과실 등을 들 수 있다. 그러나 차에 대한 영국인의 유별난 사랑도 한몫했는데, 차는 새롭게 탄생한 공업 도시에서 질병의 만연을 막아주었고, 긴 노동시간 중에 노동자들의 공복감을 해소해 줄 수 있었다. 인산과 기계가 한곳에 공존했던 최초의 공장에서 차는 노동자의 원기를 회복시켜주는 음료였고, 증기는 기계를 움직이는 원동력이었다.

티-포트가 만들어낸 정책

영국에 차를 공급했던 조직인 영국 동인도회사의 정치적 힘은 대단했다. 최전성기에 회사는 영국 정부의 세입보다 더 많은 수입을 창출했고, 더 많은 사람을 고용했으며, 수입차에 대한 관세는 정부 세입의 10퍼센트를 차지할 정도로 많았다. 이러한 상황은 회사로 하여금 지구상에서 가장 강력한 국가의 정책에 직간접적으로 영향력을 행사할 수 있도록 만들어주었다. 회사는 고위층에 많은 인맥을 가지고 있었고, 회사 임원들 중 다수가 어려움 없이 의회에 진출했다. 동인도회사의 지지자들 또한 서인도제도에 이해관계를 가지고 있는 정치인들과 기회가 있을 때마다 협력했다. 서인도제도의 설탕에 대한 수요는 차의 소비가 증가함에 따라 함께 증가했기 때문이다. 이렇게 해서 동인도회사의 정책은 많은 경우에 정부의 정책이 되었다.

　차에 관한 정책이 미국의 독립 과정에서 중요한 역할을 했다는 것은 잘 알려진 사실이다. 1770년대 초, 영국과 영국이 지배하는 미국의 식민지에서 차의 밀수는 절정을 이루었다. 밀수된 차는 관세를 납부하지 않기 때문에 정상적인 차보다 가격이 저렴하여 영국에서 매우 인기가 있었다. 미국 식민지의 이민자들은 런던의 정부가 차에 부과하는 관세를 피하기 위해 네덜란드로부터 차를 밀수했다. 그들은 그러한 형태의 세금은 납부할 수 없다는 원칙을 고수하고 있었다. (영국 정부는 프렌치 인디언 전쟁의 부채를 상환하기 위해 여러 상품에 대해 세금을 부과했고, 차는 최후의 과세 대상 품목이었다.) 밀수가 만연하면서 정식으로 수입된 차의 판매는 감소했고 동인도회사는 막대한 재고를 안게 되었다. 거의 1만 톤에 달하는 차가 런던의 창고에 쌓이게 된 것이다. 그리고 회사는 차의 판매 여부와 관계없이 관세를 납부해야 했기 때문에 정부에 1백만 파운드 이상을 빚지게 되었다. 회사의 해결책은 보통의 경우처럼 자신에게 유리한 방향으로 정부의 개입을 요청하는 것이었다.

그 결과 1773년에 차법Tea Act이 제정되었다. 동인도회사가 요구했던 조항에는 정부에 대한 부채를 갚기 위해 정부가 회사에 140만 파운드의 론loan을 제공한다는 것, 그리고 중국에서 아메리카로 직접 차를 출하할 수 있는 권리가 포함되었다. 이는 회사가 영국에서의 수입세를 대신해서 1파운드당 3펜스, 즉 훨씬 낮은 아메리카의 수입세를 적용한다는 것을 의미했다. 더 나아가, 관세는 회사의 아메리카 대리점이 납부하는데, 대리점은 아메리카에서 차의 판매 독점권을 부여받았고, 결과적으로 회사에 독점권을 부여한 것이다. 이러한 조치를 통해 식민지 이민자에 대한 정부의 과세 제도를 확립함과 동시에 낮은 관세율은 밀수된 차의 가격을 떨어뜨리면서 밀수업자의 기반을 약화할 수 있을 것으로 기대했다. 결과적으로 전체적으로 차의 가격을 낮출 것이기 때문에 이민자에게도 혜택이 돌아갈 것이라고 동인도회사의 임원들은 생각했다.

그러나 이것은 엄청난 오판이었다. 아메리카의 이민자들은, 특히 뉴잉글랜드 사람들은 럼을 제조하기 위해 프랑스령 서인도제도로부터 당밀을 매수하든, 네덜란드와 밀수 차를 거래하든 런던의 간섭 없이 자유무역을 수행할 수 있느냐의 여부가 자신들의 번영을 결정한다고 믿었다. 그들은 영국산 제품에 불매운동을 벌였고, 원칙적으로 런던 정부에 세금을 납부할 수 없다는 태도를 가지고 있었다. (이 원칙은 "대표 없이 세금 없다"는 대의정치 원칙의 문제였다-역주) 또한 그들은 차를 소매로 판매하는 방식에서 정부가 동인도회사에 독점권을 부여한 것에 대해 분노했다. 그다음에는 무엇이 올 것인가? 1773년 12월에 필라델피아에서 발행된 간행물은 "(한때) 행복했던 이 나라에 동인도회사가 한 번 발을 들인다면, 놈들은 돌멩이 하나 남기지 않고 모든 것을 지배할 것이다"라고 선언했다. "그 회사의 인간들은 뱃속이 검고, 타락했고, 횡포한 관료들이 자신들을 지지하도록 동맹을 맺고 있다. 그들은 폭정, 강탈, 억압, 그리고 유혈 사태에 너무 익숙하고 (중략) 그래서 그들은 부자가 되었고 세계에서 가장 강력한 무역회사가 되었다." 많은 영국 상인들 역시 다시 한 번 정부가 동인도회사가 자신의 이익을 위해 정부 정책을 운용하는 것을 허용했다고 생각했다.

차법의 효력이 발생하고 동인도회사의 배가 차를 싣고 아메리카에 도착했을 때 정착민들은 차의 하역을 방해했다. 그리고 1773년 12월 16일, 모하크 인디언족으로 분장한 일련의 항의자들은 보스턴 항구에 정박 중인 3척의 동인도회사의 배에 진입했다. 그들 중 다수가 새로운 차법 때문에 생계에 위협을 느낀, 차 밀수업에 관련되어 있는 상인들이었다. 그들은 3시간 동안 배에 실려 있던 342상자의 차를 모두 바다에 던져 버렸다. 이와 유사한 "차 소동"이 다른 항구에서도 벌어졌다. 이에 대해 영국 정부는 1774년 3월에 동인도회사가 입은 손해를 보상받을 때까지 보스턴 항을 폐쇄한다고 발표했다. 이것은 1774년에 통과된 일련의 강압적인 법률들에 따른 최초의 조치였다. 영국 정부는 이러한 법률을 통해 식민지에 대한 자국의 지배력을 강화하려고 했지만 오히려 이민자들을 더욱 분노하게 만들었고, 궁극적으로 1775년의 독

1773년에 발생한 보스톤 차 사건. 인디언족으로 분장한 항의자들이 보스톤 항에 정박 중이던 3척의 배에 올라
실려 있던 모든 차를 바다에 버린 사건으로 미국 독립전쟁의 결정적인 단초를 제공했다.

립전쟁 발발을 앞당기는 결과를 초래했다. 만약, 정부와 동인도회사 간의 이해관계가 좀 더 적었더라면 차 사건은 가볍게 무시할 수도 있었고, 또는 이민자들과 타협안을 협의할 수도 있었을 가능성에 대해 상상해보는 것도 흥미로운 일일 것이다. (예를 들어, 아메리카 측에 있는 벤자민 프랭클린은 파손된 차에 대한 손실을 보상해 줄 것을 주장했다.) 그러나 결국 차를 둘러싼 논쟁은 아메리카 식민지가 영국으로부터의 독립을 향해 내딛는 결정적인 일보가 되었다.

아편전쟁과 차

1784년, 영국 정부가 차에 대한 관세를 대폭 인하했을 때 동인도회사는 다시 행운을 맞이했다. 이러한 조치로 인해 정규 차의 가격이 내려가면서 회사의 판매량이 2배로 뛰어올랐고 밀수 역시 일소할 수 있었기 때문이다. 그러나 회사의 막강한 영향력과 회사 임원의 부패와 사욕을 채우려는 행동에 대한 우려가 점점 더 커지면서 회사의 힘은 서서히 약해지고 있었다. 동인도회사는 의회에 보고 의무를 가진 관리위원회board of control의 감독하에 놓이게 되었다. 그리고 1813년에 아담 스미스가 주장하는 자유무역에 열광하는 목소리가 높아지면서 중국을 제외한 아시아 무역에 대한 회사의 독점권이 폐지되었다. 회사는 무역보다 인도라는 거대한 영토의 관리에 더욱 힘을 집중했다. 1800년 이후 회사 수입의 대부분은 인도의 토지세 징수로부터 나왔다. 1834년에는 회사의 중국과의 무역 독점권 역시 폐지되었다.

그러나 동인도회사의 정치적 영향력이 감소하고 경쟁 무역업자들의 시장 진입이 허용되었다고 하지만, 회사는 아편 무역을 통해서 차 무역에 대한 결정적인 통제권을 여전히 장악하고 있었다. 아편은 덜

익은 양귀비 열매에서 추출한 유액乳液을 채집하여 만든 강력한 마약인데 고대부터 약용으로 사용되어 왔다. 그러나 아편은 강한 중독성이 있어 아편 중독이 중국에서 커다란 문제가 되었고, 1729년에 정부는 아편의 사용을 법률로 금지했다. 그런데도 불법적인 아편 무역은 계속되었고, 19세기 초 영국 정부와 동인도회사는 결탁하여 아편 무역을 조직화하고 대규모로 확대해 나갔다. 정부에 의해 반은 공인된 마약 밀수를 위한 대대적인 사업이 구축되었는데, 영국 정부의 목적은 중국과의 무역수지의 불균형을 개선하기 위해서였다. 그리고 이러한 불균형의 직접적인 원인은 영국인의 차에 대한 사랑의 결과였다.

영국의 처지에서 볼 때 문제는 중국인은 차의 교역품으로서 유럽의 상품에 관심이 없었다는 점이다. 이와 관련하여 18세기에 시계와 시계 태엽 장치가 있는 완구는 유일한 예외였다. 그러한 자동기계는 유럽의 기술적 전문성이 중국보다 눈에 띄게 앞선, 드문 영역 중의 하나였다. 사실 유럽의 기술은 그 시대에 많은 영역에서 중국보다 앞서고 있었지만, 외부의 영향력으로부터 자신을 차단하고자 했던 중국의 태도는 변화와 혁신에 대한 일반적인 불신을 초래했다. 자동기계에 대한 열망은 곧 수그러들었고, 그리고 문제는 여전히 남아 있었다. 회사는 차 수입에 대한 대가로 은을 제공해야 했다. 결제에 필요했던 거대한 양의 은을 모으는 것도 쉬운 일이 아니었지만(오늘날의 금액으로 1년에 약 10억 달러에 해당하는 금액), 더욱 문제가 되었던 것은 회사가 이익을 남길 수 있는 차의 가격보다 은값이 더 빠르게 상승하고 있었다는 것이다.

이러한 상황에서 그들이 주목했던 것은 아편이었다. 적어도 아편을 거래할 의도가 있는 중국 상인은 아편을 은과 같은 수준의 가치 있는 상품으로 여겼기 때문이다. 마침 회사는 인도에서 아편의 재배와 가공을 독점적으로 지배하고 있었고, 1770년대 이후 밀수업자나 타락한 중국 상인에게 소량의 아편을 은밀히 팔아 왔었다. 회사는 차를 매수하는 대가로 은을 지급하는 대신에 아편을 사용하기 위해 아편 생산을 늘리기 위한 준비에 착수했다. 그리고 아편은 실제로 기대했던 것처럼 통화로서 충분한 역할을 할 수준으로 성장했다.

그러나 불법적인 약품이었던 아편을 차와 직접적으로 교환하는 형태의 무역이 이루어진 것은 아니었고, 동인도회사는 아편 무역이 드러나지 않도록 정교한 거래 구조를 고안했다. 아편은 벵골에서 생산되었고 1년에 한 번 캘커타에서 경매가 이루어졌는데, 회사는 그 이후에 아편이 어디로 이동하는지 모른 척했다. 실제로 아편은 인도에 근거를 둔 "지역 무역회사들country firms"이 구입했는데, 이들은 명목적으로는 독립적인 회사로서 동인도회사로부터 중국과 교역을 승인받은 회사들이었다. 이 회사들은 경매를 통해 구입한 아편을 배에 싣고 광동의 하구까지 가서 은과 교환했고, 이후 린틴이라는 섬에 아편을 하역했다. 이곳에서 아편은 중국 상인에 의해 노를 갖춘 갤리선에 실린 후 해안으로 밀반입되었다. 지역 무역회사들이 아편을 직접 중국으로 보낸 것은 아니었기 때문에 불법적인 일을 전혀 하지 않았다고 주장할 수 있었다. 그리고 동인도회사 역시 어떤 방식으로든 무역에 관여하지 않았다고 주장할 수 있었다. 실제로, 동인도회사는 회사의 배를 이용한 아편의 수송을 엄격하게 금지하고 있었기 때문이다.

중국의 세관 관리들은 어떤 일이 진행되고 있는지 잘 알고 있었지만 중국의 아편 상인으로부터 뇌물을 받으면서 동인도회사의 교묘한 사기극을 눈감아 주고 있었다. W. C. 헌터라는 미국 상인은 당시의 사정을 이렇게 설명했다. "아주 완벽했던 (외국인은 일절 관여하지 않은) 뇌물 시스템이 존재했기 때문에 비즈니스는 쉽게 그리고 정기적으로 진행되었다. 새로 임명된 관리가 부임하는 등 때때로 장애 상황이 발생하기도 했다. 그럴 때면 보상 문제가 제기된다. (중략) 그러나 곧 서로가 만족할 만한 합의가 이루어지고, 중개인들은 만면에 미소를 띠고 다시 나타나고 그 지역에 평화와 면책이 다시 허용된다." 때때로 지방의 관리들은 린틴 주변을 배회하는 외국 배들을 향해 본토의 항구에 기착하거나 그곳에서 떠날 것을 요구하는 위협적인 포고령을 발동했고, 중국 세관의 배가 외국 배를 최소한 지평선으로 사라질 때까지 추격하는 모양을 양측이 만들기도 했다. 그리고 관리들은 외국 밀수업자를 몰아냈다고 주장하는 보고서를 발간하기도 했다.

이렇게 악랄한 책략은 동인도회사와 영국 정부 내에 있는 그들의 지지자 입장에서 볼 때 매우 효과적이었다. 아편의 중국 수입은 1830년 1년 동안 1500톤에 달했는데, 이는 250배나 증가한 것이다. 아편의 판매는 영국의 차 수입에 대한 대가로 지불할 충분한 은을 제공해주었다. 실제로는 중국의 아편 수입 규모가 1828년부터 차 수출 규모를 넘어섰기 때문에 충분한 정도를 이미 넘어섰다. 은은 다음과 같은 루트를 통해 흘러갔다. 지역 무역회사가 은을 가지고 인도로 돌아오면 동인도회사는 런던에서 발행한 은행의 수표로 은을 매수한다. 동인도회사는 인도를 지배했던 사실상의 인도 정부였기 때문에 이 수표는 현금과 동일한 가치를 지녔다. 그 후 은은 런던으로 보내져서 동인도회사의 대리인의 손에 넘어가고, 대리인은 그 은을 가지고 차를 사기 위해 다시 광동으로 가는 일이 반복적으로 이루어지는 것이다. 당시 중국 내에서 밀수량과 맞먹을 정도의 아편이 불법적으로 생산되고 있었지만, 그렇다고 하더라도 영국 정부가 단순히 영국에 차 공급을 유지하기 위해 수천 명의 중독자를 양산하고 수많은 생명을 고통으로 몰고 간 아편을, 그것도 중국이 국가 차원에서 금지했던 아편을 대규모로 밀무역을 했다는 것은 어떠한 이유로도 정당화할 수 없을 것이다.

중국 정부가 새로운 법을 제정하여 아편 무역을 금지하려고 했지만 별 효과가 없었다. 광동의 관료들이 철저하게 타락했기 때문이다. 결국 황제는 1838년 12월에 아편 부역을 완전히 끝내기 위해 삼독판 임칙서(Lín Zéxú, 林則徐, 1785-1850년, 중국 청나라 말기의 정치가로 흠차대신을 두 번 역임했다-역주)를 광동으로 파견했다. 임칙서가 도착했을 때 광동의 분위기는 매우 심각했다. 1834년에 동인도회사의 독점권이 박탈당한 이후 지방 관리들과 영국 정부의 대표들 사이에 교역의 규칙을 놓고 계속 다툼이 있었다. 임칙서는 즉각적으로 중국의 상인과 영국의 업자에게 아편의 재고를 모두 파기하라고 명령했다. 그들은 임칙서의 명령을 무시했는데, 이전에도 그런 명령을 무시했지만 처벌받지 않았기 때문이다. 그러나 이번에는 임칙서의 부하들은 그 해 아편 공급량 재고를 모두 불태워버렸다. 밀수업자들은 이러한 조치를 일시적인 후퇴로 받아들였고, 그들이 다시 비즈니스를 재개하자 임칙서는 영국인과 중국인 모두 체포했다. 그 후 2명의 영국 선원이 소동 중에 중국인을 살해했고, 영국 당국이 그들의 인도를 거부하자 임칙서는 영국인을 광동에서 추방했다.

이러한 사태는 런던의 동인도회사 대표들과 다른 영국 상인들을 격노케 했고, 그들은 광동 사태의 해결을 넘어 영국 정부가 광동 이외의 항구 개방을 중국에 요구하도록 압력을 가했다. 광동의 불안정한 상황은 어찌되었든 해결되어야 했고, 상인들은 명목상으로는 자유교역의 이익을 내세웠지만 실제로는 차 교역 (그리고 이와 연계되어 있는 아편 무역)을 계속하기 위해 자신들의 요구를 주장했다. 정부는 공개적으로 아편 무역을 지지하는 것을 원하지 않았지만, 그렇다고 해서 중국 내부에서 아편에 대한 금지가 영국 상인의 소유인 아편을 압수하거나 파기할 수 있는 권리까지 행사할 수 있음을 의미하는 것은 아니라는 입장을 취하였다. 자유무역을 보호한다는 명분 아래 전쟁이 선포되었다.

아편전쟁은 1839년에서 1842년까지 벌어졌는데 영국의 일방적인 승리로 끝났다. 이는 중국인을 충격으로 몰아넣었던 유럽의 무기들의 뛰어난 성능 때문이었다. 1839년 7월에 최초로 소규모 접전이 발생했는데, 영국은 두 척의 군함으로 29척의 중국 배들을 격퇴했다. 지상에서도 중세 시절의 무기로 무장한 중국인은 최첨단의 머스킷 소총으로 무장한 영국 군대에 상대가 되지 않았다. 1842년 중반까지 영국 군대는 홍콩을 점령했고, 주요한 강의 델타 지역을 장악했고, 이어 상해와 다른 도시들을 점령했다. 중국은 홍콩을 영국에게 할양하고, 모든 품목에 대한 자유무역을 위해 5개 항구를 개방하고, 그리고 감독관 임직서에 의해 파기된 아편의 보상을 포함하여 영국에 은으로 배상금을 지급하는 내용을 포함한 강화조약에 서명할 것을 요구받았다.

이러한 결과는 영국 상인의 승리였고 중국에는 고통스러운 치욕이었다. 중국이 천하무적이고 우월하다는 신화는 산산조각이 났다. 청왕조의 권위는 반복되는 종교적 민란을 진압하지 못하는 무능으로 인해 이미 무너지고 있었지만, 이제는 작고 멀리 떨어진 섬나라에 패배하고 야만적인 상인들과 선교사들에게 항구를 개방하도록 압박을 당한 것이다. 이것은 19세기의 나머지 기간에 표면적으로는 무역 개방을 중국에 강요하면서 서양 열강들이 벌였던 또 다른 전쟁의 모습을 예고했을 뿐이다. 각각의 모든 전쟁에서 패한 중국은 외국 세력에게 상업적 목적을 위해 더 많은 양보가 불가피했다. 여전히 중국의 중요한 수입품이었던 아편의 무역은 합법화되었다. 영국은 중국의 세관 업무를 장악했고, 직물과 다른 공산품의 대량 수입은 중국 기능공들의 삶을 뒤흔들었다. 중국은 영국, 프랑스, 독일, 러시아, 미국 그리고 일본이 자신들의 제국주의 경쟁자와 싸우는 각축장이 되었고, 그들은 중국의 영토를 분할하고 정치적 우위를 점하기 위해 경쟁했다. 반면, 중국인의 외국인에 대한 혐오감은 더욱 커졌고, 만연한 부패와 위축되는 경제 그리고 치솟는 아편 소비량은 한때 절대 문명을 자랑하던 중국을 무너뜨리는 원인이 되었다. 미국의 독립과 중국의 몰락, 그것은 차가 영국의 제국주의 정책에, 나아가 세계사의 흐름에 미친 영향력의 유산이었다.

광동에서 아삼까지

아편전쟁이 발발하기 직전까지도 영국 국내에서는 차의 공급에 있어서 중국에 대한 의존도가 상당히 높았기에 우려가 커지고 있었다. 오래전인 1788년에 동인도회사는 당시 저명했던 식물학자인 조지프 뱅크스 경에게 벵골의 산악 지역에서 재배할 수 있는 유익한 작물이 무엇인지 자문을 요청한 적이 있었다. 그가 제시한 리스트에 차가 첫 번째로 제시되어 있었지만 회사는 이를 무시했다. 1822년에 왕립인문학회Royal Society of Arts는 "영국령 서인도제도, 희망봉, 뉴 사우스 웨일스 또는 동인도제도에서 중국의 차를 대량으로 재배하거나 생산에 성공한 자"에게 상금으로 50기니를 수여한다고 발표했지만 어느 누구도 그 상금을 받지 못했다. 동인도회사는 새로운 공급원에 대한 조사에 소극적이었는데, 이는 중국과의 독점 무역의 가치를 훼손하고 싶지 않아서였다.

그렇지만 1834년에 중국과의 독점권을 박탈당하자 회사의 태도가 극적으로 바뀌었다. 회사의 대표이자 인도의 총독이었던 윌리엄 카벤디쉬 벤틴크 경은 어느 부하 직원으로부터 차를 재배한다면 "중국 정부가 허용했던 수준의 물량 이상을 확실하게 보장할 수 있다"라는 보고를 받은 후 차 재배에 대한 계획을 열심히 추진하기 시작했다. 벤틴크는 가능성을 타진하기 위해 위원회를 구성하고 대표단을 파견했다. 이미 1728년부터 자바에서 차의 재배를 시도했던 네덜란드로부터 조언을 구하고, 그리고 차의 씨앗과 숙련된 노동자를 확보하고자 하는 기대를 가지고 중국을 방문했다. 이와 함께 인도에서 차를 재배하기에 최적의 장소를 물색하는 조사도 시작했다.

이러한 계획의 지지자들은 인도에서 차를 재배할 수만 있다면 영국과 인도에 모두 유익할 것이라고 주장했다. 영국의 소비자들은 더욱 안정적인 공급처를 확보하는 것이었다. 동인도회사가 영국의 공장에서 제조된 값싼 직물을 인도에 수입하면서 인도의 전통적인 직물 산업이 붕괴되어 상당히 많은 사람들의 생계가 위협받았는데, 인도의 새로운 차 산업에는 많은 노동력이 필요할 것이기 때문에 인도의 노동자들에게 풍부한 일자리를 제공할 수도 있었다. 더 나아가 차를 생산만 하는 것이 아니라 인도 사람들 역시 차를 마실 수 있게 되기 때문에 새롭고 거대한 차 시장을 창출할 수 있었다. 차 재배에 대한 지지자들은 인도의 농부들은 "시장에서 가치가 매우 높은 상품을 재배할 뿐만 아니라 건강에 유익한 음료를 마실 수 있게 될 것이다"라고 주장했다.

차 재배는 또한 엄청난 이윤에 대한 약속이기도 했다. 차를 생산하는 중국의 전통적인 방법은 산업이라고는 도저히 말할 수 없었고, 수백 년 동안 아무것도 변하지 않은 채로 유지되고 있었다. 시골의 영세한 생산업자가 지역의 중간 상인에게 차를 팔았다. 이후 차는 해안으로 운송되었고, 하천을 이용할 수 있는 경우에는 배를 사용했고 산악지대의 경우에는 사람이 직접 운송했다. 최종적으로 차를 조합하고 포장하는 상인 손에 들어가 광동에서 유럽의 무역상에게 팔리는 것이다. 당연히 중간 상인들은 수수료를 얻기 때문에 운송비, 통행료, 세금을 포함하면 차 1파운드당 거래 가격은 생산지 가격의 약 2배에 이르게 된다. 그러나 인도에서는 그러한 차액을 모두 자신이 챙길 수 있었다. 더 나아가 마치 "자 공상tea tactories"인 것처럼 새로운 공업적 생산 방식을 도입하고 대규모 플랜테이션을 운영하고, 가공 과정을 최대한 자동화함으로써 생산성을 높여 더욱 많은 이윤을 기대할 수 있었다. 이 처럼 인도에서의 차의 재배는 제국주의와 산업주의가 손을 맞잡고 협력하는 모습이 되었다.

그렇지만 여기에는 커다란 모순이 있었다. 인도에는 이미 오래전부터 차나무가 자라고 있었고, 그것도 벤티크의 위원회 위원들 바로 코 앞에 있었다는 사실이다. 1820년대에 캘커타에 있는 정부 소속의 식물학자였던 나다니엘 월리치는 아삼(Assam, 인도의 북동부 지역 이름-역주)에서 자생하는 차와 유사한 식물의 표본을 받았다. 그는 그것이 동백나무의 보통종이라는 사실은 알았지만 차나무의 한 종이라는 사실은 알지 못했다. 1834년, 벤티크 위원회의 위원으로 임명된 월리치는 인도의 어느 지역의 기후가 차 재배에 적당한지 파악하기 위해 각지에 설문지를 보냈다. 아삼 지역으로부터 온 회신에는 차나무의 자른 가지, 씨앗, 찻잎의 표본이 포함되어 있었다. 이번에는 월리치도 확신했고, 위원회는 신이 나서 벤티크에게 "의심할 바 없이 차 관목이 아삼의 고산지에서 자생하고 있으며 (중략) 우리는 이러한 발견이 제국의 농업적 또는 상업적 자원과 관련하여 단연코 가장 중요하고 가치 있는 발견이 될 것이라고 자신 있게 확신한다"라고 보고했다.

그들은 현지를 조사해 본 결과 차가 정말로 아삼에서 자생하고 있는 것을 확인했다. 아삼은 당시 버마와의 국경선이 모호한 지역으로 버마의 침입에 대비하여 동인도회사가 완충지대로 활용하기 위해 몇 년 전부터 점거하고 있던 지역이었다. 당시 회사는 가난한 아삼의 북부에

영국 런던 리덴홀 스트리트에 위치한 동인도회사 본사의 전경. 단순한 무역회사로 출발했던 동인도회사는 동방에서 영국의 힘을 상징하는 조직으로 변모했고, 역사상 어떠한 상업 조직보다 막강한 권력을 휘두르는 조직으로 발전했다.

괴뢰정권을 만들었고, 아삼 남부에서는 토지나 작물 등 생각할 수 있는 모든 것에 대해 세금을 부과하는 일에 전념했다. 당연하게도 그 지역에서 차가 자생한다는 사실이 확인된 이상 그 정권은 오래 지속될 수 없었다. 그러나 아삼의 야생 차나무를 번성하는 차 산업으로 전환하는 것은 생각보다 매우 어려운 일이었다. 생산 체제를 구축할 책임을 맡았던 관리들과 과학자들은 어떤 방법이 최선인지에 대해 논쟁했다. 차의 재배지로 평지가 좋은지 고지대가 좋은지, 저온 지역이 좋은지 고온 지역이 좋은지 아무도 그 답을 알지 못했다. 식물과 씨앗을 중국에서 가져오면서 차 생산업자 몇 사람도 함께 데려왔지만 차나무를 인도에서 뿌리내리게 할 수 없었다.

이 문제는 찰스 브루스에 의해 최종적으로 해결되었다. 그는 아삼의 사람, 언어, 문화를 잘 아는 모험가이자 탐험가였다. 그는 중국에서 온 차 생산업자의 전문성과 아삼 사람의 시식을 융합하여 이렇게 야생의 차나무를 재배할 수 있는지, 차나무를 잘 자라게 하는 가장 좋은 방법은 무엇인지, 정글에서 자라던 나무를 어떻게 잘 정돈된 차 농원에 이식할 것인지, 그리고 찻잎을 어떻게 시들게 하고, 둥글게 말고, 건조시키는지를 점차로 해결해 나갔다. 1838년, 최초로 아삼의 차를 선적한 배가 런던에 도착했을 때 상인들은 차의 높은 품질에 감탄했다. 인도에서 차를 생산한다는 가능성은 이제 현실이 되었고, 동인도회사는 힘든 일은 다른 사람들이 하도록 하면 되었다. 회사는 기업가들에게 차 플랜테이션을 구축하는 것을 허용하기로 결정했다. 그들에게 토지를 빌려주고 세금을 걷고, 생산된 차에 대해 다시 세금을 부과해서 돈을 벌겠다는 것이 그들의 심산이었다.

이러한 상황에서 런던의 어느 상인 단체가 그러한 기회를 잡기 위해 아삼 컴퍼니라는 새로운 회사를 설립했다. 그들은 중국 상인과 교역을 하면서 "굴욕적인 상황"을 강요당한 것을 개탄했다. 이제 그러한 상황은 아편전쟁 덕분에 타파되었지만 차는 "커다란 이윤의 원천이었고, 국가적 차원에서도 매우 중요한 상품"이었기에 인도에서 새로운 생산처를 확보할 기회를 결코 놓치지 않았다. 브루스는 자신이 작성한 보고서에서 "중국과 마찬가지로 우리가 충분한 사업가들을 확보한다면 (중략) 가격 면에서 중국과 경쟁할 수 있을 것이다. 오히려 더 싸게 판매할 수 있고, 아니 그렇게 해야 한다"라고 말했다. 브루스가 지적했던 중요한 문제는 차 플랜테이션에서 일할 충분한 노동력을 확보하는 것이다. 그는 만연했던 아편 중독 때문에 그 지방 사람들이 일하지 않는 것을 비난했지만, 아삼에서 일자리를 구할 수 있다는 소문을 들으면

이웃 지역인 벵골에서 아삼으로 직업 없는 노동자들이 밀려올 것이라고 확신했다.

아삼 컴퍼니는 자금을 조달하는 데 어려움이 없었다. 오히려 주식의 공모는 엄청날 정도로 과열되면서 많은 투자 희망자들이 주식 매입을 포기해야 했다. 1840년, 아삼 컴퍼니는 동인도회사가 실험적으로 설립했던 차 플랜테이션의 경영권을 대부분 인수했지만 경영 방법에 있어서 엄청난 실수를 저질렀다. 회사는 가능한 한 모든 중국 노동자를 고용했는데, 단지 중국인이라는 국적만으로 그들이 차를 재배하는 적임자라고 잘못 판단했던 것이다. 반면, 회사의 임원들은 회사 돈을 완전히 제멋대로 썼다. 재배된 양도 소량이었지만 품질도 아주 낮았다. 아삼 컴퍼니의 주가는 99.5퍼센트 하락했다. 1847년에 회사의 운영을 책임졌던 임원이 브루스를 해고한 후부터 경영 상황이 호전되기 시작했다. 1851년에 가서야 회사는 이익을 내기 시작했고, 같은 해 그들이 생산한 차는 대영제국의 힘과 부를 과시하기 위해 런던에서 개최된 박람회에 출품되었는데 커다란 호평을 받았다. 이제 중국인만이 차를 생산할 수 있는 것이 아니라는 사실을 만천하에 증명하게 된 것이다.

차에 대한 열기 덕분에 수십 개에 달하는 차 회사들이 인도에 설립되었지만, 무지한 투기자들이 새로운 사업이라면 뭔지도 모르고 뛰어든 경우가 대부분이어서 다수가 실패로 끝났다. 그렇지만 이러한 차 열풍에 힘입어 1869년대 후반에 와서 차 산업은 회복되었고, 공업적 방법과 기계의 도입으로 생산량은 크게 증가했다. 차나무는 줄을 지어 심어졌고, 노동자들은 일렬로 세워진 헛간에 기거하면서 엄격한 작업표에 맞추어 일하고 먹고 잠을 잤다. 차를 채취하는 것은 자동화가 불가능했지만 (이것은 지금도 불가능) 찻잎 가공의 기계화는 1870년대에 시작되었다. 더욱 정교한 기계가 개발되면서 차를 말고 건조하고 분류하고 포장하는 작업이 자동화되었다. 이러한 공업화는 차의 생산 가격을 극적으로 떨어뜨렸다. 1872년에 차 파운드당 생산 원가는 대략 인도와 중국이 비슷했는데, 1913년에 인도에서의 생산 원가는 3분의 1로 떨어졌다. 게다가 철도와 증기선은 영국으로 차를 운송하는 비용을 절감시켰다. 중국의 수출업자들은 이제 끝장이 나 버린 것이다.

이처럼 짧은 기간에 중국은 영국에 대한 중요한 차 공급자로서의 왕관을 내려놓았다. 다음의 수치는 이러한 과정을 잘 설명해준다. 영국은 1859년에 중국으로부터 3만 1000톤의 차를 수입했지만, 1899년에 가서는 7천 톤으로 줄어들었다. 반면 인도로부터의 수입은 거의 10만 톤으로 증가했다. 인도 차 산업의 부상은 중국의 차 재배업자들에게 고통스러운 충격을 가했으며, 더 나아가 20세기 전반에 빈번하게 발생했던 민란, 혁명, 전쟁으로 극도의 혼란기를 겪고 있던 중국의 국가적 불안정에 또 하나의 요인을 제공했다. 그러나 동인도회사는 영국이 중국의 차와 결별하고자 했던 계획의 성공을 목격할 때까지 존속하지 못했다. 1857년에 동인도회사의 통치 방식에 반대하는 벵골 군대의 폭동이 발생했고, 이는 인도 전역으로 확산되면서 세포이의 항쟁(Sepoy Munity, 항쟁이 아니라 '세포이의 난'으로 해석하는 것이 타당하다는 의견도 있음-역주)으로 발전했다. 이 사태로 인해 인도에 대한 직접적인 통치권이 영국 정부로 이양되었고 동인도회사는 1858년에 해산되었다.

오늘날 세계 최대의 차 생산 국가는 인도이고, 소비량 역시 세계 1위로 세계 총 생산량의 23퍼센트를 차지하고 있다. 뒤를 이어 중국이 16퍼센트를, 영국이 6퍼센트를 소비하고 있다. 일인당 차 소비량에 있어서 글로벌 랭킹을 보면 영국의 제국주의 영향이 이전에 식민지였던 국가의 차 소비 패턴에 아직까지 남아 있다는 것을 분명히 볼 수 있다. 영국, 아일랜드, 호주 그리고 뉴질랜드가 세계 12대 차 소비국가에 포함된다. 이들은 12대 국가 중에 포함되어 있는 서양 국가들이다. 일본을 제외하면 나머지 국가들은 중동 국가들인데, 이들 국가에서는 알코올이 금지되기 때문에 커피처럼 차를 애용하기 때문이다. 미국, 프랑스, 독일은 순위에서 한참 뒤처지는데, 영국이나 아일랜드의 일인당 차 소비량의 10분의 1에도 미치지 못한다. 대신 그들은 커피를 즐겨 마신다.

미국인이 차보다 커피를 더 즐기는 것에 대해 차법과 보스턴 차 사건에서 차에 대한 거부를 상징적으로 보여주었던 역사가 원인이라는 말을 종종 듣지만 그것은 오해다. 독립전쟁 기간에 영국 차의 공급이 방해를 받았지만 미국 이민자들이 차를 구하고자 하는 열의는 줄어들지 않았다. 따라서 그들은 지역의 재료를 가지고 대안품을 만들기 위해 힘겨운 노력을 하기도 했다. 일부는 4개의 잎을 가진 좁쌀풀loosestrife로 "리버티 티Liberty Tea"를 만들었고, 다른 사람들은 창질경이ribwort, 까치밥나무 잎carrant leaves, 세이지sage를 가지고 "발름 티Balm Tea"를 만들었다. 차 맛은 별로였지만 그러한 맛을 견디는 것이 미국인에게는 애국심을 보여주는 방식이기도 했다. 소량의 원래의 차가 은밀히 거래되기도 했고, 가끔 포장에 담배 라벨을 붙여 위장하기도 했다. 그러나 곧 전쟁이 끝나고 차의 합법적인 공급이 재개되었다. 보스턴 차 사건이 발생한 지 10년이 지난 후에도 차는 여전히 커피보다 인기가 높았다. 커피는 19세기 중반에 들어서서야 더욱 대중적인 음료가 되었다. 1832년에 수입품에 대한 관세가 철폐되고 커피의 가격이 저렴해지면서 커피의 인기는 더욱 높아졌다. 남북전쟁 동안 커피에 대한 관세가 일시적으로 부활했다가 1872년에 다시 폐지되었다. 그해 〈일러스트레이티드 런던 뉴스Illustrated London News〉는 "아메리카는 이제 커피에 대한 관세를 폐지했고, 그 후 커피 소비량은 엄청나게 증가했다"라고 보도했다. 반면, 차의 인기는 이민의 패턴이 변하고 차를 마시는 영국인 이민자의 비율이 감소하면서 따라 줄어들었다.

차에 대한 이야기는 혁신과 파괴라는 의미와 함께 당시 대영제국의 강대했던 힘을 잘 보여준다. 차는 한 세기 이상 세계의 초강대국이었던 나라의 국민이 정말로 좋아했던 음료였다. 영국의 관리들은 세계 어디를 가더라도 차를 마셨고, 영국의 병사들은 유럽과 크림반도의 전쟁터에서 차를 마셨고, 그리고 영국의 노동자들은 미드랜드의 공장에서 차를 마셨다. 영국은 지금도 차를 마시는 국민으로 남아 있다. 그리고 그들의 대영제국과 그 에너지의 원천이었던 차가 역사에 미친 영향도 오늘날까지 세계 도처에 남아 있다.

❧

제6부

코카-콜라와
아메리카의 부상

A
History
of
World
in
6
Glasses

The rise
of Coca-Cola and America

11

소다에서 콜라로

더욱더, 더욱더 강하게!
코카-콜라를 마시는 모든 사람이여
더욱더, 더욱더 상쾌하게!
코카-콜라를 마실 때마다
— 코카-콜라 광고 문구, 1896년

산업의 힘

산업주의와 소비자 중심주의가 영국에서 처음으로 뿌리를 내렸지만 진정으로 꽃을 피운 곳은 미국이다. 그것은 산업적 생산에 대한 새로운 접근 방식 덕분이었다. 무언가를 생산하는 산업 이전의 방법은 기능공이 처음부터 끝까지 책임지는 것이었다. 영국의 산업적 접근은 제조의 과정을 여러 단계로 구분하고, 한 단계에서 다음 단계로 공정이 넘어가는 것이었다. 기계의 도움이 가능하면 기계를 같이 사용했다. 그러나 미국적 접근 방법은 조립을 제조 공정으로부터 분리해 한 단계 더 발전시켰다. 전문화된 기계를 사용하여 교환할 수 있는 수많은 부품을 대량으로 생산하고, 이들 부품을 조립하여 최종 생산품을 만들어 내는 방식이었다. 이러한 방식은 미국식 생산 방식으로 알려졌고, 총에서 시작하여 재봉 기계, 자전거, 자동차 그리고 다른 제품에 적용되었다. 이러한 방식은 미국의 산업력의 기반이 되었고, 그 덕분에 대량 생산과 소비재의 대량 판매가 가능하게 되었고, 이는 미국식 생활 방식의 본질적 부분으로 빠르게 자리 잡았다.

19세기 미국의 상황은 이러한 새로운 대량 소비주의를 위한 이상적인 환경을 제공했다. 미국은 원자재가 풍부한 국가였지만 항상 숙련된 노동자를 구하기 힘들었다. 그러나 새롭게 전문화된 기계를 이용하여 숙련되지 못한 노동자조차도 숙련된 기술자의 수준으로 훌륭한 부품을 생산할 수 있었다. 미합중국은 또한 지역 격차나 계급의식이 유럽의 국가처럼 강하지 않았다. 이것은 특정 지역의 취향에 구애받지 않고 동일한 제품을 대량으로 생산하고 어디에서나 판매할 수 있다는 것을 의미했다. 그리고 1865년 남북전쟁이 끝난 후 전국에 걸쳐 구축된 철도망과 통신 네트워크는 국가 전체를 하나의 시장으로 만들어주었다. 곧 영국조차 미국에서 제조된 공산품을 수입하게 되었고, 산업의 주도권이 한 나라에서 다른 나라로 넘어가는 분명한 신호가 되었다. 1900년에는 이미 아메리카의 경제는 영국의 경제를 뛰어넘으면서 세계 최강의 경제대국으로 성장했다.

19세기에 아메리카는 경제력을 자국 내에 집중했고, 반면 20세기에는 해외로 경제력을 돌리면서 두 차례의 세계대전에 적극적으로 개입했다. 그 후 미합중국은 세 번째 국면에 처하게 되었는데, 그것은 소련과의 냉전 체제였다. 양측은 군사력에서 팽팽했고, 전쟁은 경제전쟁으로 발전하게 되었고, 그리고 궁극적으로 소련은 미국과 더 이상 경쟁할 수 없게 되었다. 미국의 세기라고 불릴 수 있던 시대인 20세기가 끝나면서, 세계 경제가 무역과 통신으로 이전보다 더욱 밀접한 관계를 맺는 글로벌 경제 체제가 되면서 압도적인 군사력과 경제력을 겸비한 미합중국은 세계에서 유일한 초강대국으로 확고한 지위를 갖게 되었다.

미국의 대두, 20세기의 전쟁, 정치, 무역 그리고 커뮤니케이션의 글로벌화는 세계에서 가장 가치 있고 유명한 브랜드로 미국과 그 가치관이 체화된 것으로 보편적으로 여겨지는 음료인 코카-콜라가 전 세계에 보급되는 과정과 잘 부합된다. 미합중국을 인정하는 사람에게는 콜라가 아메리칸 드림인 선택과 소비자 중심주의와 민주주의에 대한 경제적 · 정치적 자유를 상징했다. 그러나 반대하는 사람에게는 콜라가 무자비한 글로벌 자본주의, 글로벌 기업과 브랜드에 의한 지배, 그리고 지역문화와 가치를 훼손하면서 미국화 또는 미국식으로 균질화의 시도를 상징했다. 대영제국의 이야기를 한 잔의 차 속에서 볼 수 있는 것처럼 세계 최강국이 되기까지 미국의 등장에 관한 이야기는 갈색의 달콤한 그리고 거품이 나는 코카-콜라의 이야기 속에 펼쳐져 있다.

솟아오르는 소다수

코카-콜라와 다른 모든 인공적으로 탄산이 가미된 소다수의 직접적인 조상은 흥미롭게도 1767년경 영국의 성직자이자 과학자인 조지프 프리스틀리Joseph Priestley에 의해 리즈(Leeds, 영국의 북부에 있는 도시-역주)에 있는 양조장에서 탄생했다. 프리스틀리는 직업이 목사 - 독특한 종교관을 가지고 있었고 말을 더듬었는데 - 였지만, 그는 많은 시간을 과학적 연구에 할애했다. 그는 맥주 양조장 옆에 살면서 발효 통에서 치솟는 가스를 보고 매료되었다. 당시에는 그 가스를 단순히 "고정 공기 fixed air"라고 불렀다. 양조장을 자신의 실험실로 사용하고 있던 프리스틀리는 이 불가사의한 가스의 성질을 조사하기 시작했다. 그는 발효 중인 맥주의 표면 위로 초를 가까이 가져갔을 때 가스의 기운이 불을

꺼버리는 현상에 주목했다. 막 꺼진 촛불에서 나오는 연기는 가스를 따라 이동했기 때문에 잠깐 동안이지만 가스의 이동을 눈으로 볼 수 있었다. 가스는 통의 측면으로 이동하다가 바닥으로 떨어졌다. 이것은 가스가 공기보다 무겁다는 것을 의미했다. 프리스틀리는 통 위에 2개의 글라스를 들고 한 개의 글라스에 가스를 담은 후 빠르게 물을 붓고, 다시 다른 글라스에 가스를 담은 후 이전 글라스의 물을 다시 붓는 것을 반복하면서 가스를 물에 용해하는 데 성공함으로써 "아주 기분이 좋은 스파클링 워터sparkling water, 소다수, 탄산수"를 생산해냈다. 오늘날 우리는 이 가스는 탄산 가스였고 물은 소다수로 알고 있다.

당시에 고정 공기에 대한 여러 이론 중 살균효과가 있다는 주장이 있었고, 이 때문에 고정 공기가 포함된 음료는 약으로서 유용한 것으로 생각되었다. 이것은 대부분 발포성인 천연 광천수(mineral water, 鑛泉水, 광천에서 솟아나는 물로 염분과 황화물 등의 광물질을 포함하고 있다-역주)에는 건

조지프 프리스틀리. 그는 1772년에 소다수를 만드는 방법을 수록한 책을 발간했다.

강에 도움되는 성분이 포함되어 있다는 생각의 근거가 되기도 했다. 프리스틀리는 1722년에 런던의 왕립학회에서 발견 내용을 발표했고, 같은 해《고정 공기가 침투된 물Impregnating Water with Fixed Air》이라는 제목의 책을 출판했다. 그때쯤 그는 탄산수를 만드는 보다 효과적인 방법을 고안했는데, 한 병에는 화학적 작용으로 발생한 가스를 담고, 그것을 물을 채워 거꾸로 뒤집어 놓은 두 번째 병으로 옮기는 방법이었다. 두 번째 병에 가스가 충분히 채워지면 가스와 물이 섞이도록 병을 흔들었다. 프리스틀리의 이러한 발견은 의학적 잠재성을 인정받아 왕립학회가 수여하는 최고의 명예인 코플리 메달을 받았다. (탄산수는 괴혈병에 대한 치료약으로 특히 바다에서 유용한 것으로 잘못 알려져 있었다. 이때는 레몬주스의 효과가 널리 인정되기 전이었다.)

프리스틀리는 자신의 발견을 상업화하려는 시도를 하지 않았고, 맨체스터에 살았던 화학자이며 약사였던 토머스 헨리가 1770년대 초에 인공적으로 탄산을 가미한 물을 약으로 판매하려고 처음 시도했던 것으로 보인다. 그는 인공 광천수의 개발에 매우 열심이었고 의약적 효능, 특히 "발진티푸스, 이질, 담즙성 구토 등"에 효과가 있다고 확신했다. 헨리는 자신이 개발한 기계를 사용하여 한 번에 광천수 12갤런을 생산할 수 있었다. 그는 1781년에 발간된 팸플릿에서 광천수가 들어 있는 병은 "코르크를 사용하여 꽉 막고 밀봉하여 보관"해야 한다고 설명했다. 그는 또한 레모네이드(설탕, 물, 레몬주스를 섞은 것)와 함께 복용할 것을 권고했는데, 어쩌면 그는 인공적으로 탄산을 가미한 달콤한 음료를 최초로 판매한 인물일지 모른다.

1790년대에 유럽의 과학자들과 사업가들은 인공 광천수를 만들어 일반 대중에게 판매하는 비즈니스를 시도했는데 성공의 정도는 편차가 컸다. 스웨덴의 과학자인 토번 베르그망은 자신의 학생들 중의 한

명을 도와 작은 공장을 세웠지만, 그 공장은 병 작업을 하는 여성이 한 시간에 3병밖에 밀봉할 수 없는 등 효율성이 매우 낮았다. 이에 비해 제네바의 니콜라스 폴이라는 시계공과 세이콥 슈웨퍼라는 금융가가 합작으로 세운 벤처는 매우 성공적이었다. 폴이 개발한 물에 탄산을 가미하는 방법은 1797년에 제네바의 의사들로부터 최고의 방법으로 인정받았다. 그 회사는 곧 크게 번창했고, 1800년에는 병에 담은 탄산수를 해외로 수출까지 하게 되었다. 그 후 폴과 슈웨퍼는 결별했고 각각 영국에 경쟁 회사를 설립했다. 슈웨퍼의 회사는 영국인의 기호에 더욱 잘 맞는 좀 더 부드러운 광천수를 생산했다. 당시는 일반적으로 탄산이 적게 가미된 물이 천연 탄산수에 더 가깝다고 믿고 있었다. 그 시기의 만화는 폴의 회사가 만든 탄산수를 마신 사람을 과도하게 팽창한 풍선으로 묘사하기도 했다.

새롭게 등장한 인공 광천수 중에는 탄산수소나트륨(sodium bicarbonate, 화합물의 한 종류로 베이킹소다, 중탄산나트륨, 중탄산소다, 중조(重曹) 등으로 부른다-역주) 즉 소다soda를 사용하여 만든 것들이 있었는데, 이 때문에 소다수soda water는 그러한 음료를 가리키는 일반적인 용어가 되었다. 그러한 음료는 1800년까지는 엄격하게 의약용으로만 허용되었고, 의사들은 다양한 질병에 대한 치료제로 처방을 했다. 또한 영국 정부는 그러한 음료에 대해서 특허가 인정된 의약품으로 간주하여 1병당 3펜스의 세금을 부과했다. 어느 의약 저술가는 1798년에 "소다수"는 슈웨퍼에 의해 제조·판매되었다고 기록했고, 그리고 1802년 런던의 한 광고는 "보통 소다수라고 불리는 가스를 포함한 알칼리성 물은 이 나라에서 의료용으로 오래 동안 이용되어 왔고 약효도 높다"라고 말했다.

그러나 소다수는 미국에서 더욱 높은 인기를 얻었다. 유럽과 마찬가지로 미국에서도 천연 광천수의 성분과 그것을 인공적으로 생산해 낼 상업적 가능성에 대해 관심이 매우 높았다. 필라델피아의 저명한 의사였던 벤자민 루쉬는 펜실베이니아의 광천수를 조사했고, 자신의 발견 내용을 1773년에 미국철학학회American Philosophical Society에서 발표했다. 정치가이면서 과학자였던 제임스 메디슨과 토머스 제퍼슨 역시 광천수의 의학적 성분에 관심을 보였다. 당시 뉴욕주 북부에 있는 사라토가의 천연 샘들이 특히 명성이 높았다. 1783년에는 조지 워싱턴도 그곳을 방문했고, 다음 해에는 친구로부터 그곳의 물을 병에 담으려는 시도를 묘사한 편지를 받을 정도로 커다란 관심을 가지고 있었다. "여기 물이 다른 곳의 물과 얼마나 다른가 하면 고정 공기가 상당히 많이 포함되어 있다는 점인데, (중략) 그렇지만 공기가 달아나지 않도록 물을 밀폐할 수가 없네. 여러 사람들이 물을 병에 넣어 코르크로 꽉 밀폐시켰지만 병이 깨져버렸다고 우리에게 말했네. 우리도 가지고 있던 한 병에 물을 넣고 밀봉을 했는데, 병은 깨지지 않았지만 나무 마개와 밀봉으로 사용된 밀랍wax 사이로 공기가 빠져나가 버렸네."

미합중국에서 소다수는 예일대의 최초 화학 교수였던 벤자민 실리만에 의해 과학적 호기심에서 상업적 상품으로 발전하게 되었다. 그는 1805년에 새로 설립된 화학과 강의를 위해 책과 장비를 구하기 위해 유럽을 방문했고, 슈웨퍼와 폴에 의해 제조되어 런던에서 판매되고 있던 병에 담긴 소다수의 인기에 감명을 받았다. 그는 미국으로 돌아오자마자 소다수를 만들기 시작했고 병에 담아 친구들에게 선물했는데, 즉각적으로 주문이 쇄도했다. 그는 비즈니스 파트너에게 보내는 편지에 "현재 내가 가지고 있는 수단으로는 그렇게 많은 소다수를 만드는 것은 거의 불가능하기 때문에, 나는 런던에서처럼 대규모로 소다수를 제조하는 사업을 시작하기로 했다"라고 편지를 썼다. 그는 1807년에 코네티컷주 뉴헤이븐에서 병에 담긴 소다수를 팔기 시작했다.

다른 도시에서도 실리만을 따라 하는 사람들이 등장했고, 이 중 주목할 만한 사람은 필라델피아의 조지프 호킨스였다. 그는 소다수를 제공하는 새로운 방법을 창안했다. 유럽의 광천 탕은 광천 위에 펌프실을 설치하여 천연 광천수를 펌핑하여 직접 병에 주입할 수 있도록 했는데 호킨스는 이 방식을 모방했다. 1808년에 호킨스의 광천 시설에 대한 설명에 따르면, "광천수는 지하의 광천 또는 저장소에서 솟아 올라와 금속의 관을 통해 목조 기둥으로 타고 올라오도록 펌핑이 되었다. 기둥 끝에 있는 마개를 틀면 광천수가 흘러나오기 때문에 병이 필요 없었다"라고 했다. 1809년에 호킨스는 이러한 발명에 대해 특허를 취득했다. 그러나 광천장과 유사한 구조로 소다수를 판매하는 아이디어는 별로 인기를 얻지 못했다. 반면, 약국들이 시장에 적극적으로 뛰어들었다. 1820년대 말에는 소다 디스펜서(soda fountain, 디스펜서는 손잡이·단추 등을 눌러 안에 든 것을 바로 뽑아 쓸 수 있는 기계 또는 장치다-역주)는 어느 약국에서도 일반적으로 볼 수 있을 정도로 보급되었고, 소다수는 병으로 판매되기보다는 약국에서 만들어 현장에서 고객들에게 판매되었다. (병에 담긴 소다수는 유럽에서 수입되었고, 사라토가의 광천수는 1826년에야 비로소 병에 담아 판매되기 시작했다.)

이전의 많은 다른 음료들과 마찬가지로 소다수도 특별한 약품으로 출발했다. 원래 의약품이었다는 사실이 사람들에게 신뢰감을 주었고, 종국에는 청량음료로서 널리 보급되게 된 것이다. 1809년 초반에 어느 화학책은 "소다수는 원기를 회복시켜주는 매우 상쾌한 음료이고, 특히 발열이 있거나 피로를 느낄 때에는 최적의 음료"라고 기술했다. 소다수는 그 자체만으로 음용되었을 뿐만 아니라 근대적 탄산음료의 시작이라고 말하는 데 이의가 없을 스파클링 레모네이드를 만드는 데 사용되기도 했다. 19세기 초반에는 이미 미국과 유럽 대륙에서 소다수에 와인을 첨가해 마시기 시작했다. 어느 영국의 관찰자는 "와인을 가미했을 때가 와인만을 마셨을 때보다 훨씬 적은 양의 와인으로 위와 미각을 만족시켰다"라고 언급했다. 오늘날 이러한 혼합물은 와인 스프릿처wine spritzer라고 알려진 칵테일이다. 그러나 1830년대부터, 특히 미합중국에서 소다수는 시럽을 추가하여 풍미를 더하는 것이 주류가 되었다.

〈미국건강저널American Journal of Health〉은 1830년에 그러한 시럽에 대해 "음료에 풍미를 더하기 위해 사용되었고, 특히 탄산수의 맛을 더하기 위해 많이 사용되었다"라고 말했다. 시럽은 원래 뽕나무, 딸기, 산딸기, 파인애플 또는 사르사(sarsaparilla, 청미래덩굴속의 식물 또는 이것에서 추출한 물질로 음료나 약물의 향료로 쓰임-역주) 등을 손으로 작업하여 생산한다. 이러한 특별한 시럽이 가미된 전용 디스펜서가 등장하면서 소다 디스펜서는 한층 더 정교하게 제작되기 시작했다. 소다수와 시럽을 차게 하기 위해 얼음 조각들이 첨가되었다. 1870년대에는 마치 거대한 기계장치 상자 같은 소다 디스펜서도 등장했다. 1876년에 필라델피아에서 개최된 독립 100주년 기념 국제박람회에서 보스턴에서 활동하는 소다 디스펜서 업계의 거물인 제임스 터프츠는 아르틱 소다수 장치Arctic Soda Water Apparatus라는 기계를 출품했다. 높이는 30피트(약 9.2미터)로 박람회장에 방문한 사람을 내려다 볼 정도로 높았고, 대리석과 은으로 된 가구와 화분으로 장식되어 있었다. 기계 옆에는 깨끗하게 차려입은 급사들이 서 있었고, 특별히 설계한 건물 안에 놓여 있었다. 터프츠의 뛰어난 창의성과 마케팅 수완 덕분에 이 박람회를 계기로 그의 회사인 아메리칸 소다 디스펜서에는 주문이 쇄도했다.

소다수 비즈니스는 또한 존 매튜와 같은 비즈니스맨 덕분에 조용하지만 대규모 산업화가 시작되고 있었다. 그는 영국인으로 뉴욕으로 건너온 소다 무역의 베테랑이었다. 처음에 그는 자신의 소다수를 만들고 판매하는 데 집중했지만 이후 소다 디스펜서를 제조해 판매하는 데 집중했다. 그의 아들이 사업에 참여하면서 그는 새로운 방향으로 사업을 확대했다. 뛰어난 발명가였던 그의 아들은 탄산화부터 병 작업까지 소다수 비즈니스의 모든 단계를 자동화하는 전용 기계를 개발했고, 이 기계를 다른 회사에 팔기 시작했다. 1877년까지 회사는 100개 이상의 특허를 출원했고 2만 8000대 이상의 기계를 팔았다. 회사의 카탈로그는 "소다수, 진저에일 등의 제조부터 코르크 마개를 사용한 병 작업까지 완벽한 지원"을 총 1146.45달러에 제공한다고 제안했다. 여기에는 가스를 생산하는 장치와 원재료, 탄산을 만드는 2대의 기계장치, 병 작업 기계, 600개의 병, 풍미를 더하는 시럽, 그리고 색소까지 포함되었다. 매튜의 발명품은 박람회에 전시되었고 세계 여러 곳에서 상을 받았다. 그들은 대량생산이라는 미국적 방법의 전형을 보여주었다. 공정의 전 과정에서 전문화된 기계들이 작동했고, 병과 마개의 규격은 표준화되었고, 교체 가능한 부품들, 그리고 싸고 대량으로 생산되는 음료는 큰 인기를 끌었다.

사실, 산업적 규모로 생산되고 빈부의 차별 없이 모두가 소비하는 소다수는 미국의 정신을 표방하는 것으로 보였다. 1891년, 작가이며 사회평론가였던 메리 게이 험프리스는 〈하퍼스 위클리〉에 게재한 글에서 "소다수의 최고의 장점, 그리고 그것이 국민의 음료로 어울린다는 것은 바로 민주성이다. 백만장자가 샴페인을 마실 때 가난한 사람은 맥주를 마시지만, 소다수는 모두가 마신다"라고 했다. 그러나 소다수가 미국의 국민적 음료가 되었다는 그녀의 주장은 반만 맞는다. 그때 진정한 새로운 국민적 음료가 부상하고 있었다. 소다수는 그것의 단지 반쪽에 불과했다.

코카-콜라의 탄생 신화

1886년 5월, 조지아주 애틀랜타에 살았던 약제사였던 존 펨버턴은 한 음료를 개발했다. 이 이야기에 관한 코카-콜라 회사의 공식적인 설명에 따르면, 그는 두통약을 만들려고 노력하던 중에 우연히 원료의 배합이 잘못되었다는 사실을 알게 되었다는 것이다. 어느 날 오후 그는 캐러멜 색깔의 액체를 만들기 위해 다리가 3개 달린 포트에 여러 성분을 섞어 넣었다. 그는 근처의 약국으로 가서 그 액체에 소다수를 섞어 달콤하고 발포성이 있고 원기를 회복시키는 음료를 만들고자 했는데, 이것이 마침내는 세계의 거의 모든 구석까지 정복하게 될 코카-콜라였다. 그러나 실제 이야기는 이보다는 훨씬 더 복잡하다.

사실 펨버턴은 특허 의약품을 개발한 경험이 많은 약제사였다. 당시 19세기 후반에 미국에서는 가짜 약들이 크게 인기가 있었고, 알약, 연고, 시럽, 크림과 오일 형태로 판매되었다. 그것은 전적으로 약리학상의 효과가 아니라 광고 효과 덕분이었다. 일부는 해가 없었지만 대다수는 알코올, 카페인, 마약, 몰핀이 상당량 포함되어 있었다. 이 약들은 신문 광고를 통해 팔렸고, 남북전쟁 후 퇴역 군인들이 이 약품들을 복용하면서 약품 생산은 거대한 산업이 되었다. 특허를 받은 약품은 인기가 높았는데, 가격도 비싸고 효과도 없었던 다수의 종래의 약품에 대한 불신 때문이었다. 따라서 특허를 받은 약품은 당시의 사람들에게 매력적인 대안이 되었고, 종교적·애국적·신화적인 분위기의 이름을 붙여 마치 외국의 진귀한 성분이나 아메리카 원주민의 의약 지식을 이용하여 만든 것처럼 마케팅을 했다. 예를 들어, '간을 회복시키는 몬슨의 파파약,' '모스 박사의 인디언 뿌리 알약' 등과 같은 이름들이 있었다.

약품의 효능에 대해 터무니없는 주장을 하는 생산업자들을 막을 방법이 없었다. 예를 들어, 키드 박사가 판매했던 불로장생약은 "알려진 모든 질병을 치료하고 (중략) 그 약을 두세 번 복용한 후 절름발이가 목발을 집어던지고 걷게 되었다. (숭략) 튜머티즘, 신경통, 위, 심장, 간, 신장, 혈관 그리고 피부병이 마술같이 사라졌다"라고 주장했다. 그런 광고를 실어주는 신문사는 광고의 내용에 조금도 개의치 않았다. 그들은 언론 산업을 거대하게 성장시켜 줄 수 있는 광고 수입을 환영했다. 19세기가 끝날 무렵에는 특허를 받은 의약품이 다른 약품보다 신문 광고에서 더 많은 비중을 차지했다. 근육통 치료제인 성 제이콥오일St. Jacob's Oil의 제조사는 1881년에 광고비로만 50만 달러를 지출했다. 그리고 일부 광고주들은 1895년까지 일 년에 백만 달러 이상을 지출하기도 했다.

상표의 중요성, 슬로건, 로고, 거리의 광고판을 통한 광고의 중요성을 처음으로 인식한 사람들은 특허 의약품을 파는 사람들이었다. 치료약 자체를 생산하는 데는 거의 비용이 들지 않기 때문에 광고에 많은 돈을 쏟아 붓는 것은 당연했다. 그러나 어느 통계에 따르면 시장에는 유사한 경쟁 제품들이 너무 많기 때문에 단지 2퍼센트만이 이익을 냈다는 이야기도 있다. 그러나 성공만 하면 해당 약품의 생산업자는 거대한 부를 움켜질 수 있었다. 그러한 유명한 상품들 중에 리디아 E. 핑크햄이 만든 베지터블 컴파운드(Vegetable Compound, 야채 성분들을 혼합한 것이라는 의미-역주)라는 게 있었다. 이 약은 "대다수의 여성이 겪고 있는 통증이나 쇠약 증상에 효과가 있으며 (중략) 현기증과 고창(鼓脹, flatulency 속이 니글거리는 현상-역주)을 제거하며, 흥분성 있는 음식에 대한 욕구를 가라앉혀주며, 약한 위를 치료한다"라고 했다. 회사는 고객들에게 핑크햄에게 편지를 보내면 치료에 대한 조언을 회신해준다고 광고했고, 심지어 그녀가 죽은 1883년 이후에도 그녀의 사망을 공표하지 않고 계속 그러한 서비스를 제공했다. 그렇지만 고객들이 받은 회신은 그 약을 더 많이 사용하면 좋아질 것이라는 틀에 박힌 내용뿐이었다. 20세기 초반의 조사에 따르면 그 약에는 15~20퍼센트의 알코올이 포함되어 있었다. 아이러니하게도 그 약을 열성적으로 복용한 사람들 중에는 금주를 반대하는 여성 운동가들이 있었다.

특허 의약품을 만들려고 했던 펨버턴의 노력은 성공과 실패를 반복했다. 때때로 그의 약품들은 돈벌이가 되기도 했지만 1870년대에는 불운이 계속되었다. 그는 결국 1872년에 파산했고, 다시 시작하고자 노력했지만 두 번이나 불이 나면서 모든 재고가 타버렸다. 그러나 그는 새로운 특허 신약 중 어느 하나가 자신을 부자로 만들어 줄 수 있다는 희망을 안고 계속 개발에 매달렸다. 마침내 그의 노력을 1884년에 빛을 보기 시작했는데, 새로운 특허 약품의 성분인 콜라의 인기가 높았기 때문이다.

남아메리카에서는 코카나무의 잎이 각성 작용을 하는 것으로 오래전부터 알려져 왔고, 코카는 "잉카의 성스러운 나무"로 알려져 있었다. 그 잎을 뭉쳐 조금 씹으면 알카로이드(alkaloid, 식물계에 존재하는 함질소염기성 화합물로서 동물의 신경계에 영향을 미치는 성분인데 카페인, 모르핀, 코카인, 니코틴 등이 잘 알려진 알카로이드이다-역주) 성분의 코카인 소량이 흘러나온다. 코카인은 소량이라도 카페인과 마찬가지로 정신을 각성시키며 식욕을 억제한다. 이 때문에 그것을 물고 있으면 식사나 잠을 자지 않고도 안데스산맥을 걸어서 넘을 수 있었다. 1855년에 코카의 잎에서 코카인을 분리 추출하는 데 성공했다. 이후 유럽의 과학자들과 의사들은 이에 대해 커다란 관심을 보였는데, 그들은 코카인을 아편 중독자를 치료하는 대체제로 생각했기 때문이다. (그들은 코카인이 중독성이 있다는 사실을 알지 못했다.) 펨버턴은 의학 저널에 실린 코카에 대한 토론을 계속해서 열심히 읽었고, 1880년에는 그와 다른 특허 의약품 생산업자들은 그 성분을 알약, 엘릭시르제(elixirs, 감미와 방향이 있는 에탄올을 포함한 내복용 액제로 맛을 내어 마시기 쉽게 만든 물약-역주), 연고에 첨가했다. 펨버턴의 프렌치 와인 코카French Wine Coca라고 불리는 음료는 이 분야를 급성장시키는 데 공헌했다.

그 이름이 제시하는 것처럼 이것은 코카가 첨가된 와인이었다. 당시 프렌치 와인에 코카 잎을 6개월 동안 담가서 만든, 빈 마리아니Vin Mariani라고 불리던 특허 의약품이 특히 인기가 있었는데, 펨버턴의 상품은 빈 마리아니를 모방한 것에 불과했다. 빈 마리아니는 유럽과 아메리카에서 인기가 있었다. 성공 요인은 높은 코카인 함유량과 그것을 만든 안젤로 마리아니라는 코르시카인의 마케팅 능력이었다. 3명의 로마 교황, 2명의 미국 대통령, 빅토리아 여왕, 발명가 토머스 에디슨을 포함한 유명 인사나 국가 원수로부터 제품을 추천한다는 서신을 받았고, 이 내용을 13권으로 된 책으로 출판했다. 펨버턴은 와인에 코카를 침전시키는 제조 방식을 모방했지만 거기에 콜라kola 추출물을 추가했다. 서아프리카 원산의 콜라나무의 견과는 코카와 같은 시기에 유럽에 소개되었는데, 사람들은 그것을 또 다른 마법의 치료제가 아닌가 하는 생각을 했다. 그리고 그 견과에는 약 2퍼센트의 카페인이 함유되어 있었기 때문에 씹었을 때 원기를 북돋아주는 효과가 있었다. 코카 잎이 남아메리카에서 그랬던 것처럼 콜라의 견과는 북부의 세네갈부터 남부의 앙골라까지 서아프리카 원주민에게 각성제로서 매우 중요한 것으로 여겨져 왔다. 나이지리아의 유루바족은 종교의식에서 그것을 사용했고, 시에라리온(Sierra Leone, 아프리카 대륙 서부 대서양 해안에 위치한 나라-역주) 사람들은 콜라의 견과는 말라리아에 효과가 있다고 잘못 믿고 있었다. 19세기 미국에서 코카와 콜라는 그들의 효과가 비슷하기 때문에 특허 의약품에 함께 포함되어 취급되는 경우가 많았다.

펨버턴이 음료 개발을 위해 마리아니의 방식을 복제하고 약간 변형했던 것처럼, 마리아니의 광고 방식도 차용하여 여러 유명 인사의 자사 음료에 대한 추천 서한을 광고에 이용했다. 그의 프렌치 와인 코가의 판매량은 증가하기 시작했다. 펨버턴의 비즈니스가 본 궤도에 오른 것으로 보였을 때 마침 애틀랜타와 풀턴 카운티가 1886년 7월 1일부터 시험적으로 2년 동안 알코올의 판매를 금지하는 결의를 했다. 금주 운동이 지지를 얻자 펨버턴은 알코올이 없는 음료를 빨리 개발해야 할 필요성을 느꼈다. 그는 자신의 연구실에서 코카와 콜라를 주원료로 하되 쓴맛을 제거하기 위해 설탕을 첨가한 "금주 음료"의 개발에 착수했다. 그렇지만 보통의 특허 의약품과는 다르게 만들 생각을 했다. 그는 약용 소다수에 풍미를 가미한 시럽으로 판매할 생각을 하고 있었다. 이전의 제조법을 개선하여 새로운 시럽을 개발했고, 이미 다른 시럽을 팔고 있는 근처의 약국에 판매를 위해 시제품을 보냈다. 그는 다른 사람들이 새로운 음료의 맛을 어떻게 평가하는지를 알기 위해 조카에게 약국 근처에서 어슬렁거려 달라고 부탁했다.

1886년 5월경에 펨버턴은 새로운 개발 공식을 완성했고, 이제 이름이 필요했다. 프랭크 로빈슨이라는 그의 비즈니스 지인 중 한 사람이 제안한 이름은 코카-콜라였다. 그것은 두 개의 중요한 원재료의 이름에서 직접 가져온 것이다. 로빈슨은 훗날 "두 개의 C가 광고를 할 때 잘 어울릴 것으로 보였다"라고 생각했다고 회상했다. 코카-콜라의 원래 버전에는 소량의 코카 추출물이 포함되어 있었기에 소량의 코카인이 함유되어 있었다. (코카인 성분은 20세기 초반에 제거되었지만, 코카의 잎에서 추출한 다른 성분은 지금까지 음료에 들어 있다.) 코카-콜라의 탄생은 아마추어가 뒤뜰에서 실험하다 우연히 만들어진 혼합물이 아니고, 돌팔이 약제품의 베

코카-콜라의 이름은 1886년 5월경 핵심 원재료의 이니셜인 2개의 C를 나란히 사용하는 것이 광고에서 인상적일 것이라는 착안에서 지어졌고, 로고는 1887년 6월 신문 광고에 처음으로 등장했다.

테랑 제조업자가 새로운 음료를 개발하기 위해 수개월에 걸쳐 정교하면서도 고통스러운 작업의 반복 끝에 탄생한 결과물이었다.

코카-콜라를 개발한 펨버턴은 일선에서 물러나고 로빈슨에게 코카-콜라의 제조와 마케팅을 맡겼다. 이 새로운 음료의 첫 번째 광고는 1886년 5월 29일자 〈애틀랜타 저널〉에 등장했는데 내용은 짧고 간단명료했다. "코카-콜라. 맛있다! 상쾌함! 활기 넘침! 원기 회복! 신비로운 코카나무의 성분과 유명한 콜라 견과 성분이 함유된 새롭고 인기 높은 소다 음료"였다. 새로운 음료는 애틀랜타에서 금주법이 시험적으로 운용되고 있는 기간에 맞추어 출시되었다. 그것은 무알코올음료였고, 게다가 풍미가 있는 소다수이면서 특허 약품이라는 두 가지 특징을 모두 갖추었기에 매력이 있었다. 펨버턴은 약국에 공급한 시럽의 용기 라벨에 다음과 같은 문구를 써 붙였다. "이 지적인 금주 음료에는 신체를 강화하고 신경을 각성시키는 코카나무와 콜라 견과의 값진 성분이 함유되어 있고, (소다 디스펜서를 통해 판매되는 소다 또는 다른 탄산음료와 혼합되어) 맛있고, 상쾌하고, 활기차고, 원기를 회복시켜주는 음료일 뿐만 아니라 뇌의 기능을 강화해주고, 그리고 두통, 신경통, 히스테리, 우울증 등 모든 신경성 질환을 치료합니다. 코카-콜라의 독특한 풍미는 모든 이의 혀를 즐겁게 해줍니다."

로빈슨은 다양한 방법을 통해 이 음료를 홍보했다. 그는 많은 사람이 코카-콜라의 맛에 심취하고 더욱 적극적인 고객이 되기를 희망하면서 코카-콜라를 무료로 시음할 수 있는 쿠폰을 보냈다. 그는 거리의 전차에 포스터를 붙였고, 소다 디스펜서에는 "코카-콜라를 마시자, 5센트"라고 쓴 배너를 붙였다. 또한 로빈슨은 필기체 스타일로 쓴 독특한 코카-콜라 로고를 개발했는데, 이것은 1887년 6월 16일에 한 신문의 광고에 처음으로 등장했다. 약국에 대한 코카-콜라 시럽에 대한 판매는 최고 성수기인 여름에는 한 달에 200갤런 정도였다. 이는 대략 콜라 2만 5천 병에 해당하는 분량이었다. 애틀랜타가 1887년 11월에 금주의 실험을 더 이상 계속하지 않기로 결의를 했지만, 그때는 이미 코카-콜라는 기반을 확고하게 다진 후였다.

새로운 음료의 전도가 매우 밝았지만 펨버턴의 비즈니스 동료들은 행복하지 않았다. 여러 달 동안 코카-콜라의 이름과 제조 공식에 대한 권리를 누가 소유하느냐와 관련해서 많은 다툼이 벌어졌다. 펨버턴이 개발한 특허 약품에 대한 공식적인 소유권을 가진 조직인 펨버턴 케미컬 컴퍼니의 지분은 양도되고 다시 양도되었기 때문에 누가 무엇을 소유하고 있는지는 불분명했다. 더 복잡한 문제는 펨버턴이 1887년 7월에 두 명의 비즈니스맨에게 코카-콜라에 대한 그의 지분 3분의 2를 매각하면서 발생했다. 그는 당시 건강이 매우 좋지 않았고, 따라서 빨리 돈을 벌기를 원했기 때문이다. (그는 그때 위암으로 죽어가고 있었다.) 이 거래는 로빈슨 모르게 이루어졌다. 그가 이 사실을 알았을 때 그는 자신도 코카-콜라의 제조 방법을 사용할 권리가 있다고 주장했다. 그 후 펨버턴은 새로운 회사를 설립했고 여러 권리에 대한 소유권을 주장했다. 펨버턴으로부터 지분을 매입한 사업가들은 환멸을 느꼈고, 그들은 자신들의 권리를 다른 사람에게 매각했다.

이렇게 어지럽게 얽힌 문제는 또 다른 애틀랜타의 특허 의약품 제조업자이면서 로빈슨의 변호사의 형제인 아사 캔들러에 의해 정리되었다. 그는 새로운 음료를 둘러싼 분란에 대해 들었고, 로빈슨과 손을 잡고 여러 다른 사람의 권리를 매입하기 시작했다. 그렇지만 1888년 여름까지도 코카-콜라의 소유권은 여전히 분쟁 속에 있었고, 애틀랜타의 약제사들은 3가지 종류의 코카-콜라를 공급받고 있었다. 하나는 캔들러와 로빈슨의 새 회사가 제조한 것이고, 다른 하나는 펨버턴이 세운 새로운 회사의 것이고, 그리고 마지막 하나는 펨버턴에 반기를 든 아들 찰리가 제조한 것이었다.

궁극적으로 1888년 8월 16일에 존 펨버턴이 사망하자 캔들러가 코카-콜라에 대한 권리를 확보하게 되었다. 캔들러는 애틀랜타의 약제사들을 소집했고, 감동적이지만 매우 진실되지 않은 연설을 했다. 펨버턴은 애틀랜타를 대표하는 약제사들 중 한 사람이었으며, 그는 좋은 사람이었고 가까운 친구였다고 말했다. 그는 펨버턴의 장례식 날 그에 대한 존경의 표시로 모든 약국이 문을 닫을 것을 제안했다. 캔들러는 자신의 연설을 통해, 그리고 장례식에서 상여꾼으로 행동하면서 자신이 마음속으로 펨버턴을 깊이 생각하고 있으며, 자신이 생산하는 코카-콜라가 진정한 원조라고 모든 사람이 믿도록 하는 데 성공했다. 펨버턴과 가까운 친구 사이였다는 말은 전적으로 거짓이었다. 그러나 회상해본다면 어떤 의미에서 그 말은 진실이 되었다. 오늘날 사람들이 펨버턴을 기억하는 것은 전적으로 캔들러의 덕분이었기 때문이다. 만약 아사 캔들러의 노력이 없었다면 코카-콜라는 그가 해냈던 성공을 결코 이루어내지 못했을 것이다.

모두를 위한 카페인

아사 캔들러가 코카-콜라에 대한 모든 권리를 처음 확보했을 때 비용은 2300달러에 불과했고, 그는 자신의 많은 특허 약품 중 하나 정도로만 간주했다. 그러나 코카-콜라의 매출은 계속 늘어나서 1890년에는 4배까지 증가했고 총 판매량은 8855갤런에 이르렀다. 캔들러는 다른 약품들은 포기하기로 결정했다. 다른 약품들 중 어느 것도 코카-콜라와 같은 인기를 누리지 못했기 때문이다. 코카-콜라는 보통 소다 판매의 계절이 아닌 겨울에도 팔렸다. 그래서 캔들러는 주변의 주州, state에 있는 약제사들에게 코카-콜라를 팔기 위해 원거리 판매 직원을 고용했고, 새로운 고객을 유지하기 위해 무료 시음권을 뿌렸고, 광고에 더욱 많은 돈을 퍼부었다. 1895년 말경에는 판매량이 7만 6000갤런을 넘어섰고, 코카-콜라는 미국의 모든 주에서 판매되고 있었다. 회사의 뉴스레터는 "코카-콜라가 국민적인 음료가 되었다"라고 자랑했다.

이러한 급격한 성장은 코카-콜라가 오직 원액만을 팔았기 때문에 가능했다. 회사는 원액에 소다수를 섞은 완제품은 팔지 않았다. 캔들러는 코카-콜라를 병에 담아 파는 것에 강하게 반대했는데, 이유는 음료의 맛이 창고 등에 저장되어 있는 동안에 변질될 수 있다는 우려 때문이었다. 완제품을 판매하는 것이 아니었기에 새로운 도시와 주로 확장할 때에는 해당 지역의 약제사들과 직접 거래를 했고 원액을 보냈다. 이와 함께 배너, 캘린더, 회사의 붉고 흰색의 로고가 디자인된 광고물품들도 함께 보냈다. 애틀랜타가 미국의 철도 네트워크의 중심지 중하나였기 때문에 상품의 출하에도 문제가 없었다. 그리고 약제사들은 코카-콜라가 많은 이윤을 남겨주었기 때문에 그 음료를 좋아했다. 그들은 시럽 비용으로 단지 1센트만을 지급하고 5센트에 코카-콜라를 팔았기 때문에 나머지 4센트는 순수한 이익이 되었다. 코카-콜라 회사가 1병을 만드는 데 필요한 원액의 제조원가는 4분의 3센트였기 때문에 회사도 매일 음료가 필릴 때미다 돈을 벌었다.

회사는 갑작스럽게 마케팅 전략을 바꾸어 코카-콜라의 의약적 효능을 강조하지 않았는데, 이는 판매량을 늘리는 데 도움이 되었다. 1895년까지 코카-콜라는 기본적으로 의약품으로 판매되었는데, 예를 들어 "두통의 특효약" 등과 같이 묘사되었다. 그러나 코카-콜라를 약으로 판매하는 것은 그러한 증상을 가진 사람만으로 시장을 제한시킬 위험이 있었다. 반대로 코카-콜라를 상쾌함을 주는 청량음료로 팔 수 있다면 모든 사람에게 어필할 수 있었다. 즉 그러한 증상을 보이는 사람은 물론 갈증을 느끼는 모든 사람에게도 동시에 팔 수 있는 것이었다. 그래서 질병이나 증상을 열거하는 어둠침침한 광고를 버리고 밝고 더욱 직설적인 표현으로 바꾸었다. "코카-콜라를 마시자. 맛있고 상쾌하다." 이전의 코카-콜라 광고가 두통의 치료나 강장제를 찾는 지치고 과로한 비즈니스맨들을 대상으로 했다면, 새로운 광고는 여성과 아이들에게 코카-콜라를 마실 것을 권유하는 것이었다. 이러한 마케팅의 전환은 우연이지만 그 타이밍은 절묘했다. 1898년에 특허 의약품에 대해 세금이 부과되었고, 당초에는 코카-콜라 역시 그 대상에 포함되어 있었다. 회사는 그러한 결정에 대해 다투었고 최종적으로 세금의 납부 대상에서 제외되었다. 이것은 코카-콜라가 더 이상 약품이 아니라 청량음료라는 성격의 전환에 이미 성공했기 때문에 가능했던 것이다.

아이러니하게도 코카-콜라의 판매는 병에 담은 완성품이 생산되면서 가속화되었다. 캔들러는 그러한 생각에 항상 반대했지만, 1899년에 두 명의 사업가인 벤자민 토머스와 조지프 화이트헤드에게 코카-콜라를 병에 담아 판매할 수 있는 권한을 부여했다. 당시 캔들러는 중요하지 않은 거래로 생각했고, 두 사람이 병 작업을 하는 권리에 대해 별도로 돈을 받지 않았다. 대신 자신의 원액을 그들에게 판매하는 것에만 동의했다. 이는 소다 디스펜서의 소유자들에게 원액을 파는 것과 동일했다. 병 작업이 잘 된다면 그는 원액을 더 많이 팔게 될 것이었다. 만약 실패하더라도 잃을 것은 없었다. 그렇지만 결과적으로 병 작업은 엄청난 성공을 거두었다. 병에 담긴 코카-콜라는 전적으로 새로운 시장을 개척했다. 그것은 소다 디스펜서가 있는 곳이 아니라 식품점이나 스포츠 행사장이나 어디서나 팔릴 수 있었기 때문이다. 토머스와 화이트헤드는 곧 자신들이 직접 병 작업을 하는 것보다 다른 사람에게 이 권리를 다시 파는 것이 훨씬 더 큰 이익을 볼 수 있다는 사실을 깨달았다. 이를 통해 그들은 수익성 좋은 프랜차이즈 비즈니스를 창안했고, 코카-콜라는 미국의 모든 도시와 마을에서 마실 수 있게 되었다. 코카-콜라를 상징하는 독특한 모양을 한 병은 1916년에 회사에 의해 소개되었다.

병에 담긴 코카-콜라가 출시되었을 즈음에 마침 특허 의약품이나 유해한 음식 첨가물과 불순물의 위험성에 대한 일반 대중의 우려가 커지고 있었다. 이 일에 책임을 지고 있던 사람은 정부에 소속된 과학자였던 하비 워싱턴 윌리였는데, 그는 특히 돌팔이 의약품이 어린이들에게 처방되는 위험에 대해 우려했다. 그의 노력 덕분에 1906년에 순정식품의약법Pure Food and Drug Act이 제정되었고, 이 법은 일명 "윌리 박사법"으로 불렸다. 처음에 새로운 법은 코카-콜라에게 도움이 되는 것처럼 보였고, 코카-콜라 역시 자사 제품이 "순정식품의약법에 의해 보증된" 것으로 자신 있게 광고를 했다. 그러나 다음해에 윌리는 코카-콜라가 카페인을 함유하고 있다는 이유로 코카-콜라를 조사하겠다고 발표했다. 차나 커피와는 다르게 미국 전역에서 음용할 수 있는 코카-

코카-콜라의 상징이 되어버린, 양각으로 로고가 새겨진 유명한 병 디자인은 1916년에 처음으로 등장했다.

콜라를 어린이도 마시고 있다는 것이 그의 불만이었다. 그는 부모들은 카페인의 존재를 모르고 있고, 따라서 아이들이 약을 복용하고 있다는 사실을 깨닫지 못하고 있다고 주장했다.

1511년에 카이르 베그가 메카에서 커피를 법정에 세운 것처럼, 윌리는 코카-콜라를 1911년에 재판에 회부했다. 소송의 제목은 〈미합중국 대 40배럴스 앤 20케그스 코카-콜라 United States v. Forty Barrels and Twenty Kegs Coca-Cola〉였다. 법정에서 종교적 근본주의자들은 성적인 범죄를 충동질하는 카페인 성분을 비난하면서 코카-콜라의 해악성에 대해 분노했다. 정부 측 과학자들은 토끼와 개구리에 대해 코카-콜라가 미치는 효과에 대해 자세히 설명했고, 코카-콜라 회사 측을 위해 나선 전문가 증인들은 음료의 효능에 대해 주장했다. 한 달 정도 지속된 재판은 배심원을 회유했다는 비난과 선정적인 기사들이 보도되면서 많은 관심을 불러일으켰다. 어느 헤드라인 기사는 "8병의 코카-콜라에는 사람을 죽일 정도의 카페인이 들어있다"라고 주장했지만 이는 전적으로 틀린 내용이었다. 이 소송의 문제점은 과학적 근거를 가진 반대가 아니라 도덕적 이슈였다는 점이다. 누구도 코카-콜라에 카페인이 함유되어 있다는 사실에 대해 다투지 않았고, 문제는 그것이 해로운지 아닌지, 특히 아이들에게 해로운지에 대한 여부였다. 그러나 과학적 근거는 제시되지 못했다. 게다가 윌리는 차나 커피도 금지하려고 한 것은 아니었다.

결국 재판은 코카-콜라가 자사 제품을 홍보할 때 오해를 유발했는지, 그리고 그 음료가 정말로 "순수하다pure"고 주장할 수 있는지 여부로 좁혀졌다. 최종적으로 법원은 코카-콜라의 손을 들어 주었다. 제품의 이름에 명확하게 카페인을 함유하고 있는 콜라kola의 존재를 반영했다는 것이다. 그리고 카페인은 코카-콜라의 제조공법에 항상 일부분으로 들어가 있었기 때문에 그것을 첨가물이라 할 수 없었다. 따라서 그 음료는 정말로 "순수하다pure"라는 것이다. 그러나 1심 판결의 두 번째 부분은 항소심에서 번복이 되었고, 법정 밖에서 코카-콜라의 카페인 함유량을 반으로 줄이는 내용으로 합의되었다. 또한 회사는 광고에 어린이가 등장하지 않도록 약속했고, 1986년까지 그 정책을 유지했다. 그러나 중요한 점은 카페인이 함유된 코카-콜라를 어린이에게 판매하는 것은 지금은 법적으로 허용되었다는 것이다. 병에 담긴 음료의 인기와 함께 이것은 코카-콜라가 커피와 차가 도달할 수 없는 영역으로, 세계에서 가장 인기가 있는 약인 카페인의 사용을 성공적으로 확대했다는 것을 의미했다.

코카-콜라 회사는 광고에서 어린이를 직접 묘사하지 않으면서 어린이에게 코카-콜라를 팔 수 있는 새로운 방법을 고안해냈다. 지금까지 가장 유명한 사례는 1931년에 처음 등장한 것으로 산타클로스가 코카-콜라를 마시는 장면을 묘사한 유쾌한 포스터였다. 이 포스터와 관련하여 널리 퍼진 오해가 있는데, 코카-콜라 회사가 산타클로스의 현대 이미지를 만들어냈다는 것이다. 즉 흰색 소매가 달린 붉은 색 옷을 입고 있는 수염 달린 남자가 자사의 로고인 흰색과 붉은색과 매칭시키기 위해 그 색을 선택했다는 것이다. 그러나 붉은색의 옷을 입은 산타의 이미지는 이미 확고하게 설정되어 있었다. 1927년 11월 27일 자 〈뉴욕타임즈〉에는 다음과 같은 기사가 보도되었다. "뉴욕의 어린이들 머릿속에는 표준적인 산타클로스의 모습이 들어 있는 것 같다. (중략) 키, 체중 그리고 붉은 옷에 후드를 걸치고 흰색 소매가 달린 모습은 거의 표준화되어 있다. (중략) 선물이 가득한 자루, 불그스레한 볼과 코, 진한 눈썹, 유쾌하고 배가 불룩 나온 효과는 분장에 불가피하게 필요한 부분들이다." 회사가 산타의 이미지를 만들어 낸 것은 아니었지만, 광고에 산타를 넣음으로써 회사는 어린이들에게 직접 접근할 수 있었고 코카-콜라와 밝고 즐거운 분위기를 연결하는 데 성공했다.

미국적 에센스의 절정

1930년대는 코카-콜라의 아성에 3가지의 도전을 제기했다. 금주의 종언, 1929년 월스트리트의 주식시장 붕괴에 따른 대공황, 그리고 강력한 경쟁자인 펩시와 경쟁 음료인 펩시-콜라의 등장이었다. 1920년 이래 금지되어 왔던 알코올음료 판매의 법적인 재허용은 코카-콜라의 판매에 특히 재앙적 수준의 충격이 있을 것으로 기대되었다. 어느 기자는 "진짜 맥주와 남자다운 위스키를 합법적으로 마실 수 있는데 누가 청량음료를 마시겠는가?"라고 물으면서 "답은 명백하다. 코카-콜라는 망하는 길에 서 있다"라고 했다. 그러나 금주법의 폐지는 코카-콜라의 판매에 거의 영향을 미치지 못했다. 코카-콜라는 알코올과는 다른 수요를 충족시키는 것으로 보였다. 사실 코카-콜라는 여러 상황 하에서 소비가 꾸준히 확대되어 왔다.

일부 사람에게 있어 코카-콜라는 사회적 음료로서 커피의 위치를 차지했다. 코카-콜라는 알코올음료와는 달리 하루 중 어느 때에 소비하더라도, 심지어 아침에도 아무런 문제가 없었다. 그리고 나이를 불문하고 마실 수 있는 음료였다. 금주법의 시행 기간에 회사의 탁월한 홍보 책임자였던 아키 리는 바에서 맥주나 다른 알코올을 마시는 대신에 밝고 가족적인 대체품으로, 우울한 경제적 현실에서 벗어나기 위한 하나의 방법으로 소다 디스펜서를 통한 코카-콜라의 소비를 조심스럽게 추진했다. 또한 리는 코카-콜라를 팔기 위해 라디오라는 새로운 기술을 선도적으로 활용했고, 많은 영화에도 코카-콜라를 등장시켜 현실과는 거리가 있는 화려함과 현실 도피를 연결하는 중요한 수단으로 활용했다. 코카-콜라의 광고는 행복하고 걱정이 없는 매력적인 세상을 묘사했다. 그 결과 코카-콜라는 대공황 시기에도 번창했다.

"대공황, 날씨, 가속화되는 경쟁에도 불구하고 코카-콜라는 계속해서 매출이 증가했다"라고 당시의 투자 애널리스트가 언급했다. 코카-콜라는 겨울철에도 팔리는 여름철의 음료였고, 알코올음료를 원치 않은 사람에겐 무알코올음료였고, 카페인의 소비를 보편화한 음료였고, 경기가 내리막인 경우에도 매력을 유지하는 저렴한 음료였다. 회사의 임원인 해리슨 존스는 1936년에 회사 창립 15주년 기념행사의 마지막을 장식했던 강렬한 연설에서 다음과 같이 말했다. "이 세계는 묵시록에 나오는 4마리의 기사 - 정복, 전쟁, 질병, 기근 - 의 공격에 다시 처할 수 있지만 코카-콜라는 영원하다!”

이들 요소 중 일부는 코카-콜라의 경쟁자인 펩시-콜라를 도왔다. 펩시의 기원은 1894년으로 거슬러 올라간다. 두 번의 파산을 겪은 후 1930년대에 과자점과 소다 디스펜서 체인을 소유한 뉴욕의 비즈니스맨인 찰스 구스의 손에 넘어가면서 펩시는 코카-콜라의 강력한 경쟁자가 되었다. 그는 자신의 가게에 코카-콜라를 공급하기보다는 병든 펩시-콜라 회사를 인수해서 펩시-콜라를 공급했다. 코카-콜라가 6온스180cc 병에 받는 5센트 가격으로 12온스360cc 병을 판매하면서 매출이 증가하기 시작했다. 병이 더 크다고 해서 원가는 거의 추가되지 않았다. 비용의 대부분은 병 작업과 배송에서 발생했기 때문이다. 펩시의 이러한 전략은 금전적으로 쪼들리는 소비자들에게 크게 어필했다. 코카-콜라는 펩시-콜라를 상대로 자사의 상표권을 침해했다고 소송을 제기함으로써 거대한 법적 전쟁이 시작되었다. 소송은 몇 년을 끌었고 어느 회사에도 득이 되지 않았기에 1942년에 화해로 종결되었다. 코카-콜라는 펩시-콜라의 상표 사용을 더 이상 문제 삼지 않기로 했고, 펩시도 코카-콜라와는 분명하게 구별되는 색깔인 붉은색, 흰색, 푸른색으로 조합된 로고를 채택했다. 또한 이제 “콜라”라는 말은 갈색의 탄산과 카페인이 함유된 청량음료를 가리키는 일반적인 용어가 되었다. 결과적으로 경쟁 관계는 양사에 도움이 되었다. 경쟁자의 존재는 코카-콜라로 하여금 마음대로 하지 못하게 했고, 펩시는 코카-콜라와 같은 가격에 두 배의 양을 파는 전략을 채택했다. 이것은 코카-콜라가 먼저 시장을 개척했기 때문에 가능했던 일이었다. 경쟁 관계에서 유발되는 활발한 경쟁이 어떻게 소비자에게 혜택을 주고 수요를 증대시켜 나가는지를 보여준 고전적인 사례였다.

1930년대 말에 코카-콜라는 이전보다 더욱 강해졌다. 코카-콜라는 의심할 바 없이 미국 전역에서 판매되는 모든 탄산 청량음료 판매량의 거의 반을 차지하는 미국의 명물이 되었다. 코카-콜라는 대량으로 생산되고, 대량으로 시장에 공급되고, 빈부를 막론하고 누구나 소비할 수 있는 음료였다. 1938년에 베테랑 언론인으로 유명한 사회평론가인 윌리엄 알렌 화이트는 코카-콜라를 가리켜 "정직하게 만들어지고, 널리 보급되고, 오랜 기간에 걸쳐 양심적으로 개선되어 온 품위 있는 것으로서 미국을 상징하는 모든 에센스의 극치"라고 선언했다. 코카-콜라는 미국을 장악했고, 이제 미국의 영향력이 미치는 곳이라면 어디든지 가면서 세계를 장악할 준비가 되었다.

12

병 속에 든 글로벌화

10억 시간 전, 인류가 지구에 등장했고
10억 분 전, 기독교가 등장했고
10억 초 전, 비틀즈가 음악을 다시 썼고
10억 병 전의 콜라, 어제 아침에 마셨다.

— 로버트 고이즈에타, 코카-콜라 회사의 CEO (1997년 4월)

미국의 세기

20세기는 개인들이 다양한 형태의 억압에 저항하며 정치적·경제적·개인적인 자유를 획득하기 위해 투쟁했던 시대였고, 동시에 전쟁, 대량 학살, 핵으로 인한 파멸의 공포로 상징되는 시대이기도 했다. 그렇지만 20세기는 민주주의, 소비자 중심주의 그리고 오랫동안 지속되어 왔던 각종 차별의 거부라는 형태 안에서, 정치적, 경제적 그리고 사적인 영역에서 선택의 자유가 인정될 때 인간은 가장 행복하다는 생각에 많은 사람들이 찬동하면서 그 막을 내렸다. 단순한 음료 하나가 이러한 가치관을 모두 체현할 수 있다는 생각은 터무니없어 보일 수 있다. 그런데 바로 그런 일이 20세기 후반에 발생했다. 인간은 자유를 얻기 위해 투쟁한다는 사실이 가장 강력하게 체현된 국가는 미합중국이고,

그리고 그러한 가치들은 국민적 음료인 코카-콜라와 불가분의 관계를 가지고 연결되어 있다.

제2차 세계대전이 발발했을 당시 코카-콜라는 미국 이외의 여러 국가에서도 판매되고 있긴 했지만, 코카-콜라는 미국이 오랫동안 유지했던 고립주의 정책을 포기하고 글로벌 초강대국으로 부상하면서 진정한 글로벌 브랜드가 되었다. 조지 워싱턴은 1796년에 행한 퇴임 연설에서 "해외의 어떠한 국가와도 항구적인 동맹을 맺지 않는 것이 우리의 진정한 정책이다"라고 선언했다. 그리고 미국은 19세기에 이러한 정책을 계속 유지했다. 이러한 정책에 대한 예외로 미국은 유럽의 국가들이 독일과 오스트리아에 대항해 싸웠던 제1차 세계대전에 개입했지만, 많은 미국인들은 그것은 잘못된 것이라고 생각했다. 이러한 고립주의자들은 1930년대에 미국은 향후 유럽의 어떠한 전쟁에도 개입해서는 안 된다고 주장했다. 그러나 1941년 12월에 일본이 진주만을 공격하자 미합중국은 제2차 세계대전에 참전했고 고립주의 정책은 영원히 종지부를 찍었다. 미국은 1600만 명 이상의 병력을 세계로 파송했고, 그리고 코카-콜라는 그들을 따라갔다.

미국의 젊은이들이 군인으로 징집되자 코카-콜라 회사의 사장인 로버트 우드러프는 "군복을 입은 모든 이들에게 어디에 있든 5센트 코카-콜라 한 병을 제공하고 모든 비용을 회사가 부담하라"고 지시했다. 코카-콜라는 이미 병사들 사이에서 인기가 있었고, 무알코올의 청량음료는 군사 훈련 중에 지급되었다. 회사가 코카-콜라를 군에 적극적으로 공급한다는 홍보 전략은 코카-콜라와 애국심, 그리고 전쟁에 대한 지원 태도와 연결하면서 훌륭한 효과가 있었다. 코카-콜라는 미국에서 멀리 떨어진 전쟁터에 있는 병사들로부터 진심 어린 환영을 받았다. 코카-콜라는 고향을 생각나게 하고 병사들의 도덕심 유지에 도움을 주었다.

"우리는 당신의 회사가 이 비상사태가 진행되는 동안에 우리에게 계속해서 코카-콜라를 제공할 수 있기를 진심으로 희망합니다"라고 어느 장교는 코카-콜라 회사에 편지를 보냈다. "나는 코카-콜라가 군에 복무 중인 젊은이들에게 도덕심을 세워주는 매우 중요한 상품으로 분류될 수 있다고 생각합니다." 회사는 이러한 수십 통의 편지를 증거 삼아, 그리고 군의 강력한 지지를 등에 업고 워싱턴에 많은 로비를 했다. 그 결과 회사는 코카-콜라는 전쟁 수행에 중요한 상품이라는 이유로 1942년에 설탕 배급의 대상에서 제외되었다. 배급제의 실시로 경쟁사들은 청량음료의 생산량을 반으로 줄여야 했지만, 코카-콜라는 이전과 마찬가지로 생산을 계속해서 유지할 수 있었다.

그러나 코카-콜라 병을 선적하고 지구의 반을 돌아 군대가 주둔하는 곳으로 가는 것은 매우 비효율적이었다. 무엇보다 군수품을 실어야 할 귀중한 선적 공간을 코카-콜라 병으로 채울 수는 없었다. 그래서 군부대 안에 특별한 병 작업 시설과 소다 디스펜서를 설치했고 코카-콜라 원액만 그곳으로 보내도록 했다. 이러한 기계를 설치하고 운영하는 코카-콜라 직원은 많은 군인들에게 비행기를 수리하고 탱크를 움직이는 기술자만큼이나 중요했다. 그들은 "기술 감독관technical observer"이란 특별대우를 받았고 군대의 계급도 부여되었기 때문에 "코카-콜라 대령"으로 불렸다. 그들은 전쟁 기간에 전 세계에 64곳 이상의 군 기지에 병 작업 시설을 설치했고 약 100억 병의 코카-콜라를 공급했다. 기술 감독관들은 정글에 가지고 들어갈 수 있도록 휴대용 코카-콜라 기계를 고안했고, 잠수함의 좁은 해치hatch를 통해 들어갈 수 있도록 슬림형 기계도 개발했다. 또한 코카-콜라는 해외의 미국 군사기지 주변에 사는 민간인들에게도 제공되었는데 대부분이 그 맛에 매료되었다. 폴리네시아인(Polynesia, 폴리네시아는 중앙 및 남태평양에 흩어져 있는 1000개 이상 섬들의 집단을 가리킨다-역주)들부터 줄루족(Zulus, 아프리카 원주민의 하나로 주로 남아프리카 공화국에 살고 있는 민족-역주)까지 전 세계의 사람들이 처음으로 코카-콜라의 맛을 보게 되었다.

현재 코카-콜라 역사관에 보존되어 있는 수백 통의 편지는 미국의 병사들이 코카-콜라에서 조국을 얼마나 가깝게 느꼈는지, 그리고 코카-콜라가 무엇을 상징했는지를 잘 보여준다. 어느 병사는 "내가 이 망할 난장판에 있는 것은 우리 국가가 국민들에게 약속했던 수많은 혜택을 지키기 위해 노력하는 것이지만 또한 코카-콜라를 마시는 습관을 지키는 데도 도움이 되기 때문이다. (중략) 우리 모두가 곧 콜라로 승리를 건배할 수 있기를"이라고 썼다. "누군가가 우리에게 무엇을 위해 싸우느냐고 묻는다면, 우리 중 반은 코카-콜라를 다시 마시기 위해서라고 말할 것이다"라고 어느 병사가 집에 보낸 편지에 썼다. 코카-콜라는 아주 멀리 떨어진 전쟁터에서조차 마실 수 있었지만 매우 귀중한 것이어서 특별한 경우를 위해 비축되거나 아주 비싼 가격으로 판매되기도 했다. 솔로몬 군도에서는 한 병에 5달러에, 카사블랑카에서는 10달러에, 알래스카에서는 40달러에 팔렸다. 태평양 전쟁터에서 조종사였던 로버트 스캇은 일본군 전투기 5대를 격추한 포상으로 코카-콜라 한 병을 받았다. 그러나 그는 그것이 마시기에는 너무 귀한 음료라고 생각했고, 이전에 그가 상처를 입었을 때 수술해 준 의사에게 선물했다.

미군의 코카-콜라에 대한 열광은 계급이 낮은 병사들뿐만 아니라 군 수뇌부까지도 확산되었다. 더글라스 맥아더, 오마 브래들리, 조지 패튼 같은 장군들도 코카-콜라를 즐겨 마셨다. 그중에서도 가장 열광적이었던 장군은 유럽의 연합군 총사령관이었던 드와이트 아이젠하위였다. 1943년 6월에 북아프리카에 있는 연합군의 군사작전을 지휘하던 중 그는 본국에 상세한 요구 사항을 담은 다음과 같은 전보를 보냈다. "3백만 병의 코카-콜라와 한 달에 두 번 이와 동일한 분량을 병 작업하고 씻고 포장하는 기계 장비를 보내주기 바람. 기계 장비는 각각 다른 장소에 설치할 10대가 필요하고, 각 기계는 하루에 2만 개의 병을 생산할 수 있어야 함. 또한 6백만 병의 리필을 위한 충분한 원액과 병마개가 필요함." 생산설비는 북아프리카에서 6개월 동안 운영되었고, 다음해 연합군이 D-데이에 노르망디 상륙 작전에 성공한 이후 서유럽으로 진격하자 코카-콜라는 곧 뒤를 따라갔다. 라인강을 건너기 위한 전투에서 "코카-콜라"는 미군의 암호로 사용되기도 했다.

코카-콜라 회사는 멀리 이국에서 전쟁을 치루는 병사들에게 코카-콜라가 꼭 필요한 음료라는 사실을 강조하는 기회를 결코 놓치지 않았다. 1942년, 북아프리카에서 전투가 격렬했을 때 카키복을 입은 한 병사가 사막에서 코카-콜라의 광고판을 마주쳤는데, 거기에는 "친구, 안녕?"이라고 쓰여 있었다. 또 다른 광고는 배 위에서 해군 병사들이 코카-콜라를 마시는 모습을 보여주었다. 아래 자막에는 "미국의 군함이 가는 어느 곳이나 미국적 생활 방식이 따라간다. (중략) 물론, 코카-콜라도 함께"라며 으스대며 쓰여 있었다. 이것은 과장처럼 들리지만 결코 과장이 아니었다.

반대로 주축국인 독일과 일본은 미국의 모든 것이 잘못되었지만 그 중 코카-콜라가 대표적인 사례라고 비난했다. 그렇지만 코카-콜라는 전쟁 전에 이미 양국에서 판매되고 있었고, 특히 독일에서 인기가 높았다. 나치의 정치선전부는 이러한 불편한 사실을 외면하면서 "미국은 추잉 껌과 코카-콜라를 제외하면 세계 문명에 기여한 것이 아무것도 없다"라고 조롱했다. 한편, 그들의 동맹국인 일본은 "우리는 코카-콜라와 함께 미국 사회의 병원균을 수입했다"라고 말했다.

1945년에 연합군이 최종적으로 승리한 후에도 재건기의 3년간 군 기지에 설치된 코카-콜라의 생산 기계들은 계속 가동되었다. 그 후 생산 시설은 민간에 넘겨졌다. 그러나 그때쯤에는 미군 덕분에 전 세계로 퍼진 코카-콜라는 남극을 제외하고 지구상의 모든 대륙 위에 확고한 기반을 구축했다. 회사의 어느 간부가 말한 것처럼 제2차 세계대전 덕분에 "코카-콜라의 매력이 거의 전 세계에서 인정되었다."

냉전과 콜라 전쟁

코카-콜라를 좋아했던 가장 뜻밖의 인물은 아마 소비에트 연맹의 위대한 군사 지도자였던 게오르기 콘스탄티노비치 주코프 장군일 것이다. 그는 러시아를 침략한 독일군을 성공적으로 물리쳤고, 그 후 유럽에서의 전쟁을 끝내기 위해 자신의 군대를 베를린으로 진격시켰던 인물이다. 주코프는 포악했던 지도자인 조지프 스탈린에게 감히 다른 목소리를 냈던 몇 안 되는 인물 중 한 사람이었는데, 그는 국민적 영웅으로 신망이 매우 높았기 때문에 스탈린도 주코프를 어찌할 수 없었다. 전후 독일의 분할을 위한 교섭 기간에 주코프는 아이젠하워의 권유로 처음 코카-콜라를 경험했고, 그 음료를 아주 좋아하게 되었다. 그러나 특히 두 초강대국 간에 경쟁이 격화되고 있을 때에 미국의 가치관을 상징하는 음료를 좋아하는 모습을 보여주는 것은 부담스러웠다. 그래서 주코프는 특별한 주문을 했는데, 러시아의 전통적인 음료인 보드카처럼 보이도록 무색의 코카-콜라를 만들어 줄 수 있느냐는 것이었다. 그의 요청은 코카-콜라 회사에 전달되었고, 회사는 정부와의 적절한 절차를 거치고 해리 트루먼 대통령의 승인도 얻은 후에 무색의 코카-콜라를 제조해서 주코프에게 보냈다. 특별히 제작된 원통형의 병에 담긴 무색의 코카-콜라는 흰색의 마개로 봉해졌고, 라벨에는 소련의 붉은 별이 그려져 있었다.

1948년에 국제연합이 창설되면서 기대되었던 전후의 행복감은 사라졌고, 소비에트 연방은 당시 분할된 유럽에서 소비에트 측에 속해 있던, 서방의 작은 발판이었던 서베를린을 봉쇄하면서 미합중국에 직접적인 도전을 제기했다. 이에 서방 국가들은 소비에트가 봉쇄를 풀 때까지 1년 동안 24시간 체제로 서베를린에 항공기를 이용하여 필요한 물자를 공수하면서 대응했다. 미국과 유럽의 동맹국들은 1949년에 북대서양조약기구North Atlantic Treaty Organization를 창설했고, 이에 대항하기 위해 소비에트가 주축이 되어 바르샤바조약기구가 다시 창설되면서 수십 년간 지속된 냉전이라는 군사적 교착 상태의 무대가 구축되었다. 두 진영은 영향력 행사를 위해 서로 경쟁했고, 세계의 여러 지역에서 대리전쟁을 벌이며 싸웠지만 직접적인 충돌로 치닫지는 않았다. 이 기간에 코카-콜라는 단지 미국만이 아니라 더 넓게 서구적 가치관인 자유, 민주주의, 자유시장을 근간으로 하는 자본주의를 연상시키게 되었다. 반대로 공산주의자들 사이에서는 코카-콜라는 자본주의의 온갖 잘못된 것을 대표하는 상징이며, 특히 소비자들의 가끔은 사소한 요구까지도 만족시키는 것이 경제를 움직이는 원칙이 되어야 한다(코카-콜라의 획일화된 맛에 대한 비난-역주)고 주장하면서 코카-콜라를 비난했다. 1948년에 코카-콜라가 개최한 컨벤션의 플래카드에는 "우리가 공산주의자를 생각할 때 우리는 철의 장막을 생각한다. 그러나 그들은 민주주의를 생각할 때 그들은 코카-콜라를 생각한다"라고 쓰여 있었다.

코카-콜라 회사는 1940년대 후반 동안 해외 사업을 급속히 확대했고, 그 결과 1950년에는 회사 전체 이익의 3분의 1이 해외에서 발생했다. 그때는 세계적으로 진행되고 있는 공산주의와의 싸움에서 미국은 선도적인 자본주의 국가로서 정치적 영향력이 커가고 있었고, 미국이 주도하는 유럽 재건 계획인 마샬 플랜도 진행되고 있던 때였다. 그 결과 커지고 있는 미국의 영향력에 반대하고 마샬 플랜을 다른 형태의 제국주의로 비판하는 사람들은 코카-콜라를 향해 그들의 분노를 표출했다. '코카 식민화Coca-colonization' 즉 코카-콜라를 통한 식민지 정책이라는 말을 처음으로 사용한 것은 프랑스의 공산주의 지지자들이었는데, 그들은 프랑스에 새로운 코카-콜라 공장의 건립을 반대하는 격렬한 저항운동을 일으켰다. 그들은 국내 와인 산업이나 광천수 산업에 악영향을 미칠 것이고, 코카-콜라에 유독한 성분이 있다는 이유로 판매 금지를 요구하기까지 했다. 이것은 미국에서 격렬한 항의를 불러일으켰고, 신문의 사설들은 미국에 감사할 줄 모르는 프랑스에 마샬 플랜을 통한 지원을 중단하라고 요구했다. 회사의 임원들은 코카-콜라가 프랑스를 해방시킨 미국 병사들의 건강에 어떠한 부정적인 영향도 미치지 않은 것을 지적했다. 이번에는 프랑스의 신문들이 다시 반대하고 나섰다. 르몽드는 코카-콜라의 범람 때문에 "프랑스의 도덕적 지평이 위태로운 상태에 처했다"라고 경고했다. 프랑스의 반대파들이 코카-콜라 트럭을 전복시키고 실려 있던 병들을 깨버리는 일도 발생했다. 그러나 최종적으로 코카-콜라에 대한 반대 운동은 별 효과가 없었다. 실제로 코카-콜라 회사는 이러한 사태로 코카-콜라가 이국적이면서도 금단의 음료라는, 그것도 무료로 엄청난 홍보 효과를 톡톡히 누릴 수 있었다.

유사한 저항 운동들이 다른 나라에서도 발생했다. 공산주의 활동가들은 코카-콜라는 건강에 악영향을 끼치며, 코카-콜라가 보급되면 미국의 문화적 가치가 유럽의 국가들을 오염시킨다고 주장했다. 맥주 제조업자, 광천수 업자, 청량음료의 제조업자도 공산주의자의 반 코카-콜라 운동을 지지했다. 오스트리아의 공산주의자들은 그들 나라에 있는 코카-콜라 공장이 즉시 원자폭탄 제조 공장으로 개조될 수 있다고 주장했다. 이탈리아의 공산주의자들은 코카-콜라를 마신 어린이의 머리털이 하룻밤 사이에 하얗게 바뀌었다고 주장했다. 코카-콜라 회사는 그들의 도발에 대응하지 않고 조용히 해외에 새로운 코카-콜라 공장을 설립해 나갔다. 회사는 코카-콜라를 직접 경험해보면 소비자들은 그 가치를 확실히 알게 될 것이라는 믿음을 가지고 있었다. 코카-콜라 회사의 사장이었던 로버트 우드러프는 코카-콜라에 대한 공산주의자들의 적대감은 그 음료가 "자본주의의 본질"이기 때문이라고 간단명료하게 설명했다. 그러나 코카-콜라가 전 세계적으로 높은 인기를 얻으면서 우스꽝스러운 주장들, 예를 들어 음용자들이 발기부전이 되고, 암에 걸리고 또는 불임이 된다는 주장들은 슬그머니 사라졌다.

1959년에 미국의 부통령인 리처드 닉슨은 미국 제품만을 전시하는 특별한 무역박람회에 참석하기 위해 모스크바를 방문했다. 그곳에서 만난 소비에트 수상이었던 니키타 흐루쇼프와 서로 비방하며 설전을 벌였지만, 펩시 회사의 홍보를 위해 닉슨과 흐루쇼프는 펩시의 홍보 부스 앞에서 함께 펩시를 마시며 사진을 찍었다. 그 후 1965년에 코카-콜라 회사가 철의 장막 뒤에 있는 거대한 잠재적 시장인 러시아에서의 사업 검토를 시작했을 때 즉각적인 역풍을 맞았다. 공산주의 국가에서는 민간 회사의 설립이 허용되지 않기 때문에 소비에트 정부가 사업의 파트너가 되어야 했고, 모든 이익은 국가의 재정으로 귀속되어야 했다. 당시 베트남 전쟁이 격화되고 있던 상황에서 비평가들은 코카-콜라가 미국의 적인 공산주의자를 사실상 원조해주는 것이라고 비난했고, 회사는 그 계획을 재빨리 포기했다.

1959년 모스크바에서 개최된 미국 무역 박람회장에서 펩시-콜라의 전시장 앞에서 미국의 부통령인 리처드 닉슨과 소비에트의 수상인 니키타 흐루쇼프가 펩시-콜라를 시음하고 있다.

　이것은 펩시에 길을 열어주었다. 1962년에 캘리포니아 주지사 선거에서 패배한 닉슨은 펩시의 자문 로펌에 합류했고, 펩시를 위한 해외 홍보대사직을 맡았다. 펩시는 코카-콜라처럼 공산주의자의 공격을 받지 않았기 때문에 철의 장막 뒤에서 사업을 벌이기에 훨씬 유리했다. 펩시는 1965년에 루마니아에 사업체를 설립했고, 1972년에는 닉슨의 도움으로 러시아에서 독점 라이선스를 받고 펩시-콜라를 판매하기 시작했다. 코카-콜라는 1980년에 그해 모스크바에서 개최 예정인 올림픽의 공식 청량음료로 지정되면서 러시아에 발을 들여놓는 것처럼 보였다. 그러나 소비에트 연방이 아프가니스탄을 침공하자 지미 카터 대통령은 이에 대한 반응으로 미국의 올림픽 참가를 거부했고, 코카-콜라는 다시 한 번 고배를 마셔야 했다.

　그러나 결과적으로 소비에트 블록 국가들 내에서 사업을 시작하려했던 코카-콜라의 실패는 오히려 약이 되었다. 1989년에 베를린 장벽이 붕괴되었고, 이어서 동유럽의 공산주의 체제가 붕괴되었으며, 1991년에는 소비에트 연방이 해체되었다. 베를린 장벽을 넘어 서방으로 넘어온 동독인은 코카-콜라를 환영했다. "우리는 바나나, 코카-콜라, 꽃 그리고 서방의 소비자 중심주의의 냄새가 나는 모든 것을 환영했다"라고 어느 증언자가 회상했다. 동독인은 서베를린의 코카-콜라 공장에 와서 코카-콜라를 상자 단위로 직접 사기 위해 줄을 섰다. 하이-파이 기기, 텔레비전, 냉장고 그리고 다른 소비재와 함께 상자에 들은 코카-콜라는 동베를린 시민이 가장 열심히 사고 싶어 했던 품목 중 하나였다. 철의 장막 뒤에서 펩시는 놀라운 성공을 거두었지만 공산주의자가 축출되면서 불리한 상황에 처하게 되었다. 많은 사람들이 펩시는 구체제와 연결되어 있는 지역 브랜드로 생각한 반면, 코카-콜라는 이국적인 외국 브랜드라고 생각했기 때문이다. 코카-콜라를 마시는 것은 자유의 상징이 되었다. 1990년대 중반경에는 코카-콜라는 펩시를 제치고 구 소비에트 블록에 속했던 국가들에서 가장 인기가 높은 콜라가 되었다.

중동에서의 코카-콜라

미국적 가치관을 대표하는 코카-콜라는 세계의 또 다른 지역에서 도전을 받는데, 그곳은 중동이었다. 문제는 1966년에 발생했다. 어느 이스라엘의 사업가가 코카-콜라가 훨씬 큰 아랍 시장의 비즈니스를 위해 이스라엘의 청량음료 시장 진출을 외면하고 있다고 비난한 것이다. 알코올음료가 금지되고 특히 더운 날씨 때문에 아랍 세계는 코카-콜라에 유망한 시장이었고, 그 지역에서 나오는 연간 수익은 약 2천만 달러에 달하고 있었다. 회사는 1949년에 이스라엘에 병 작업 공장을 설립하려 했지만 이스라엘 정부가 승인을 거부했다고 반박했다. 또한 이스라엘 시장은 너무 작아서 경제적으로 진출할 가치가 너무 작다고 주장했다. 이에 비평가들은 만약 그것이 사실이라면 이스라엘보다 더 작은 사이프러스에서는 어떻게 비즈니스를 하고 있느냐고 물었다. 유대인 차별에 대한 비난이 비등했고, 맨해튼의 마운트 시나이 병원이나 코니 아일랜드의 나단스 페이머스 핫도그 엠포리엄Nathan's Famous Hot Dog Emporium을 비롯한 미합중국의 유대인 단체들은 코카-콜라에 대한 불매운동을 시작했다.

이에 대한 대응으로 회사는 이스라엘의 텔아비브에 보틀링 프랜차이즈를 설립한다고 발표했다. 그러자 이번에는 아랍 연맹(Arab League, 1945년 3월 22일 이집트, 이라크, 요르단, 레바논, 사우디아라비아, 시리아가 이집트 카이로에 모여 결성했다-역주)이 회원국에 코카-콜라의 불매운동을 촉구하고 나섰다. 회사는 물러나기를 거부했고, 1968년 8월에 아랍의 불매운동이 시작되었다. 회사의 결정은 전적으로 실리를 계산한 결과였다. 아랍 시장을 놓치더라도 유대계 공동체에 의한 국내 불매운동을 고려하지 않을 수 없었다. 만약 유대계 시장을 놓친다면 더 큰 손실이 발생할 터였다. 그 결과 코카-콜라는 미국의 외교 정책과 같이 간다는 사실을 다시 한 번 확인해 주었다. 반면, 펩시는 이 기회를 이용하여 아랍 시장에 진출할 수 있었다. 이로 인해 펩시는 이스라엘 시장에는 진출할 수 없었다. 또한 펩시의 이러한 행동을 유대인 차별로 보는 일부 국내 소비자들은 놓칠 수밖에 없었다.

1980년대 말에 가면서 코카-콜라에 대한 아랍의 불매운동이 허물어지기 시작했고, 코카-콜라는 이집트, 레바논, 시리아를 중심으로 아랍 시장에 대한 진출을 재개했다. 그중에서도 특히 사우디아라비아는 어떻게 해서든 진입해야 할 시장이었다. 그곳은 펩시에 캐나다와 멕시코 다음으로 해외에서 세 번째로 큰 시장이었기 때문이다. 1991년 걸프전 동안 코카-콜라는 사우디아라비아에 주둔하는 미군을 위해 냉장 트럭으로 코카-콜라를 보냈지만 현지에 5개의 공장을 운영하고 있는 펩시와는 경쟁할 수 없었다. 전 세계의 시청자들은 쿠웨이트로부터 이라크 군대를 축출하기 위한 연합군의 미국 측 사령관인 노먼 슈워츠코프 장군이 펩시-콜라 캔을 옆에 놓고 휴전협정에 서명하는 모습을 보았다. 이에 코카-콜라는 사우디 시장에 힘을 집중하는 전략을 세웠고, 이는 펩시를 수세에 몰아넣고 나아가 다른 시장에서 펩시의 경쟁력을 약화하기 위한 것이었다.

2003년 이라크 전쟁 때까지 미국의 청량음료에 대한 공격을 통하여 반미를 표현하는 모습이 여러 새로운 형태로 등장했다. 태국의 젊은 무슬림들은 미국이 주도한 침략에 대한 항의로 코카-콜라를 땅에 쏟아부었고, 반미를 주장하는 저항운동이 커지면서 코카-콜라의 판매는 부진했다. 반면, 중동에서는 그 지역에서 만든 콜라들이 인기를 얻기 시작했다. "이슬람"콜라인 잠잠 콜라Zam Zam Cola는 이전에 펩시의 파트너였던 이란의 회사에 의해 생산되었는데 이라크, 카타르, 바레인, 사우디아라비아에서 히트를 치면서 판매 첫 주 만에 4백만 캔을 팔았다. 웨스트 뱅크(West Bank, 요르단강 서안 지구는 중동에 있는 이스라엘과 팔레스타인의 분쟁 지역이자 팔레스타인의 행정 구역이다-역주)에서 생산된 스타 콜라Star Cola는 아랍에미리트에서 인기를 얻었다. 코카-콜라를 미국과 동일시하는 태도는 비판자와 지지자 모두에게 계속해서 남아 있었다. 예를 들면, 미군은 2003년 4월 바그다드의 사담 후세인 궁전을 점령했을 때 바비큐 파티를 열고 햄버거와 핫도그를 먹었는데, 여기에 코카-콜라가 빠질 수는 없었다.

병에 의한 글로벌화

코카-콜라는 미국을 연상시키는 음료인 동시에 하나의 통합된 세계 시장을 향한 흐름, 즉 글로벌화를 대표하는 상품이다. 글로벌화를 지지하는 세력은 무역장벽과 관세를 포함하여 자유무역을 방해하는 장애물을 폐지하고, 국제 상거래의 자유를 허용하는 것이 부유한 국가나 가난한 국가의 부를 증진할 수 있는 최선의 방법이라고 주장한다. 예를 들어, 개발도상국에 공장을 지음으로써 부유한 국가는 생산 원가를 낮출 수 있는 반면, 가난한 국가는 고용을 창출하고 이를 통해 경제를 활성화할 수 있다는 것이다. 그러나 글로벌화를 반대하는 세력은 그러한 구조는 착취를 가장한 형태에 불과한 것이고, 결국은 낮은 임금으로 낮은 사회적 직업을 창출할 뿐이고, 다국적 기업들의 궁극적 목표는 해외에서의 고용을 통하여 노동이나 환경 규제를 회피하기 위한 것이라고 비판한다. 토론은 가열되고 있다. 종래 많이 들어왔던 비판 중 하나는 다국적 기업들이 촉수를 전 세계에 뻗치고 세계시장에서 경쟁하는 글로벌화라는 현상은 제국주의의 새로운 형태에 불과하다는 주장이다. 반-글로벌화 행동주의자는 세계의 유일한 강대국인 미국이 세계의 나머지 국가들을 군인이나 폭탄이 아니라 자신들의 문화, 기업, 마이크로소프트, 맥도널드 그리고 코카-콜라 같은 대표적인 브랜드를 가지고 지배하려 한다고 주장한다.

  단일의 상품으로서 코카-콜라보다 글로벌화를 대표하는 상품은 없을 것이다. 전 세계에서 펩시와의 경쟁은 계속될 것이고, 새로운 거대한 격전지는 중국이다. 그러나 중국은 코카-콜라가 사업을 펼치고 있는 200개 이상의 국가들 중 하나에 불과할 뿐이다. 이 숫자는 국제연합의 회원국보다 많은 수치다. 코카-콜라는 이제 세계에서 가장 널리 알려진 상품이 되었고, "코카-콜라"는 세계에서 가장 많은 사람들이 이해하는 "오케이OK" 다음의 공통어가 되었다. 세계적 보급의 정도, 가시성visibility, 인식도 측면에서 코카-콜라와 비교될 만한 회사는 존재하지 않는다. 매년 〈비즈니스위크〉가 발표하는 세계에서 가장 가치 있는 브랜드 리스트에서 코카-콜라는 항상 상위권을 차지하고 있다.

세계에서 가장 강력한 브랜드를 가진 코카-콜라 회사조차도 사람들을 세뇌하여 그들이 원하지 않는 상품을 사게 하도록 하지는 못했다. 반-글로벌 세력의 주장과는 차원이 다른 상황이었다. 1985년에 코카-콜라는 펩시와 유사한, 보다 달콤한 새로운 콜라를 출시했는데 결과는 재앙이었다. 소비자들은 새로운 음료에 등을 돌렸고, 판매는 곤두박질쳤고, 회사는 불과 몇 주 안에 원래의 코카-콜라에 코카-콜라 클래식이라는 이름을 붙여 다시 출시할 수밖에 없었다. 미국의 아이콘에 새로운 것을 가미하려는 시도는 그렇게 끝나버렸다.

또한 코카-콜라는 강력한 글로벌 브랜드를 가진 상품이 소비자에게 해를 끼치는 것이 아니라 어떻게 유익한 존재가 될 수 있는지를 보여주었다. 코카-콜라의 이름과 로고는 전 세계 어디를 가더라도 균일한 품질을 약속한다는 회사의 보증이다. 코카-콜라는 브랜드 가치만 하더라도 약 700억 달러에 달하기 때문에 회사는 기존의 명성과 제품의 품질을 절대적으로 유지해야 하고, 혹시나 소비자를 잃을 수 있는 위험성을 막기 위해 철저한 노력을 하고 있다. 이처럼 글로벌 브랜드를 보호해야 하는 코카-콜라 회사는 다른 대기업처럼 나쁜 평판에 극도로 조심하고, 이전보다도 더욱 커다란 책임감을 가지고 있다. 국내 브랜드만을 가진 회사는 해외 소비자를 고려할 필요가 없지만 글로벌 브랜드를 가진 회사들은 그렇지가 않다.

1997년에 발간된 〈이코노미스트〉의 분석에 따르면, 각국에 있어서 코카-콜라 소비량은 해당 국가의 글로벌화의 수준을 보여주는 좋은 지표라고 밝힌 바 있다. 즉 (국제연합이 정한 기준에 따라 측정된) 풍요로움과 삶의 질, 그리고 사회적·정치적 자유와 밀접한 상관관계를 보여준다는 것이다. 매거진은 "발포성의 거대 시장을 가진 상품, 즉 자본주의는 사람들에게 좋은 것입니다"라고 결론지었다. 물론 코카-콜라가 사람들을 부유하고 행복하고 자유롭게 만든 것은 아니다. 이는 소비자 중심주의와 민주주의가 확산될 때 발포성의 갈색 음료는 항상 함께했다는 것을 의미한다.

오늘날 탄산 소다수는 미합중국에서 가장 널리 소비되는 음료로서 모든 액상 형태의 소비량의 약 30퍼센트를 차지하고 있고, 코카-콜라 회사는 단일 회사로서 가장 커다란 공급자이다. 세계적으로는 회사는 인류가 소비하는 총 액상의 3퍼센트를 공급하고 있다. 코카-콜라는 의심할 바 없이 20세기의 음료이며, 그리고 20세기에 발생했던 미합중국의 부상, 공산주의에 대한 자본주의의 승리, 그리고 글로벌화의 진전을 상징하는 음료였다. 코카-콜라를 인정하든 안 하든 그 음료가 가진 매력의 너비를 부정할 수는 없을 것이다.

에필로그

원점으로의 회귀

물은 제한된 천연자원이고 인류의 삶과 건강에
근간이 되는 공공재다. 물에 대한 인간의 권리는
인간의 존엄을 위한 건강한 삶의 유지에 필수불가결하다.
그것은 인간의 다른 권리 실현을 위한 전제 조건이다.

— 국제연합, 경제·사회·문화·사회적 권리 위원회 (2002)

6개의 음료는 인류의 역사에 영향을 미쳤지만 인류의 미래에 영향을
미칠 음료는 어떤 것일까? 이미 가장 유력한 후보가 등장했다. 역사 형
성에 영향을 미쳤던 다른 음료와 마찬가지로 이 음료는 매우 유행하고
있고, 의학적 논쟁의 주제가 되어 있으며, 그리고 많은 사람이 의식하
지 못하고 있지만 대단히 중요한 지정학적 가치를 지니고 있다. 그것
의 공급력에 따라 지구상에서든, 잠재적으로 지구 밖에서든 인류의 미
래가 결정될 것이다. 아이러니하게 그것은 인류의 발전 과정을 최초로
주도해 나갔던 음료인데, 바로 물이다. 인류의 음료의 역사는 최초의
원점으로 되돌아가게 된 것이다.

겉으로는 이러한 원점 회귀는 환영받는 것으로 보인다. 신석기 시
대의 맥주에서 시작해서 물 이외의 다른 음료들이 가진 중요한 매력은
물보다 오염의 위험이 작았다는 것이다. 19세기에 수질 오염 원인에

대한 세균학적 근거가 밝혀지기 시작하면서 수백 년 동안 인류를 몹시 괴롭혔던 문제를 해결할 수 있게 되었는데, 즉 신선한 물의 지속적 공급이다. 이전의 세대들은 대체재로 다른 음료를 마셨지만, 물의 정화와 소독을 통해서 이제는 직접 수질 오염 문제를 해결할 수 있게 된 것이다. 다른 말로, 물에 대한 급증하는 수요는 오염의 위험이 확실하게 제거되고 있다는 것을 보여준다. 그러나 현실은 매우 복잡하다. 물에 대한 태도의 차이만큼 선진국과 개발도상국 사이의 차이를 명확하게 보여주는 것은 없다.

선진국에서는 수돗물이 풍부하고 안전한데도 격조 높은 소비 모습이라 할 수 있는 병에 담긴 물의 판매가 급증하고 있다. 병에 담긴 물의 소비에 있어서 세계 1위는 이탈리아 사람들로 매년 평균 일인당 180리터를 마신다. 그 뒤를 근소한 차이로 프랑스, 벨기에, 독일 그리고 스페인이 뒤쫓고 있다. 병에 담긴 물 산업은 전 세계적으로 2003년에 약 460억 달러의 수익을 냈고 소비량은 1년에 11%씩 성장하고 있다. 이는 다른 어떤 음료보다 빠른 것이다. 식당들은 멋진 병에 비싼 물을 담아 제공하고, 그리고 슈퍼모델들로부터 시작되었던 작은 플라스틱 병에 마실 물을 담아 항상 휴대하는 습관은 이제는 일반인에게까지 널리 보급되었다. 미국에서 주유소에 가보면 병에 담긴 물이 같은 양의 휘발유보다 더 비싸다는 것을 알게 될 것이다. 프랑스산부터 피지Fiji산에 이르기까지 특별한 수원으로 생산된 미네랄워터가 전 세계의 소비자들에게 공급되고 있다.

병에 든 물이 인기를 누리는 이유는 수돗물보다 더 건강하고 안전하다는 생각이 널리 퍼져 있기 때문이다. 그러나 수돗물은 최소한 선진국에서는 안전하다. 때로는 수돗물도 오염될 위험이 있지만 그것은 병에 든 물도 마찬가지다. 〈가족의학저널Archives of Family Medicine〉에 실린 한 연구 보고서에서 조사자들은 오하이오주의 클리블랜드의 수돗물과 병에 든 물을 비교해 보았는데, 병에 든 물 샘플의 4분의 1이 오히려 박테리아가 상당히 많이 들어있다는 사실을 발견했다. 과학자들은 "병에 든 물을 사용하는 것이 더 깨끗할 것이라는 가정은 소비자를 오도할 수 있다"라는 결론을 내렸다. 제네바 대학교에서 수행된 다른 연구나 국제연합의 식량·농업기구Food and Agriculture Organization가 발표한 보고서도 같은 입장인데, 영양학적인 측면에서 볼 때 일반적인 수돗물이나 병에 든 물이나 큰 차이가 없다는 것이다.

미국에서 판매되고 있는 병에 든 물의 40퍼센트가 보통은 수돗물을 정화해서 만들어지고 있고, 경우에 따라 미네랄 성분이 첨가된다는 사실은 놀랄 일이 아니다. 예를 들어, 미국의 대표적인 병에 든 물 브랜드인 아쿠아피나와 다사니는 일반 수돗물을 사용한다. 그리고 많은 물병의 라벨에는 빙하, 깨끗한 물줄기, 얼음이 덮힌 산들이 그려져 있지만 이러한 이미지가 항상 병 안에 들어 있는 물의 진짜 원산지를 의미하는 것은 아니다. 국가자원방위위원회National Resources Defense Council의 한 연구에 따르면, 미국의 환경로비단체가 어느 물병의 라벨에는 "순수한 빙하수"라고 표기되어 있었지만 그 물은 보통의 수돗물이었고, 다른 라벨은 "샘물"이라고 표기하고 호수와 산의 그림이 그려져 있었지만, 실제로는 유해한 쓰레기장 근처에 있는 공장 주차장 안에 있는 우물물로 만든 것이라는 사실을 밝혀냈다. 그 연구는 또한 유럽이나 미국의 경우에는 수돗물의 품질은 병에 든 물의 품질보다도 더 엄격한 관리를 받고 있다고 지적했다.

병에 든 물이 선진국에서 제공되는 수돗물보다 더 안전하고 깨끗하다는 증거는 없다. 그리고 블라인드 테스트 결과 대부분의 사람이 두 개의 차이를 구분할 수 없다고 말했다. 오히려 병에 든 물 브랜드 간에는 맛의 차이를 느낄 수 있었다. 그러나 아직도 사람들은 1갤런(약 3.78 리터) 기준으로 수돗물보다 약 250배에서 1만 배까지 비싼 병에 든 물을 계속해서 사고 있다. 결론적으로 선진국에는 안전한 물이 너무 풍부해서 사람들이 눈앞에 있는 수돗물을 외면하고 대신 병에 든 물을 마시는 것이다. 두 개가 모두 안전하기 때문에 어느 물을 마실 것인가는 생활 스타일의 선택이 되어버렸다.

이와는 대조적으로 개발도상국의 많은 사람들에게 물을 구할 수 있느냐의 문제는 사느냐 죽느냐의 문제로 남아 있다. 세계 인구의 5분의 1 또는 약 12억 명이 현재 마시기에 안전한 물을 구하지 못하고 있다. 세계보건기구에 따르면 전 세계 질병의 80퍼센트가 물을 매개로 해서 감염되고, 개발도상국 국민의 약 반이 상시적으로 설사, 십이지장충 병 또는 트라코마와 같이 마시기에 부적절한 물이나 위생관리의 미흡으로 발생하는 질병으로 고통을 받고 있다고 한다. 1년에 설사가 40억 건 발생해서 180만 명이 사망하고, 그들 중 90퍼센트가 5세 이하의 어린이들이다. 안전한 물을 확보하지 못한 것이 질병이나 죽음만을 초래하는 것이 아니다. 그것은 교육이나 경제발전에도 장애가 된다. 질병이 나라 전체에 만연하다면 생산성이 떨어지고, 외국의 원조에 더욱 더 의존하게 될 것이고, 자력으로 가난에서 벗어나는 일이 어려워진다. 국제연합에 따르면 사하라 사막 이남의 아프리카에서 소녀들이 학교에 가지 못하는 중요한 이유 중 하나가 먼 거리에 있는 우물에 가서 물을 길어 집으로 가져오는 데 너무 많은 시간이 소비되기 때문이라고 한다.

국제연합은 2015년까지 신선한 물과 적절한 위생 시설을 확보하지 못하는 사람들의 비율을 반으로 줄이겠다는 목표를 설정했다. 그러나 1980년대와 1990년대에 어느 정도의 진전이 있었지만 그 이후에는 안전한 물을 마실 수 있는 사람들의 비율은 오히려 줄어들었다. 많은 개발도상국에서 물을 확보하는 문제가 농촌 지역에서는 꾸준히 개선되고 있지만 도시에서는 퇴보하고 있다는 것이다. 이러한 퇴보는 도시화가 멈출 수 없는 트렌드임을 고려할 때 우려된다. 인구통계학자들의 계산에 따르면 2007년경에는 세계 인구의 반 이상이 도시에서 살게 될 것이고, 6000년 전 농촌 중심의 종족에서 도시 중심의 종족으로의 이동을 완료할 것으로 예상하고 있다. 국제물관리연구소International Water Management Institute에 따르면 국제연합이 물 확보를 위한 목표를 달성하기 위해 이미 지출한 비용 외에도 해마다 17억 달러가, 위생 시설의 개선을 위해서는 매년 90억 달러가 필요할 것으로 보인다. 부유한 국가의 사람들이 병에 든 물을 소비하는데 드는 비용에 비하면 아주 적은 돈에 불과하지만 물의 확보를 위해 해결해야 하는 문제가 돈만은 아니다. 많은 경우에는 정치적 장애물도 존재한다. 최근 물에 대한 권리에 대한 논쟁이, 특히 중동과 아프리카에서는 정치적 긴장을 초래하고 심지어 군사적 충돌의 원인이 되고 있다.

예를 들어, 물은 1967년의 6일 전쟁 - 이스라엘이 시나이반도, 골란 고원, 요르단 서안 지구, 그리고 가자 지구를 점령했던 - 의 겉으로는 드러나지 않은 중요한 원인이었다. 당시 장군이었고 후일 이스라엘의 총리가 된 아리엘 샤론은 그의 자서전에서 사람들이 6일 전쟁의 시작을 일반적으로 1967년 6월 5일로 생각하지만 "실제로는 2년 반 전, 요르단강 지류의 차단에 저항하기 위해 이스라엘이 군사행동에 나설 것을 결의했던 그날에 시작되었다"라고 말했다. 1964년 시리아는 요르단강의 중요한 2개의 지류가 이스라엘로 흘러들어가는 것을 막기 위해 운하를 파기 시작했다. 이스라엘은 대포와 전투기 공격을 통해 운하 공사를 중단시켰다. "시리아와 우리 사이에 국경 분쟁은 매우 중요한 문제인 반면 물줄기를 막는 문제는 생사가 달린 냉혹한 문제였다"

라고 샤론은 썼다. 이스라엘이 1967년에 상기 영토를 점령하고 요르 단강 상류 지역을 장악한 것은 군사적인 이유 이외에도 물의 공급원을 확보한다는 중요한 목적도 있었던 것이다. 요르단 서안 지구에 살았던 팔레스타인 사람들은 그 영토의 물의 18퍼센트만 할당받았고 나머지 는 이스라엘로 보내졌다.

그 이후 중동의 정치인들은 중동에서 장래 발생할 수 있는 분쟁의 원 인으로 물 문제를 거론했다. 1978년에 이집트는 만약 에티오피아가 이 집트의 가장 중요한 물 공급원인 나일강의 흐름을 바꾼다면 군사적 행 동을 감행하겠다고 위협했다. 1979년에 이집트가 이스라엘과의 평화 조약에 서명했을 때 안와르 사다트 대통령은 "이집트를 다시 전쟁에 참 여시킬 수 있는 유일한 것은 물이다"라고 선언했다. 그리고 1985년 당 시의 이집트의 외무장관이었고 후일 국제연합의 사무총장으로 재임했 던 부트로스 부트로스-갈리Boutros Boutros-Ghali는 "다음에 중동에서 전 쟁이 발발한다면 그 원인은 정치가 아니라 물일 것이다"라고 예언했다.

물이 그렇게 국제분쟁의 원인이 되는 논쟁적 주제가 될 것이라는 사 실은 놀랄 일이 아니다. 강과 호수는 국가 간 국경선을 형성하고 있고, 세계에서 최소한 10개의 강이 6개 또는 그 이상의 국경을 가로질러 흐 르고 있다. 그래서 상류 국가의 행동은 하류 국가에 영향을 미칠 수밖 에 없다. 에티오피아는 나일강 물의 85퍼센트를 장악하고 있고 이집트 는 나일강 하류에 있다. 터키는 유프라테스강에 댐을 건설하여 시리아 로 흘러가는 수량을 통제할 수 있게 되었다. 홍수를 방지하기 위해 방 글라데시는 인도와 네팔에 갠지스강과 브라마푸트라강을 통제하기 위해 상류에 댐을 건설할 것을 요구했다.

중앙아시아의 건조한 지역에서는 물 부족 사태가 심각해지면서 이 전 소비에트 연방 국가였던 카자흐스탄, 키르기스스탄, 타지키스탄,

투르크메니스탄, 우즈베키스탄 사이에 분쟁이 발생할 수 있다는 두려움을 안고 있다. 또 다른 우려는 기후 변화로 인해 물의 분포가 바뀌어 일부 지역에서는 홍수가 발생하고 다른 지역에는 가뭄이 발생하여 농업 생산에 타격을 주어 정치적 불안정의 원인이 될 수 있다는 것이다. 이 때문에 많은 전문가들은 물이 석유를 대체하는 희소 상품으로서 반드시 국제분쟁을 유발할 것으로 보고 있다.

물은 또한 국제적 협력을 유도하기도 한다. 물의 확보는 너무 근본적인 문제라서 물의 관리를 위해 적대적인 국가들 사이에서도 서로 협력하지 않으면 안 되었다. 1960년의 인도 바신 조약은 인도와 파키스탄이 인더스강과 지류들을 어떻게 분할해서 관리할 것인지를 규정하고 있는데, 두 국가 간의 군사적 충돌이 반복되는 상황에도 불구하고 여전히 효력을 가지고 있다. 이와 비슷하게 메콩강 지역이 전쟁으로 심한 타격을 받았는데도 캄보디아, 라오스, 태국, 베트남은 메콩강의 관리를 위해 서로 협력하고 있다. 그리고 1990년대 말에 분쟁을 계속하던 나일강 유역의 10개 국가는 국제연합과 세계은행의 지원을 받아 나일강의 물 관리를 위한 상호 협약을 체결했다. 물은 전쟁의 원인도 평화를 위한 촉매제도 될 수 있는 가능성을 가진 것으로 보인다.

길게 볼 때, 그리고 인간이 핵으로 인한 자기 파멸을 피할 수 있다고 가정해보면, 화성을 시작으로 해서 지구 외에 식민지를 세울 수 있는지 여부는 충분한 물의 확보 여부에 달려 있다. 화성 식민지의 거주자는 마시고 씻고 농작물을 재배하기 위해 물이 필요할 것이고, 그리고 물의 성분인 수소와 산소를 분리함으로써 만들어질 수 있는 로켓의 원료를 만들기 위해서도 물이 필요할 것이다. 이것은 외계 생명체의 존재에 대한 탐색과 함께 (그것 역시 물이 있는지 여부에 달려 있다고 생각된다) 태양계 내에 다른 혹성에 물이 있는지 없는지를 파악하는 데 왜 그렇게 많은 노력이 투입되었는지를 설명해준다. 일부 과학자는 인류의 계속적 생존을 위해서 화성을 식민지화하는 것은 반드시 필요하다고 믿고 있다. 그들은 "다혹성 종족multiplanetary species"이 되는 것만이 전쟁이나 질병으로 인한 몰살 가능성 또는 소행성이나 혜성이 지구에 충돌함으로써 발생할 수 있는 대량 멸종으로부터 인류를 진정으로 지키기 위한 것이라고 주장한다. 하지만 그 가능성은 지구 밖에서 수원水源을 찾을 수 있는지 여부에 달려 있을 것이다.

물은 인류의 역사 발전에 영향을 미쳤던 첫 번째 음료였다. 1만 년이 지난 지금 물은 다시 주도적인 자리에 복귀한 것으로 보인다. 다른 혹성의 식민지화에 대해 말하는 것은 엉뚱한 소리같이 들릴 수 있지만, 그러나 그 생각은 기원전 5000년의 신석기 시대의 원시인이 타임머신을 타고 와서 현대 세계를 보고 받는 충격에 비할 바는 전혀 아닐 것이다. 그는 어떠한 현대 언어도 이해하지 못할 것이고, 그리고 글쓰기, 플라스틱, 항공기, 컴퓨터와 같은 현대인의 삶의 측면을 이해하는 데 어려움이 있을 것이라는 것은 의심할 바가 없을 것이다. 물론 천 년이라는 세월이 흐르면서 많은 것이 변화되었지만 어떤 것은 그대로 남아있다. 그는 분명히 맥주잔을 알아볼 것이고, 그리고 행운을 기원하며 서로 부딪히는 건배와 우정의 분위기를 이해할 수 있을 것이다.

신석기 시대에서 온 시간 여행자에게 맥주라는 음료는 자신과 미래를 연결해주는 존재이지만, 우리에게 맥주는 과거를 들여다보는 창문을 제공하는 음료 중 하나다. 이제 맥주, 와인, 증류주, 커피, 차 그리고 코카-콜라를 입술에 댈 때 그것들이 공간과 시간을 넘어 어떻게 여기까지 왔는지를 생각해보라. 그리고 단순한 알코올이나 카페인이 아니라 그 이상의 것을 포함하고 있다는 사실을 기억하라. 그 음료의 소용돌이치는 심연 속에 길고 긴 역사가 침전되어 있다.

감사의 글

이 책을 쓰기 위한 조사 과정에서 실제로 많은 음료들을 마시게 되었는데, 그것은 정말 즐거운 경험이었다. 맥주에 관한 나의 연구와 관련하여 샌프란시스코의 앙코 브르워리Anchor Brewery의 프리츠 메이태그, 윌리엄스버그에 있는 윌리엄 앤 메리 대학교의 메리 보이그트, 그리고 스테판 소모기와 아이오랜드 브록솜, 마이클 잭슨, 클린트 발링거, 그리고 메린 다인레이에게 감사한다. 와인과 관련해서는 펜실베이니아 대학교 박물관의 패트릭 맥거번, 그리고 프랑스 뷰카레에 있는 마스 드 툴레스 양조장의 허브 듀란트와 그의 가족들에게 감사한다. 알라메다의 성 조지 증류소의 랜스 윈터스는 증류 과정을 설명해 주었고, 그리고 많은 실제 샘플을 제공해주었다. 커피의 역사와 관련해서는 유니언 커피 로스터스의 제레미 토즈와 왕립천문학회의 피터 힝글리에게 감사한다. 하버드 대학교의 엔디미온 윌킨슨은 차의 역사에 관한 귀중한 조언을 해주었다.

조지 다이슨, 닐 스텝헨슨, 나의 동료인 앤 우로, 로버트 게스트, 앤서니 고틀립, 그리고 〈이코노미스트〉의 게프리 카, 필립 리그레인, 폴 아브라함, 필 밀로, 바스 베빅 그리고 헨리 홉하우스는 집필 과정 중에 영감을 주었고, 상담역을 맡아주었고, 그리고 예기치 않았던 방향을 지적해 주었다. 또한 버지니아 벤즈와 조 안더러, 크리스티나 마티, 올리버 모튼 그리고 낸시 하인즈, 톰 몰트리 그리고 캐서린 스틴손, 그린위치의 씨어터 오브 와인의 다니엘 일스레이와 조나단 워렌, 그리고 캐롤린-데이비스, 로저 하이필드, 마우렌 스테플튼 그리고 팀 쿨터, 워드 반 데미, 애니카 맥키 그리고 리 맥키 역시 다양한 도움을 주었다. 워커 앤 컴퍼니의 조지 깁슨과 재키 존슨은 브로크만 회사의 카티나 마슨과 마찬가지로 집필 기간에 한결같은 성원을 보내주었다. 마지막으로 이 책을 쓰는 동안 지속적으로 격려해준 아내 크리스틴과 딸 엘라에게 특별히 감사를 표한다.

부록

고대의 음료를 찾아서

고대 음료의 맛이 어떠했는지 궁금한 독자가 있는가? 그것들 중 많은 것이 지금도 어떠한 형태로든 존재하고 있다. 그러나 그것들 중 일부는 매우 맛이 없을 수 있다는 사실을 명심하라.

근동 지방의 맥주

고대 맥주와 근대 맥주 사이에 가장 중요한 차이는 홉의 사용 여부인데, 홉은 상대적으로 최근의 발명품이다. 홉은 맥주에 신선한 쓴맛을 제공하여 맥아의 단맛과 조화를 이루고, 또한 맥주가 상하지 않도록 보존제 기능도 한다. 그러나 고대 양조업자의 눈에 홉은 정통이 아니었다. 홉은 12세기와 15세기 사이에 맥주에 첨가하는 표준적인 요소가 되었고, 처음에는 홉을 사용한 맥주와 사용하지 않은 맥주를 구분하기 위해 다른 용어를 사용했다. 예를 들어, 영국에서 홉이 들어간 맥주는 비어beer로 불렸고, 홉이 안 들어간 맥주는 에일ale이라고 불렸다. 이어 에일은 하면 발효인 라거와는 반대로 상면 발효 맥주를 가리키는 것이 되었는데, 하면 발효란 이스트가 통의 바닥에 가라앉아 있는 것을 말한다. 나는 이 책에서 발효된 곡물로 만들어진 음료 전체를 가리키는 용어로 비어를 사용했다.

사하라 남쪽의 아프리카의 많은 지역에서는 고대로부터 전통적으로 전해오는 민속 맥주를 마시고 있는데, 이는 아마 신석기 시대의 맥주에 가장 가까운 형태일 것이다. 그것은 보통 수수와 옥수수의 혼합물로 만들어지는 걸쭉하고 탁한 음료다. 그것을 만드는 일반적인 방법은 수수를 물에 넣어 싹이 날 때까지 담가 둔 다음 햇빛에 펼쳐놓고 말리는데, 완전하게 마를 때까지 이를 몇 번 반복하면서 부패하지 않도록 해야 한다. 동시에 맥아화하지 않은 곡물을 뜨거운 물에 넣어 옅은 죽을 만든다. 이것을 밤새 그대로 두거나 신맛이 날 때까지 그대로 둔다. 거기에 발아된 수수를 돌로 거칠게 빻은 후 집어넣고 그것을 커다란 항아리 안에 넣어 두고 거품이 일거나 알코올로 변할 때까지 기다린다. 그렇게 완성된 음료를 천이나 체로 거른 후에 마시는 것이다. (나는 남아프리카에서 수수와 맥아화 한 수수의 혼합물로 만든 호사족(남아프리카공화국의 한 부족-역주)의 전통 음료인 움컴보티 umqombotti를 마셔본 적이 있다. 걸쭉하고 크림 같고 미색의 그 음료는 신맛이 났는데 요구르트를 연상케 했다. 그것은 음료라기보다는 액체 상태의 빵이라 할 수 있었다.)

이집트인과 메소포타미아인이 마셨던 맥주는 근대의 맥주와 더욱 유사하다. 그것은 탁하기보다는 맑고 약간 흐린데, 이는 발효하기 전에 맥아즙 wort - 물에 곡물을 넣어 요리할 때 생기는 단맛이 나는 혼합물 - 을 사용하기 때문이다. 1980년대 후반과 1990년대 초 사이에 샌프란시스코의 앙코 양조장의 프리츠 메이태그는 기원전 1800년경으로 거슬러 올라가 고대의 제조 방식에 따라 메소포타미아의 맥주를 힘들여 재현해냈고 '닌카시 찬양 Hyme to Ninkasi'이라는 이름을 붙였다. (닌카시는 메소포타미아의 술의 여신이다.) 메이태그와 그의 팀은 심지어 '바피르'까지 만들었는데, 그것은 오랜 기간 저장하기 위해 맥아화 한 보리를 가지고 만든 전통적인 "맥주 빵beer bread" 이었다. 내가 15년 된 바피르의 한 조각을 시식해 보았는데, 많은 왕겨들이 포함돼 있긴 했지만 맛은 매우 좋았다. 그 음료를 시음해 본 사람들에 의하면 오늘날의 기준으로 볼 때 홉이 들어있지 않았기 때문에 단맛이 나는 맥주라고 할 수 있었다.

또한 이집트의 맥주를 재현하기 위해 여러 시도가 있었다. 대표적인 사례로 캠브리지 대학교의 델윈 사무엘의 연구 결과를 기초로 해서 스코티시 앤 뉴캐슬 양조장이 생산해 낸 투탕카멘 에일을 들 수 있다. 양조 잔여물을 전자현미경 분석을 통하여 그녀는 이집트의 맥주는 맥아화된 보리와 맥아가 안 된 에머밀emmer, 소맥의 종류의 혼합물을 사용한 사실을 밝혀냈는데, 맥아화는 사람의 노동이 상당히 필요한 작업이기 때문으로 보인다. 보리 맥아는 갈아서 효소를 분리하기 위해 차가운 물과 섞고, 에머밀은 갈은 후 전분을 분리하기 위해 뜨거운 물과 섞는다. 이후 두 개를 섞으면 효모가 전분을 당으로 분해한다. 다음으로 이 맥아즙은 체를 통해 왕겨를 제거하고 발효시킨다. 사무엘에 따르면 이러한 단계를 보여주는 상형문자가 빵 덩어리를 부수어 통 안에 넣고 있어서 잘못 해석되어 왔다고 한다. 이러한 제조법에 따르면 과일 맛이 나고 황금색의, 약간은 불투명한 맥주가 완성된다. 이렇게 생산된 1000병의 맥주가 런던의 해러즈 백화점에서 판매되었다.

오늘날 이집트나 메소포타미아의 맥주와 유사한 것을 찾기가 어려운 이유는 거의 모든 맥주가 홉을 사용하기 때문이다. 그러나 드문 예외로 킹 크누트King Cnut 에일이 있다. 이 맥주는 영국의 양조회사인 성 피터스가 기원전 1000년의 제조법에 따라 만든 것으로 11세기에 덴마크, 노르웨이 그리고 영국을 지배했던 카누트 왕의 이름을 따서 명명했다. 그것은 보리, 향나무, 오렌지, 레몬 껍질, 향신료, 쐐기풀을 가지고 만든다. 그것은 맥주를 닮았지만 홉의 쓴 맛은 없고 달콤하고 과일 맛이 나서 오히려 와인과 가까운 맛이 났다. 이 맥주를 마셔보면 신바벨론 제국의 마지막 왕이었던 느보니두스가 왜 와인을 "산에서 나는 최고의 '맥주'"로 얘기했는지 이해할 수 있을 것이다. 홉을 사용하지 않은 맥주의 또 다른 사례는 핀란드의 맥주인 사티Sahti다. 맥주 전문가인 마이클 잭슨은 이 맥주를 가리켜 "유럽에서 현존하는 최후의 원시적인 맥주"라고 했다. 특정 계절의 맥주라 할지라도 헬싱키의 중심에 있는 제토르Zetor라는 바에 가면 플라스틱 통에 담아 냉장고에 보관하고 있어 1년 중 언제라도 마실 수 있다. 사티는 진한 치커리 향과 밀맥주의 싸한 맛이 있지만 홉은 들어 있지 않다. 대신 킹 크누트 에일처럼 향나무 열매를 사용해서 곡물의 단맛을 억제하고 있다.

그리스와 로마의 와인

그리스 로마 시대의 사람들은 불순물이나 첨가물이 들어가지 않은 와인을 최고의 와인으로 인정했다. 그래서 그들은 현대의 와인과 비슷한 맛을 가진 와인을 마셨을 것이다. (물론, 그리스 로마 시대의 사람들은 거의 항상 물로 와인을 희석해서 마셨지만) 그렇지만 전체적으로 볼 때 그런 와인은 드물었고, 보통은 발효부터 최종 소비까지 모든 단계에서 와인에 무언가를 첨가하는 관행이 매우 널리 퍼져 있었다. 지금보다 훨씬 떨어진 위생 수준과 장기 보존의 어려움 때문에 대부분의 와인은 아마 오늘날의 값싼 와인보다도 품질이 떨어졌을 것이다. 따라서 시간이 지나도 맛을 유지하기 위하여 보통 블랜딩을 하거나 풍미를 첨가했다. 현대의 와인 제조 과정에 이러한 관행은 거의 남아 있지 않지만 예외가 있긴 하다. 예를 들면, 그리스 와인인 레치나(retsina, 수지(樹脂) 향을 첨가한 그리스산 포도주-역주)는 송진을 사용하고 있다. 와인에 풍미를 더하고 장기적인 보존제로 송진을 사용했던 방법은 고대에 기원을 두고 있으며, 그리스에 국한된 것은 아니다. 송진을 사용하게 된 것은 암포라병의 안쪽에 와인이 스며드는 것을 막기 위한 코팅에서 비롯된 것으로 보인다. 그래서 송진에 물을 타서 현대의 와인에 넣으면 고대 와인 스타일들 중 한 스타일의 풍취를 어렴풋이 느낄 수 있을 것이다. 다른 스타일로는 와인 제조 공정의 여러 단계에서 허브, 꿀, 심지어 바닷물을 첨가하여 만드는 방법도 있다. 로마 시대에 포도원이었던, 남프랑스에 있는 양조장인 마스 데 투렐Mas des Tourelles의 허브 듀란트와 그의 가족은 당시의 원료와 기술 그리고 장비를 이용하여 몇 개의 로마 와인을 재현해 냈다. 물숨Mulsum이라 하는 와인은 허브와 꿀이 들어간 레드 와인이었는데 향신료 때문에 단맛은 별로 없었다. 물에 희석해서 마시면 리베라Ribera와 유사한 맛이 났다. 다른 와인인 투리큘레Turriculae는 로마 시대의 작가였던 콜룸멜라에 의해 기록된 제조법에 따라서 만든 것이다. 그것은 소량의 허브, 주로 호로파 (fenugreek, 황갈색 씨앗을 양념으로 쓰는 식물-역주)와 바닷물을 첨가해 만든 화이트 와인이나. 색깔은 살색이었고 맛은 드라이하면서 셰리주(sherry, 스페인 남부 지방에서 양조되는 백포도주로 엷은 색의 담백한 맛에서부터 진한 갈색의 달콤한 것까지 여러 가지가 있고 보통 식사 전에 마신다-역주)와 놀랄 만치 닮았다. 바닷물의 짠맛은 너무 튀지 않게 잘 배합되어서 첨가제가 들어간 와인이 아니라 천연 와인 맛의 일부를 느낄 수 있다. 듀란트가 재현한 세 번째 로마 와인은 카레눔 Carenum인데, 데프루툼(defrutum, 향신료를 넣고 증류시킨 와인으로 로마인이 요리할 때 조미료로 이것을 사용했다-역주)과 허브를 섞은 레드 와인으로 만든 디저트 와인이었다. 데프루툼의 첨가는 알코올 도수와 단맛을 높여주었고, 그 결과 레잇 하베스트(late-harvest, 포도의 당도가 더 높아질 때까지 기다렸다가 늦게 수확하는 것을 말한다. 보통 디저트용 와인 라벨에 이런 표시가 있다-역주)로 양조한 진판델 Zinfandel과 매우 비슷한 맛을 냈다. 이렇게 재현된 와인들은 듀란트의 양조장에서 구입할 수 있었다.

여러 와인 양조업자가 그리스 로마 시대로 거슬러 올라가 그 당시부터 존재했던 것으로 추정되는 다양한 포도를 사용하여 와인을 생산하고 있다. 특히 주목할 만한 것은 나폴리 근처의 마스트로베라디노 양조장인데, 거기서는 그레코 디 투포, 피아노 디 아벨리노, 그리고 알리아니코 종을 사용하여 와인을 제조하고 있다. 첫 번째는 그리스에서 이탈리아로 수입된 것으로 추정되는 백포도다. 두 번째는 비티스 아피아노 즉 "벌꿀의 사랑을 받는 포도나무"라고 불리던, 로마인들이 매우 좋아했던 백포도이고, 세 번째는 적포도로서 같은 양조장의 대표 상품인 타우라시라는 와인에 사용되었다. 마스트로베라디노 가족은 이처럼 고대의 포도에 열성적인데, 최근 그들은 고대 도시인 폼페이에 포도원을 재건해 달라는 요청을 받았다. 물론 그들은 스테인레스 탱크를 이용한 냉장 또는 회전식 발효 기계와 같은 현대의 와인 양조 기술에도 깊은 관심을 가지고 있다. 이것은 마스트로베라디노 와인은 깨끗하고 신선하며 맛도 강렬하다는 것뿐만 아니라 고대의 와인과는 완전히 달리, 예를 들어 허브나 바닷물 같은 첨가제를 일체 사용하지 않는다는 것을 의미했다.

그리스 또는 로마 시대의 방식으로 현대의 와인을 마실 때에는 물로 와인을 희석한다는 것을 반드시 기억해야 한다. 와인에 물을 옅게 타서 마셔보면 와인의 맛이나 향이 별로 훼손되지 않는다는 사실에 놀랄 것이다. 고대 와인 전문가인 안드레 체르니아는 생테밀리옹에서 있었던 콘퍼런스에서 들은 이야기를 전하는데, 어느 유명한 양조업자가 자신의 어머니는 항상 와인에 물을 희석해서 마셨지만, 그럼에도 그녀는 빈티지의 차이를 구분할 수 있었다고 말했다. 결론적으로, 그리스인과 로마인이 와인을 희석해서 마셨는데도 그들은 와인의 다양한 스타일과 빈티지를 인식하고 맛의 차이를 평가할 수 있었던 것이다.

식민지 시대의 증류주

증류주의 제조 과정은 식민지 시대 이후 크게 변하지 않았고, 그리고 브랜디, 럼, 위스키를 당시부터 지금까지 계속해서 만들고 있는 증류장도 일부 있다. 증류주의 매력은 맛보다는 알코올 도수가 강한 데 있는데, 그래서 증류주는 현대 칵테일의 시초라고 할 수 있는 펀치나 그로그 같은 칵테일과 유사한 혼합물의 형태로 주로 소비되었다. 그로그를 만드는 방법은 간단한데, 검은 럼에 물, 흑설탕, 레몬이나 라임즙을 넣어 섞으면 된다. 물론 오늘날의 대부분의 사람들은 그로그의 후예로서 더욱 맛있는 모히토mojito를 마시고 싶다고 생각하겠지만.

17세기의 커피

커피를 준비하는 아랍의 전통적인 방법은 커피콩을 갈아 물에 섞어 계속해서 세 번 끓이는 것이다. 이렇게 하면 커피 가루와 추출물이 휘젓게 되어 많은 향이 발생하고, 강렬하고 진한 커피가 만들어진다. 그러나 커피가 유럽에 건너왔을 때 커피는 제멋대로 준비되었다. 영국에서 커피는 맥주와 마찬가지로 갤런당 세금이 부과되었다. 이것은 런던의 커피하우스는 세금을 내기 위해서 미리 커피를 만들어 두지 않으면 안 되었다는 것을 의미했다. 따라서 차가운 커피에 다시 열을 가해 끓인 후 손님에게 제공해야만 했다. 즉시 커피를 제공하기 위해서는 포트를 비등에 가까운 상태로 유지해야 했고, 결과적으로 강하고 쓴 커피가 제공될 수밖에 없어서 설탕을 넣어 마시는 것이 최고의 방법이었다. 런던의 커피 전문가인 제레미 토즈는 커피 머신으로 끓여낸 커피를 스위치를 끄고 그대로 둔 후 하루나 이틀 후에 마신다면 당시의 커피와 가장 가까운 맛을 경험할 수 있을 것이라고 말했다. 또한 그는 17세기의 커피는 평편한 팬이나 조리용 트레이tray, 쟁반에서 아주 가볍게 볶은 것이었고, 깊고 진한 볶은 커피콩은 정교한 로스팅 기계의 등장을 기다려야 했다고 말했다. 커피콩은 향이 강한 향신료와 습기가 많은 배 바닥에 나란히 적재되어 운송되었던 상황은 커피의 맛에 영향을 미쳤을 것이다. 당시의 이런 모든 환경을 고려할 때 커피하우스마다 그리고 이번 주와 다음 주의 커피 맛이 달랐을 것으로 보인다. 그러나 당시의 사람들에게는 커피의 맛보다는 카페인의 존재와 커피하우스의 환경이 더욱 중요한 의미를 부여했을 것이다. (커피 필터는 20세기의 발명이다.)

옛날 영국의 차

17세기에 유럽으로 전래된 최초의 차는 산화가 되지 않은 잎으로 만든 녹차였는데, 보통 우유나 설탕 없이 그냥 마셨다. 중국의 녹차는 오늘날 유럽에서 쉽게 구입할 수 있으며 맛도 아마 비슷할 것이다. 홍차는 18세기에 보급되어 인기를 얻었는데, 부분적으로는 해로운 불순물이 녹차보다 더 적게 들어가 있었기 때문이다. 그러나 홍차는 맛이 매우 써서 설탕을 넣어 마시는 습관이 생겨났다. 홍차는 반만 산화된 찻잎을 사용하여 만드는데, 그

때에는 보이차(bohea, 무이차(武夷茶)라고도 하는 중국산의 질이 낮은 홍차-역주)로 알려졌다. 이런 스타일의 차는 1850년대에는 우롱차로 알려졌는데, 그 당시에 완전히 산화된 잎으로 만든 훨씬 더 강한 차들도 또한 인기를 얻고 있었다. (그리고 혼란스럽지만 그 차들도 우롱차로 불리기도 했다.) 그래서 강하지 않고 반만 산화된 우롱차는 18세기의 차라는 인상을 준다. 하지만 두 가지 측면에서 분명한 것은 다른 성분의 불순물이 첨가되지 않았고, 또는 다른 차와 블랜딩 되지 않았다는 점이다. 18세기의 수상쩍은 블랜딩 된 차와 가장 가까운 것은 아마 오늘날 가격이 저렴한 티백일 것이다. 그리고 19세기의 많은 블랜딩 된 차와 스타일들이 지금까지 변하지 않고 전해오는데, 가장 대표적인 것이 (버가모트[bergamot, 허브의 일종-역주]로 향을 낸) 얼그레이와 잉글리쉬 블랙퍼스트 같은 차들이다.

19세기로부터의 콜라

오늘날의 코카-콜라는 여전히 비밀스러운 오리지널 제조법을 사용하여 만들어지고 있지만 제조법은 몇 번 수정되었다. 대표적으로 카페인의 함유량을 낮추었고, 오리지널 코카인 성분을 없애고 코카 잎에서 추출한 향료로 대체했다. 완전히 합법적이면서 더 강한 효과를 가진 콜라를 원한다면, 코카-콜라보다 카페인이 훨씬 많이 포함되어 있고 닷컴 버블 때 프로그래머들이 좋아했던 졸트 콜라를 권한다. 여러 회사가 옛날 방식의 제조법을 사용하여 특별한 콜라를 만들고 있다. 나는 개인적으로 펜티먼의 큐리오시티 콜라를 매우 좋아하는데, 그것은 카페인에 추가해서 구아나라 열매의 추출물과 카투아바의 나무껍질 - 둘 다 천연 흥분제임 - 까지 함유되어 있는 옛날 스타일의 콜라다.

노트

1. 석기 시대의 맥주

근동에 있어서 곡물의 도입과 농경의 등장에 대해서는 Roaf, *Cultural Atlas of Mesopotamia and the Ancient Near East;* Bober, *Art, Culture and Cusine;* Diamond, *Guns, Germs and Steel* 을 참조했다. 맥주 기원의 여러 학설에 대해서는 Katz and Voigt, "Bread and Beer"; Kavanagh, "Archaeological Parameters for the Beginnings of Beer"; Katz and Maytag, "Brewing and Ancient Beer"; Forbes, *Studies in Ancient Technology;* Hartman and Oppenheim, "On Beer and Brewing Techniques in Ancient Mesopotamia"; Ballinger, "Beer Production in Ancient Near East"; and Braidwood et al., "Did Man Once Live by Beer Alone?"을 참조했다. 맥주의 사회적 중요성과 복잡한 사회의 등장에 있어서 맥주의 역할에 대해서는 Katz and Voigt, "Bread and Beer"; Sherratt, "Alcohol and Its Alternatives"; Schivelbusch, *Tastes and Paradise;* Joff, "Alcohol and Social Complexity in Ancient Western Asia"에서 다루고 있다.

2. 문명화된 맥주

메소포타미아와 이집트의 최초 도시의 기원에 대해서는 Trigger, *Understanding Early Civilizations;* Hawkes, *The First Great Civilizations;* Leick, *Mesopotamia;* Kramer, *History Begins at Sumer*에서 다루고 있다. 메소포타미아와 이집트 문명에 있어서 맥주의 사용과 중요성에 대해서는 Darby, Ghalioungui, and Grivetti, *Food: Gift of Osiris;* Heath, *Drinking Occasions;* Michalowski,

"The Drinking Gods"; Samuel, "Brewing and Baking"; Bober, *Art, Culture and Cusine;* and Ellison, "Diet in Mesopotamia"를 참조했다. 기록의 기원에 대해서는 Schmandt-Besserat, *Before Writing*을 참조했다.

3. 와인의 기쁨

맥주를 대신한 와인의 부상에 대해서는 McGovern, Fleming, and Katz, eds., *The Origins and Ancient History of Wine;* Sherratt, "Alcohol and Its Alternatives"; McGovern, *Ancient Wine;* and Younger, *Gods, Men and Wine*에서 다루고 있다. 그리스인의 와인에 대한 태도와 심포지엄의 상세한 내용을 포함해서 와인을 마시는 관습에 대해서는 Murray, *Sympotica;* Dalby, *Siren Feats;* and Unwin, *Wine and the Vine*을 참조하라. 그리스 와인의 품종에 대해서는 Younger, *Gods, Men and Wine*을 참조하라.

4. 제국의 포도나무

그리스 와인에서 로마 와인으로의 이동 변화에 대해서는 Fleming, *Vinum;* Unwine, *Wine and the Vine;* and Dalby, *Siren Feats*를 참조하라. 와인에 대한 로마인의 자세, 그리고 마르쿠스 아우렐리우스에 대한 이야기는 Tchernia and Brun, *Le vin romain antique,* and Tchernia, *Le vin de I'ltalie romaine*를 참고했다. 로마 와인의 등급은 Fleming, *Vinum;* Allen, *A History of Wine;* and Younger, *Gods, Men and Wine*을 따랐다. 갈렌의 처방약과 갈렌의 의약용으로의 와인 사용에 대해서는 Porter, *The Greatest Benefit to Menkind* and Allen, *A History of Wine*에서 다루고 있다. 무슬림의 와인에 대한 거부와 그리스도인에게 있어서 와인의 중요성에 대해서는 Sherrrat, "Alcohol and Its Alternatives," and Unwin, Wine and the Vine을 참조하라. 알쿠인의 탄식은 Younger, *Gods, Men and Wine*에서 인용했다. 와인을 마실 때 유럽인의 관습에 대한 고대 기원에 대해서는 Engs, "Do Traditional Western European Practices Have Origins in Antiquity?"를 참조하라.

5. 증류주와 공해

아랍 세계에서 증류의 기원에 대해서는 al-Hassan and Hill, *Islamic Technology;* Forbes, *A Short History of the Art and Distillation;* Lichine, *New Encyclopedia of Wines and Spirits;* and Kiple and Ornelas, eds., *The Cambridge World History of Food*를 참조하라. 악당 찰스에 대한 이야기는 Froissart, *Chronicles of England, France, Spain and the Adjoining Countries*를 참고했다. 증류주가 서유럽에 전파된 설명에 대해서는 Forbes, *A Short History of the Art of Distillation;* Lichine, *New Encyclopedia of Wines and Spirits;* Braudel, *Civilization and Capitalism;* and Roueche, "Alcohol in Human Culture"를 따랐다. 대서양 노예무역의 기원과 사탕 재배와의 관계성에 대해서는 Mintz, *Sweetness and Power;* Thomas, *The Slave Trade;* Hobhouse, *Seeds of Change* and Landes, *The Wealth and Poverty of Nations*를 참조하라. 노예무역에 있어서 증류주의 역할에 대해서는 Thomas, *The Slave Trade;* Mintz, *Sweetness and Power;* Harms, *The Diligent;* and Smith, "Spirits and Spirituality"에서 다루고 있다. 럼의 기원에 대한 설명은 Ligon, *A True and Exact History of the Island of Barbadoes;* Lichine, *New Encyclopedia of Wines and Spirits;* Mintz, *Sweetness and Power;* and Kiple and Orneals, eds., *The Cambridge World History of Food*를 따랐다. 영국 해군이 럼을 도입한 것의 중요성에 대해서는 Pack, *Nelson's Blood*, and Watt, "The Influence of Nutrition upon Achievement in Maritime History"에서 다루고 있다.

6. 미국을 건국한 음료

버지니아가 지중해성 기후일 것이라는 오해에 대해서는 James, *The Rise and Fall of the British Empire*에서 다루고 있다. 미국 식민지의 이민자들이 부딪힌 맥주와 와인 양조의 어려움과, 이에 대한 대안으로 럼을 수용한 사정에 대한 설명은 Unwin, *Wine and the Vine;* Baron, *Brewed in America;* Brown, *Early American Beverages*를 따랐다. 미국의 독립에 있어서 당밀과 럼의 역할에 대해서는 Mintz, *Sweetness and Power;* Tannah*ill, Food in History;* Thompson, *Rum Punch and Revolution*에서 다루고 있다. 미국 건국 초기에 위스키의 중요성과 위스키 반란에 대해서는 Carson, *The Social History of Bourbon;* Bar, *Drink*에서 다루고 있다. 원주민들을 굴복시키기 위해 증류주를 사용한 방법에 대해서는 Braudel, *Civilization and Capitalism*을 참조하라.

7. 위대한 각성제

유럽의 음주자들에게 커피가 미친 각성의 효과에 대해서는 Schivelbusch, *Tastes of Paradise*에서 다루고 있다. 커피에 대한 아랍의 기원, 커피하우스의 문화, 그리고 커피의 효과에 대한 논쟁에 대해서는 Hattox, *Coffee and Coffeehouses;* Schapira, Schapira, and Schapira, *The Book of Coffee and Tea;* Weinberg and Bealer, *The World of Caffeine*을 참조하라. 커피의 유럽 전파와 런던의 커피하우스 탄생에 대해서는 Ellis, *The Penny Universities;* Jacob, *Coffee*를 따랐다. 유럽의 식민지에서 커피의 재배에 대해서는 Ukers, *All About Coffee;* Weinberg and Bealer, *The World of Caffeine*을 참조하라.

8. 커피하우스 인터넷

커피하우스의 인터넷과 유사한 역할에 대해서는 Sommerville, "Surfing the Coffeehouse"; Darnton, "An Early Information Society"를 참조하라. 과학자들과 금융업자들의 커피하우스 이용에 대해서는 Stewart, "Other Centres of Calculation"; Stewart, *The Rise of Public Science;* Ellis, *The Penny Universities;* Inwood, *The Man Who Knew Too Much;* Jacob, *Coffee;* Waller, *1700*을 참조하라. 프랑스 혁명 전 파리의 커피하우스에 대해서는 Darnton, "An Early Information Society"; Kors, ed., *The Encyclopedia of the Enlightment;* Weinberg and Bealer, *The World of Caffeine*을 참조하라.

9. 차의 제국

고대 이후 중국에서 차의 음용에 대해서는 Wilkinson, *Chinese History*에 다루고 있다. 중국에 있어서 차의 역사에 대해서는 Wilkinson, *Chinese History*; MacFarlane and MacFarlane, *Green Gold*; Lu Yu, *The Classic of Tea*; Weinberg and Bealer, *The World of Caffeine*을 따랐다. 유럽의 중국과의 초기 무역, 그리고 유럽으로의 차의 최초의 수입에 대해서는 Landes, *The Wealth and Poverty of Nations*; Hobhouse, *Seeds of Change*; Moxham, *Tea*에서 다루고 있다. 영국인들의 차에 대한 사랑에 대해서는 Hobhouse, *Seeds of Change*; Ukers, *All About Tea*; Weinberg and Bealer, *The World of Caffeine*; Pettigrew, *A Social History of Tea*; Forrest, *Tea for the British*를 따랐다.

10. 차의 힘

산업혁명과 산업혁명에 차가 어떠한 기여를 했는지에 대해서는 Landes, *The Wealth and Poverty of Nations*; MacFarlane and MacFarlane, *Green Gold*에서 다루고 있다. 미국과 중국에 대한 영국의 외교정책에 있어서 차가 미친 영향력에 대해서는 Scott, *The Tea Story*; Forrest, *Tea for the British*; Ukers, *All About Tea*; Bowen, "400 Years of the East India Company"; Ferguson, *Empire*; Hobhouse, *Seeds of Change*; Farrington, *Trading Places*; Wild, *The East India Company*를 참조하라. 차가 인도에 도입된 과정에 대해서는 MacFarlane and MacFarlane, *Green Gold*; Moxham, *Tea*를 따랐다.

11. 소다에서 콜라로

소다수의 기원에 대해서는 Riley, *A History of the American Soft Drink Industry*; Gribbin, *Science*; Hays, *Pop*을 참조하라. 코카-콜라의 기원과 역사에 대해서는 Weinberg and Bealer, *The World of Caffeine*; Pendergrast, *For God, Country and Coca-Cola*를 따랐다. 특히 Pendergrast의 책은 이 주제에 관해 가

장 중요한 작품이다.

12. 병에 의한 글로벌화

20세기에 코카-콜라가 세계를 지배하는 과정에 대해서는 Pendergrast, *For God, Country and Coca-Cola*; Hays, *Pop*; Kahn, *The Big Drink*; Tedlow, *New and Improved*에 기술되어 있고, 또한 UPI, Reuters 그리고 *Economist*의 기사에서 다루고 있다.

참고 문헌

Allen, H. Warner. *A History of Wine*. London: Faber, 1961.

_____, *Rum*, London: Faber, 1931.

Andrews, Tamara. *Nectar and Ambrosia: An Encyclopedia of Food in World Mythology*. Santa Barbara: ABC-CLIO, 2000.

Austin, Gregory. *Alcohol in Western Society from Antiquity to 1800: A Chronology*. Santa Barbara: ABC-CLIO, 1985.

Ballinger, Clint. "Beer Production in the Ancient Near East." Unpublished paper, personal communication.

Baron, Stanley. *Brewed in America: A History of Beer and Ale in the United States*. Boston: Little, Brown, 1962.

Barr, Andrew. *Drink: A Social History of America*. New York: Carroll & Graf, 1999.

Blackburn, Robin. *The Making of New World Slavery*. London: Verso, 1997.

Bober, Phyllis Pary. *Art, Culture and Cuisine: Ancient and Medieval Gastronomy*. Chicago: University of Chicago Press, 1999.

Bowen, Huw V. "400 Years of the East India Company." *History Today*, July 2000.

Braidwood, Robert, et al. "Did Man Once Live by Beer Alone?" *American Anthropologist* 55 (1953): 515-26.

Braudel, Fernand. *Civilization and Capitalism: 15th-18th Century*. London: Collins, 1981

Brillat-Savarin, Jean Anthelme. *The Physiology of Taste*. London: Peter Davies, 1925.

Brown, John Hull. *Early American Beverages*. New York: Bonanza

Books, 1966.

"Burger-Cola Treat at Saddam Palace." Reuters report, April 25, 2003.

Carson, Gerald. *The Social History of Bourbon*. New York: Dodd, Mead, 1963.

Cohen, Mark Nathan. *Health and the Rise of Civilization*. New Heaven and London: Yale University Press, 1989.

Counihan, Carole, and Penny Van Esterik, eds. *Food and Culture: A Reader*. New York and London: Routledge, 1997.

Courtwright, David T. *Forces of Habit: Drugs and the Making of the Modern World*. Cambridge, Mass.: Harvard University Press, 2001.

Dalby, Andrew. *Siren Feasts: A History of Food and Gastronomy in Greece*. London: Routledge, 1996.

Darby, William J., Paul Ghalioungui, and Louis Grivetti. *Food: Gift of Osiris*. London, New York, and San Francisco: Academic Press, 1977.

Darnton, Robert. "An Early Information Society: News and Media in Eighteenth-Century Paris." *American Historical Review* 105, no.1 (February 2000): 1-35.

Diamond, Jared. *Guns, Germs and Steel*. London: Jonathan Cape, 1997.

Dunkling, Leslie. *The Guinness Drinking Companion*. Middlesex: Guinness, 1982.

Ellis, Aytoun. *The Penny Universities: A History of the Coffee-Houses*. London: Secker & Warburg, 1956.

Ellison, Rosemary. "Diet in Mesopotamia: The Evidence of the Barley Ration Texts (c. 3000-1400 BC)." *Iraq* 43 (1981): 35-45.

Engs, Ruth C. "Do Traditional Western European Practices Have Origins in Antiquity?" *Addiction Research* 2, no. 3 (1995): 227-39.

Farrington, Anthony. *Trading Places: The East India Company and Asia, 1600-1834*, London: British Library, 2002.

Ferguson, Niall. *Empire: How Britain Made the Modern World*. London: Allen Lane, 2003.

Fernandez-Armesto, Felipe. *Food: A History.* London: Macmillan, 2001.

Fleming, Stuart J. *Vinum: The Story of Roman Wine.* Glenn Mills, Penn.: Art Flair, 2001

Forbes, R. J. *A Short History of the Art of Distillation.* Leiden: E. J. Brill, 1970.

_____, *Studies in Ancient Technology.* Vol. 3. Leiden: E. J. Brill, 1955.

Forrest, Denys. *Tea for the British: The Social and Economic History of a Famous Trade.* London: Chatto & Windus, 1973.

Froissart, Sir John de. *Chronicles of England, France, Spain and the Adjoining Countries.* Translated by Thomas Johnes. New York: Colonial Press, 1901.

Gaiter, Mary K., and W. A. Speck. *Colonial America.* Basingstroke, England: Palgrave, 2002.

Gleick, James. *Isaac Newton.* London: Fourth Estate, 2003.

Gribbin, John. *Science: A History, 1543-2001.* London: Allen Lane, 2001.

Harms, Robert. *The Diligent: A Voyage through the Worlds of the Slave Trade.* Reading, Mass.: Perseus Press, 2002.

Hartman, Louis F., and A. L. Oppenheim. "On Beer and Brewing Techniques in Ancient Mesopotamia." Supplement to *Journal of the American Oriental Society* 10 (December 1950).

Hassan, Ahmad Y. al-, and Donald R. Hill. *Islamic Technology: An Illustrated History.* Cambridge: Cambridge University Press, 1986.

Hattox, Ralph S. *Coffee and Coffeehouses: The Origins of a Social Beverage in the Medieval Near East.* Seattle: University of Washington Press, 1985.

Hawkes, Jacquetta. *The First Great Civilizations: Life in Mesopotamia, the Indus Valley and Egypt.* London: Hutchinson, 1973.

Hays, Constance. *Pop: Truth and Power at the Coca-Cola Company.* London: Hutchison, 2004.

Heath, Dwight B. *Drinking Occasions: Comparative Perspectives on Alchohol and Culture.* Philadelphia: Brunner/Mazel, 2000.

Hobhouse, Henry. *Seeds of Change: Six Plants That Transformed Mankind.* New York: Harper & Row, 1986.

Inwood, Stephen. *The Man Who Knew Too Much: The Strange and Inventive Life of Robert Hooke, 1635-1703.* London: Macmillan, 2002.

Jacob, Heinrich Eduard. *Coffee: The Epic of a Commodity.* New York: Viking Press, 1935.

James, Lawrence. *The Rise and Fall of the British Empire.* London: Little, Brown, 1998.

Joffe, Alexander. "Alchohol and Social Complexity in Ancient Western Asia." *Current Anthropology,* 39, pt. 3 (1998): 297-322.

Kahn, E. J. *The Big Drink.* New York: Random House, 1960.

Katz, Solomon, and Fritz Maytag. "Brewing an Ancient Beer." *Archaeology* 44, no. 4 (July-August 1991): 24-33.

Katz, Solomon, and Mary Voigt. "Bread and Beer: The Early Use of Cereals the Human Diet." *Expedition* 28, pt.2 (1986): 23-24.

Kavanagh, Thomas W. "Archaeological Parameters for the Beginnings of Beer." *Brewing Techniques,* September-October 1994.

Kinder, Hermann, and Werner Hilgemann. *The Penguin Atlas of World History.* London: Penguin, 1978.

Kiple, Kenneth F., and Kriemhild Conee Ornelas, eds. *The Cambridge World History of Food.* Cambridge: Cambridge University Press, 2000.

Kors, Alan Charles, ed. *The Encyclopedia of the Enlightenment.* New York: Oxford University Press, 2003.

Kramer, Samuel Noah. *History Begins at Sumer.* London: Thames & Hudson, 1961.

Landes, David. *The Wealth and Poverty of Nations.* London: Little, Brown, 1998.

Leick, Gwendolyn. *Mesopotamia: The Invention of the City.* London: Allen Lane, 2001.

Lichine, Alexis. *New Encyclopedia of Wines and Spirits.* London:

Cassell, 1982.

Ligon, Richard. *A True and Exact History of the Island of Barbadoes.* London, 1673

Lu Yu. *The Classic of Tea.* Translated and introduced by Francis Ross Carpenter. Hopewell, New Jersey: Ecco Press, 1974.

Lucia, Salvatore Pablo, ed. *Alcohol and Civilization.* New York: McGraw Hill, 1963.

MacFarlane, Alan, and Iris MacFarlane. *Green Gold: The Empire of Tea.* London: Ebury Press, 2003.

MacGovern, Patrick E. *Ancient Wine: The Search for the Origins of Viticulture,* Princeton and Oxford: Princeton University Press, 2003.

MacGovern, Patrick E., Stuart J. Fleming, and Solomon H. Katz, eds. *The Origins and Ancient History of Wine.* Amsterdam: Gordon & Breach, 1996.

Michalowsi, P. "The Drinking Gods." In *Drinking in Ancient Societies: History and Culture of Drinks in the Ancient Near East,* edited by Lucio Milano. Padova: Sargon, 1994.

Minz, Sidney. *Sweetness and Power: The Place of Sugar in Modern History.* York: Viking, 1985.

Moxham, Roy. *Tea: Addiction, Exploitation and Empire.* London: Constable, 2003.

Murray, Oswyn, ed. *Sympotica: A Symposium on the Symposium.* Oxford: Clarendon Press, 1994.

"Muslims Prepare for the 'Caca-Cola War.'" UPI report, October 12, 2002.

Needham, Joseph. *Science and Civilization in China.* Vol 5, *Chemistry and Chemical Technology.* Cambridge: Cambridge University Press, 1999.

Needham, Joseph, and H. T. Huang. *Science and Civilization in China.* Vol 6, *Biology and Biological Technology.* Cambridge: Cambridge University Press, 2000

Pack, James. *Nelson's Blood: The Story of Naval Rum*. Annapolis, Md.: Naval Institute Press, 1982.

Pendergtast, Mark. *For God, Country and Coca-Cola: The Unauthorized History of the Great American Soft Drink and the Company That Makes It*. London: Weidenfeld & Nicolson, 1993.

Pettigrew, Jane. *A Social History of the Tea*. London: National Trust, 2001.

Phillips, Rod. *A Short History of Wine*. London: Allen Lane, 2000.

Porter, Roy. *Enlightenment: Britain and the Creation of the Modern World*. London: Allen Lane, 2000.

_____, *The Greatest Benefit to Mankind: A Medical History of Humanity from Antiquity to the Present*. London: HarperCollins. 1997.

"A Red Line in the Sand." *The Economist*, October 1, 1994.

"Regime Change." *Economist*, October 31, 2002.

Repplier, Agnes. *To Think of Tea!* London: Cape, 1933.

Riley, John J. *A History of the American Soft Drink Industry*. Washington: American Bottlers of Carbonated Beverage, 1958.

Roaf, Michael. *Cultural Atlas of Mesopotamia and the Ancient Near East*. New York and Oxford: Facts on File, 1990.

Roueche, Berton. "Alcohol in Human Culture." In *Alcohol and Civilization*, edited by Salvatore Pablo Lucia. New York: McGraw Hill, 1963.

Ruscillo, Deborah. "When Gluttony Ruled!" *Archaeology*, November-December 2001: 20-25.

Samuel, Delwen. "Brewing and Baking." In *Ancient Egyptian Materials and Technology*, edited by Paul T. Nicholson and Ian Shaw. Cambridge: Cambridge University Press, 2000.

Schapira, Joel, David Schapira, and Karl Schapira. *The Book of Coffee and Tea*. New York: St. Martin's Griffin, 1982.

Schivelbusch, Wolfgang. *Tastes of Paradise: A Social History of Spices, Stimulants and Intoxicants*. New York: Vintage Books, 1992.

Schmandt-Besserat, Denise. *Before Writing*. Austin: University of Texas

Press, 1992.

Scott, James Maurice, *The Tea Story*. London: Heinemann, 1964.

Sherrat, Andrew. "Alcohol and Its Alternatives: Symbol and Substance in Pre-industrial Cultures." In *Consuming Habits: Drugs in History and Anthropology,* edited by Jordan Goodman, Paul E, Lovejoy, and Andrew Sherrat. New York and London: Routledge, 1995.

_____, *Economy and Society in Prehistoric Europe*. Edinburgh: Edinburgh University Press, 1998.

Smith, Frederick H. "Spirits and Spirituality: Alcohol in Caribbean Slave Societies." Unpublished manuscript, University of Florida, 2001.

Social and Cultural Aspects of Drinking. Oxford: Social Issues Research Centre, 2000.

Sommerville, C. John. "Surfing the Coffeehouse." *History Today* 47, no. 6 (June 1997): 8-10.

Stewart, Larry. "Other Centres of Calculation, or, Where the Royal Society Didn't Count: Commerce, Coffee-houses and Natural Philosophy in Early Modern London." *British Journal for the History of Science* 32 (1999): 133-53.

_____, *The Rise of Public Science: Rhetoric, Technology and Natural Philosophy in Newtonian Britain*. Cambridge: Cambridge University Press, 1992.

Tannahill, Reay. *Food in History*. New York: Crown, 1989.

Tchernia, Andre. *Le vin de l'Italie romaine*. Rome: Ecole Francaise de Rome, 1986.

Tchernia, Andre, and Jean-Pierre Brun. *Le vin romain antique*. Grenoble: Glenat, 1999.

Tedlow, Robert. *New and Improved: The Story of Mass Marketing in America*. New York: Basic Books, 1990

Thomas, Hugh. *The Slave Trade: The Story of Atlantic Slave Trade, 1440-1870*. New York: Simon & Schuster, 1997.

Thompson, Peter. *Rum Punch and Revolution*. Philadelphia: University of Pennsylvania Press, 1999.

Toussaint-Samat, Maguelonne. *A History of Food*. Cambridge, Mass.: Blackwell, 1992.

Tragger, James. *The Food Chronology*. New York: Owl Books, 1997.

Tragger, Bruce G. *Understanding Early Civilizations: A Comparative Study*. Cambridge: Cambridge University Press, 2003.

Ukers, William H. *All About Coffee*. New York: Tea and Coffee Trade Journal, 1922.

―――, *All About Tea*. New York: Tea and Coffee Journal, 1935.

Unwin, Tim. *Wine and the Vine: An Historical Geography of Viticulture and the Wine Trade*. London: Routledge, 1996.

Waller, Maureen. *1700: Scenes from London Life*. London Hodder & Stoughton, 2000.

Watt, James. "The Influence of Nutrition upon Achievement in Maritime History." In *Food, Diet and Economic Change Past and Present,* edited by Catherine and Derek J. Oddy. London: Leicester University Press, 1993.

Weinberg, Alan, and Bonnie K. Bealer. *The World of Caffeine: The Science and Culture of the World's Most Popular Drug*. New York London: Routledge, 2001.

Wells, Spencer. *The Journey of Man: A Genetic Odyssey*. London: Allen Lane, 2002.

Wild, Antony. *The East India Company: Trade and Conquest from 1600*. London: HarperCollins, 1999.

Wilkinson, Endymion. *Chinese History: A Manual*. Cambridge, Mass.: Harvard University Press, 2004.

Wilson, C. Anne, ed. *Liquid Nourishment: Potable Foods and Stimulating Drinks*. Edinburgh: Edinburgh University Press, 1993.

Younger, William. *Gods, Men and Wine*. London: Michael Joseph, 1966.

도판 출처

찾아보기

가스트로노미아 (아르케스트라투스), 68

가이우스 마리우스, 88

갈렌, 95-98

갈렐레오 갈릴레이, 147

강압적 법률, 218

계몽주의, 13, 148, 180, 182

고정공기 239-41, 243

곡물

  -로 만든 맥주, 20-27

  -로 만든 위스키, 135-41

  안의 효소, 24, 26

  -의 경작, 30-34, 50-51, 59, 65, 85

  -의 맥아화, 25

  -의 발효, 25-26, 29, 32

  -의 잉여물, 37

  -의 저장, 23-24, 33, 41-42

  -의 증류, 135, 141-43

  통화로서의, 37, 42, 46-48

과학의 부흥, 148

과학혁명, 148, 174

관료주의, 초기 34, 37, 47-48

광천수 (미네랄 워터), 240-44, 271-72, 281

괴혈병, 124, 128, 157

구석기 시대, 19

구스, 찰스, 262

구텐베르그, 요하네스, 113

그로그, 123-24, 129

그리스

노예제도 79

도시국가 64

문명 81, 82-83

민주주의 64, 78-79

심포지엄 65, 69, 72, 74-81, 92-93, 102, 104

와인 14, 60-61, 63-69, 81, 82-84, 104

증류, 108

철학, 14, 76-80

금융 혁명, 180

기독교와 와인, 14, 99-100

기록

  그림문자, 20, 41, 43-44

  상형문자, 45, 49

  설형문자, 44-47, 49, 56, 62, 108

  알파벳, 45, 82

  최초의, 20, 33-34, 39, 41-46

길가메시 서사시 37-38

나보니두스, 왕, 63

남해회사 버블, 177

네덜란드 동인도회사, 161, 201, 206

네커, 자크, 184

노동과 나날 (헤시오도스), 66

노예무역, 116, 118-19, 125

노자, 192

녹스, 헨리, 135

농경 (농업), 13-16

  -과 곡물, 20-27, 30-34, 50-51

-과 맥주, 30-34
-과 비옥한 초승달 지역, 21-23, 31, 33, 50
-과 봉수로 시스템, 42
-과 잉여농산물, 37
-과 포도 재배, 65-67, 83-85
-의 도입, 13-14, 19-24
뉴턴, 아이작, 175-76, 180
닉슨, 리처드, 272-73

다바니, 무하마드 알-, 152
달랑베르, 장 르 롱, 181-82
당밀법, 131-33
대 카토, 83-84
대 플리니, 85, 90
대공황, 260-61
대영제국, 189-91, 210, 216, 232-34, 239
대항해 시대, 15, 110, 125
덕스, 니콜라스, 200
데물랭, 카미유, 184-85
데포, 다니엘, 209
도교, 192
도기, 처음 사용된, 25, 28, 59
도시의 등장, 20, 35-36, 42
동양-서양의 차이, 63-64
드 끌리외, 가브리엘 마티유, 161-64
드라이덴, 존, 167
드포르, 실베스터, 150
디드로, 드니, 181-82
디오니소스 (와인의 신), 65, 67, 70, 72,
    78, 90, 99-100

람세스 대왕, 40
런던증권거래소, 179
럼, 119-125, 129-35

레모네이드, 241, 244
렌, 크리스토퍼, 173-74
로마
    사치규제법, 92
    사회적 계급, 88-89, 93-95, 104
    시대의 증류, 108
    -와 와인, 14, 81-99
    제국, 83-84, 98-99
    콘비비움, 92-93, 104
로빈슨, 프랭크, 251-54
로이드 오브 런던, 178
로이드, 에드워드, 177-78
로지, 파스쿠아, 156-57, 172
로크, 존, 180-81
루소, 장 자크, 181-82
루이 14세, 프랑스 왕, 162
롤리, 레이몬드, 112
리, 아키, 261
리곤, 리처드, 120-22
리비어, 폴, 134
리큐 (차의 장인), 198

마더, 인크리즈, 130
마르쿠스 아우렐리우스, 95, 97-98
마르쿠스 안토니우스, 88-89
마르텔, 찰스, 102-103
마르티알, 90
마리아니, 안젤로, 250
마쿨레이, 토머스, 168
매카트니, 조오지 경, 189
매튜, 존, 245-46
맥아당, 24
맥아더, 더글라스, 267
맥주

곡물로부터의, 13-25
기록의 역사, 14, 20, 26-28, 37, 39, 41, 46-50
농경, 30-34
문화적 전통, 28
발견, 21
사회적 계급, 57-58, 60
선원, 127-28
술취함, 38-39, 40
식민지, 127-28
쌀, 30, 194, 196
의약품, 49-50
종류, 26-27
통화로서의, 37, 46, 48
메디슨, 제임스 243
메소포타미아
수메르인, 28-30, 37-42, 46-47, 49
야만족 (바바로이), 64
-에서의 기록, 43-45, 46
와인, 55-58, 62-63,
-의 농업, 33
-의 도시들, 35-37
-의 맥주, 20, 26-27, 34, 37-41, 49-51
증류, 108
최초의 문명, 13-14
통화, 46-49
메이플라워, 128
멕시코, 증류, 143
멘카르, 왕, 48
모하메드, 100-102, 152
몽골, 195-96
몽테스키외, 샤를-루이 드 스콩다, 181
문명, 어원의 배경, 36
물, 12, 20, 280-87

-과의 전쟁, 284-85
관개시스템, 42
다른 혹성에서의-, 286-87
-로 희석된 럼, 122-23
-로 희석된 와인, 69-72, 93, 94, 102
미네랄, 241-44, 281
병에 든, 281, 282-283
비등점, 109
수돗물, 281-83
스파클링, 241-46
오염, 12, 32, 49, 71, 281-84
와인으로 변한 사건, 99
정치적 권리, 284-86
미국의 독립전쟁, 134-35, 137, 218, 233
미국의 세기, 264
미국의 제조 시스템, 237-38
미슐레, 쥘, 185
미트라다테스, 97
미합중국
금주, 249, 251-52, 260-61
대공황, 260-61
미국의 세기, 264
미합중국 대 40배럴스 앤 20케그스 오브 코카-콜라, 258
산업주의, 237-39, 246
소다수, 242-46
소비자 중심주의, 215, 237, 239, 264, 274
-에서의 커피, 233
-의 건국, 15
차, 233
초강대국, 238-39, 277-78
코카-콜라, 16, 247-63, 265-79
밀러, 윌리엄, 138-39

바베이도스, 120-22

바보트, 장, 125

마가스 (에우리피데스), 65

바카스, 와인의 신, 90

바피르 (맥주-빵), 27, 291

바흐, 요한 세바스찬, 160

반달족, 98

발효, 25-27, 29, 32, 59, 63, 71, 94, 102-103, 112, 135, 143, 196, 239

뱅크스, 조지프 경, 226

버논, 에드워드, 123

버번, 140

벌꿀 술, 25, 61, 85, 118, 196

법률 (플라톤), 77

베르그망, 토번, 241

베이컨, 프란시스, 147-48

벤틴크, 윌리엄 카벤디시 경, 226

보스만, 윌리엄, 119

보스턴 차 사건, 134, 219

본테쿠에, 코넬리우스, 200

볼테르, 프란스시-마리 아루드르 드, 180-82

부처, 192

부트로스-갈리, 부트로스, 285

북아메리카 식민지, 126-143

  럼, 129-35

  맥주, 128-29

  -와 인디언, 141-43

  위스키, 135-41

  -의 와인, 86

  차, 216-20

불가사의한 의식의 변화, 25

브래드포드, 데이빗, 139

브래드포드, 윌리엄, 128

브래들리, 오마, 267

브랜디, 15, 114, 118-19, 121, 124-25, 129, 131, 142-43

브루스, 찰스, 230-31

비들프, 윌리엄, 154

비옥한 초승달, 21, 23, 28, 31, 50

빅토리아, 영국 여왕, 250

빌라노바의 아놀드, 112

빵과 맥주, 27, 49

사네토모, 미나모토, 197

사다트, 안와르, 285

사라토가 샘, 뉴욕, 243-44

사르곤, 왕, 47

사치규제법, 92

사티 (핀란드 맥주), 25

산타클로스, 260

살러누스, 마이클, 111

상업, 16

샌디즈, 조지, 154

샤론, 아리엘, 284-85

샤롯데, 여왕, 215

샤를마뉴, 신성로마제국 황제, 103

살마네세르 3세, 왕, 59, 61

서고트족, 98-99

선농, 191-92

설탕

  -과 노예무역, 116-18, 121-22, 124-25

  -과 럼, 119, 124, 125

  -과 브랜디, 121, 125

  -과 차, 216

  -과 코카-콜라, 251, 266

설탕법, 133-34

세티 1세, 40

셉티미우스 세베루스, 86

소 플리니, 93
소다 디스펜서, 244-246, 252-53, 257,
    261-62, 266
소다수, 16, 239-46
    -와 와인, 244-45
    -와 코카-콜라, 247, 252, 255
소비에트 연방과 냉전, 238, 269-74
소크라테스, 76-77, 79
수렵-채집, 30-34
수메르인, 28, 30, 36-37, 39, 41-42,
    46-47, 49
순정식품의약법, 257
슈워츠코프, 노먼, 276
슈웨퍼, 제이콥, 242-43
스미스, 애덤, 179-180
스위프트, 조나단, 181
스캇, 로버트, 267
스콜피온 1세, 왕, 60
스탈린, 조지프, 269
스터들리, 토머스, 127
스틸, 리처드, 167
스파클링 워터, 240-46
스페인, 코르도바, 107-108
신석기 시대, 28-29, 41-42, 59-60, 287
실리만, 벤자민, 243-44
심포지엄, 14, 65, 69, 72-81, 93, 102,
    104, 172
심포지엄, 향연 (플라톤), 76
심포지엄, 향연 (크세노폰), 77

아랍의 세계
    노예무역, 116-19, 125
    연금술, 109-112
    차, 233

커피, 151-55
    향신료 무역, 161
아르케스트라토스, 68
아리스토틀레스, 108
아메리칸 인디언, 141-43
아부 누아스, 102
아삼, 인도, 차, 228-31
아슈르나시르팔, 55-58, 61,
아이젠하워, 드와이트, 267, 269
아즈텍, 맥주 (풀케), 143
아쿠아 비태, 112-14
아크라이트, 리처드, 211-12
아편 무역, 220-26
아편 중독, 221
아편전쟁, 224-26, 230
알렉산더 대왕, 64. 72
알비우스 클로디우스, 86
알코올
    비등점, 109
    언어의 기원, 109
    특허 약품, 249
알코올음료, 107-43
    발효, 26-27, 29, 32
    -와 금주운동, 249, 251, 260-61
    -와 사회적 계급, 118-19
    -와 종교, 14-16, 98-102
    -의 초자연적 능력, 29-30
    의약품으로서의-, 49-50
    증류(주), 13, 15, 29, 107-25, 135-43
알쿠인, 103
애덤스, 존, 134-35
애트킨스, 존, 119
액체 비중계, 123
야만족 (바바리안), 64-65. 98-99, 103,

198

에드워드, 다니엘, 151

에디슨, 토머스, 250

에라토스테네스, 76

에르루리아인, 81

에버스 파피루스, 49

에우리피데스, 65

에우볼로스, 75

에이사이 (승려), 197

엘리자베스 1세, 영국 여왕, 126

연금술, 108-14

영국

   북아메리카 식민지, 126-35, 216-20

   산업혁명, 177, 190, 214

   왕립학회, 173, 175-76, 241

   왕실 해군, 119, 123-24, 133

   차, 15, 190-91, 201-10, 213-14, 231-32

   커피하우스, 154-59, 166-179

영국 동인도 회사

   북아메리카, 216-20

   아편무역, 220-24

   인도, 190, 223, 227, 231-32

   중국, 226-27

   차 마시는 관습, 203-10

예수 그리스도, 95, 99

오디세이 (호머), 68

오시리스, 농업의 신, 29

와인, 55-104

   고고학적 증거, 60

   -과 사치규제법, 92

   -과 사회적 계급, 58, 60, 61-63, 67-68, 92-95, 104

   -과 종교, 14, 58, 99-102

   -과 축제, 55-59

규칙과 의례, 74-75, 77-78, 80

대추야자 와인, 63, 102, 118

만드는 지식, 60

만민이 즐기는 음료, 89

문명화된 음료로서의-, 64-65, 68, 79-81, 82-84, 103-104

물과 혼합된-, 69, 70-72, 93, 94, 102

발효된 과일주스로서의-, 25, 59, 196

범용성, 61-62, 67-68, 104, 125

상업적 생산, 59, 62, 65-66, 80-81, 84-86

소다수와 혼합된-, 244-46

스피릿처, 245

심포지엄, 65, 69, 72-81, 93, 104, 172

암포라, 86-88

   -에 대한 첨가물, 94

   -의 등급, 94-95

의약품으로서의-, 95-98

증류된-, 111-14

진실, 77-78

코카가 섞인-, 249-51

코타보스, 73-74

콘비비움, 92-93, 104

통화로서의-, 118

월러, 에드먼드, 203

왕립학회, 173, 175-76, 241

우드, 앤서니, 172

우드, 윌리엄, 128

우드러프, 로버트, 265, 272

워싱턴, 조지, 132, 135, 139-141, 43, 265

웨지우드, 조시아, 214

위스키, 114, 135-41

위스키 반란, 136-40

윈드롭, 존, 128

윌리, 하비 워싱턴, 257

윌리치, 나다니엘, 228
육우, 194-96
6일 전쟁, 284
율리우스 카이사르, 90, 92
음료
  -의 기능, 13
  -의 영향, 16
  잔을 부딪치며 건배, 29
  초자연적 능력, 29-30
의약품, 6
  -으로서의 광천수, 243
  -으로서의 럼, 122
  -으로서의 맥주, 49
  -으로서의 와인, 95-98, 112
  -으로서의 증류된 음료, 111-14
  -으로서의 차, 191-94, 197, 200-201,
    213-14
  -으로서의 코카-콜라, 251-53, 255-56
  -으로서의 탄산수, 241-42, 244
의약품, 특허 (가짜 약), 247-57
이성의 시대, 148, 151, 171
이슬람, 알코올의 금지, 14, 100-102
이집트
  기록, 39-41
  도시들, 36-37
  비옥한 초승달 지역, 21-23
  -에서의 통화, 46-48
  와인, 60
  왕들의 무덤, 40, 50, 60
  -의 농경, 33
  -의 맥주, 26, 28-30, 34, 39-41, 47-51
  최초의 문명, 13-14, 23-24, 28
  피라미드, 47-48
이탈리아, 와인 생산 84-88

인도
  아편무역, 221-24
  영국의 지배, 189-90, 232
  차 생산, 16, 226-34
인도에서의 폭동, 232
인디언, 북아메리카, 141-43
인지법, 134
일본, 차, 197-98
임칙서, 224
잉카, 맥주, 30

자바 커피, 161
자비르 이븐 하이얀, 108
자유의 아들들, 134
잠잠 콜라, 276
잭슨, 제임스, 138
제2차 세계대전, 265-69
제퍼슨, 토머스, 141, 243
조지 3세, 영국 왕, 215
존스, 해리슨, 261
종교, 16
  -와 맥주, 30-31
  -와 사회적 통제, 42-43
  -와 와인, 14, 58, 99-102
  -와 차, 192
  -와 커피, 152-53
  -와 코카-콜라, 258
  종교 의식, 33, 39
주베널, 87
주코프, 게오르기 콘스탄티노비치, 269
중국
  아편무역, 220-26
  -에서의 차, 16, 191-96, 198-200,
    221-26, 232

-의 맥주, 30

-의 실크로드, 193

-의 코카-콜라 시장, 277

중독 상태, 79

증류(주), 13, 108-15, 121-25, 129-143

증류주, 알코올 음료 참조

지구라트, 42

차, 15, 189-234

법, 217-18, 233

문화적 상징, 195-96, 198, 203, 209-10

상업적 거래, 190-91, 193-94, 198-202,

203-206, 226-34

아편무역, 220-26

-와 산업, 211-15

우유를 섞은, 201

의례, 190, 192, 194-95, 197-98,

207-208, 214

의약품으로서의, 191-94, 197, 200-201,

213-14

정치적 힘, 216-20

초기의 기록, 191-98, 199

카멜리아 시넨시스, 191

통화로서의, 194

티가든, 207-208

"차에 대해"(왈러), 203

찰스 1세, 영국 왕, 156

찰스 2세, 나바르 왕, 111, 113

찰스 2세, 영국 왕, 156, 159, 173, 203-04

철학, 13-14, 16, 63-64, 74, 76-77, 79,

108, 147-48

체액, 75-76

취한 상태, 법적인 개념, 153

카이르 베그, 152-53, 258

카터, 지미, 273

칸, 칭기즈, 195

칸, 쿠빌라이, 196

칼리굴라, 90

캐서린, 러시아 황후, 215

캐서린, 브라간자, 203, 206

캔들러, 아사, 254-55

커피, 15, 147-86

상업적 전파, 160-64

-와 종교, 152-53

-의 각성 효과, 150

-의 발견, 151-55

-의 소개, 148-50

-의 인기, 156-60

커피하우스, 15, 152, 164, 186

런던, 155-60, 166-80

언론의 자유, 159, 165-80

-의 역할, 154-55, 177-80

프랑스에서의, 159-60, 180-85

케이, 존, 212

코카나무, 249, 252

코카인, 249-51

코카-콜라, 16, 247-63, 265-79

경쟁력, 260-62, 278

광고와 판촉, 251-53, 255-56, 259-61,

268, 271-72

글로벌화, 239, 265-79

병 작업, 256-57, 259, 266-68, 271

소다수, 239-46, 247, 252, 255

소유권, 253-54

이름, 251-52, 278

이익성, 255-56

카페인, 257-58, 261

탄생 신화, 247-54
특허 의약품, 247-54, 255-57
코타보스, 74
콘벤토리, 윌리엄, 156
콘비비움, 92-93, 104
콜라 견과, 252
콜라, 통칭으로서의, 262
콜럼부스, 크리스토퍼, 117, 125
콜룸멜라, 94
쿠미스, 196
크롬웰, 올리버, 156
크세노폰, 77
클레멘트 8세, 교황, 155
클레오메네스, 왕, 71
킬-데빌, 121-22

탄산음료, 16
　스파클링 워터, 240-46
　의약품, 241-42, 244
　코카-콜라, 247-63
터프츠, 제임스, 245
테오도시우스, 98
토머스, 벤자민, 256
투르 전투, 102
투키디데스, 65
투탕카멘, 왕, 40, 50
트루먼, 해리, 269
트위닝, 리처드, 215
트위닝, 토머스, 206-207

파울리, 사이몬, 200
팔러리안 와인, 89-90, 95-98
패튼, 조지, 267
퍼프 폰 슈리크, 마이클, 114

페르난도, 발렌팀, 118
페피스, 사무엘, 169, 173, 182
펠로폰네소스 전쟁, 67
펨버튼, 존, 247, 249-54,
펩시-콜라, 260, 262, 272-78
포도재배, 67-68, 83-84
폴로, 마르코, 196
풀루타크, 72
프랑스 커피하우스, 159-60, 180-85
프랑스 해군, 124
프랑스 혁명, 15, 180-85
프랭클린, 벤자민, 182, 220
프렌치 와인 코카, 250
프리스틀리, 조지프, 239-41
플라톤, 76-80
플램스티드, 존, 174, 176
플레이페어, 윌리엄, 204
피를 뽑는 기술, 96
필립 2세, 왕, 71
핑크햄, 리디아, 베지터블 콤파운드, 248

항해왕 헨리, 왕자, 115
해독제, 97
해밀턴, 알렉산더, 136
핼리, 에드몬드, 173-76
헌터, W. C., 222
험프리, 메리 게이, 246
헤로도토스, 62, 71
헤시오스, 66
헨리, 토머스, 241
호그슨, 제임스, 176
호머, 68
호모 사피엔스 사피엔스, 20
호스위다, 107

홍콩, 영국의 식민지, 225
화성의 물, 286-87
화이트, 윌리엄 알렌, 263
화이트헤드, 조지프, 256
회계 제도의 시작, 33-34
후르쇼프, 니키타, 272-73
후크, 로버트, 168, 171, 173-76
히포크라테스, 95

옮긴이 **김정수**

연세대 법대를 졸업하고 연세대 법학대학원에서 법학석사, 독일 빌레펠드 대학교에서 1년간 연구, 미국 펜실베이니아 대학교 로스쿨에서 법학석사(LL.M)을 받았다. 2002년《현대증권법원론》을 출간했고, 자본시장법이 제정되면서 1750페이지에 달하는 방대한《자본시장법원론》을 출간했다. 2011년에 금융법전략연구소를 설립하여 자본시장법을 전문적으로 연구·강의하고 있다. 기타 저서로는《자본시장법상 부정거래행위(공저)》《내부자거래와 시장질서 교란행위》《월스트리트의 내부자들》이 있다. 한국거래소에 27년간 근무했고, 법무법인 율촌에서 9년간 고문을 역임했다. 현재 금융법전략연구소와 금융독서포럼의 대표를 맡고 있고, 최근 인문학과 역사에 대해 독서하는 중에 이 책을 번역하게 되었다.

세계사를 바꾼 6가지 음료

2020년 6월 17일 초판 1쇄 발행
2020년 11월 16일 초판 3쇄 발행

지은이 톰 스탠디지 │ **옮긴이** 김정수 │ **임프린트** 캐피털북스 │ **펴낸곳** 서울파이낸스앤로그룹 │ **펴낸이** 김정수 │ **등록일** 2010년 5월 4일 │ **등록번호** 제310-2011-1호 │ **주소** 서울 마포구 새창로 11, 1262호 (도화동, 공덕빌딩) │ **전화** 02) 701-4185 │ **팩스** 02) 701-4612 │ **이메일** sflibf@naver.com, capitalmd@naver.com